AF336677

BIBLIOTHÈQUE DES SCIENCES MORALES ET POLITIQUES.

SAINT-SIMON

SA VIE
ET SES TRAVAUX

PAR M. G. HUBBARD.

SUIVI

DE FRAGMENTS DES PLUS CÉLÈBRES ÉCRITS DE SAINT-SIMON.

PARIS

GUILLAUMIN ET Cᴵᴱ, LIBRAIRES

Éditeurs du Journal des Économistes, de la Collection des principaux Économistes,
du Dictionnaire de l'Économie politique, etc.

Rue Richelieu, 14

1857

SAINT-SIMON

SA VIE ET SES TRAVAUX

SAINT-SIMON

SA VIE ET SES TRAVAUX

PAR

M. G. HUBBARD

Suivi de fragments des plus célèbres écrits

DE SAINT-SIMON

———

BIBLIOTHÈQUE IMPÉRIALE

PARIS

GUILLAUMIN ET Ce, ÉDITEURS

De la Collection des principaux Économistes, du Journal des Économistes,
du Dictionnaire de l'Économie politique, etc.

14, RUE RICHELIEU

———

1857

Paris. — Imprimerie de P.-A. Bourdier et Cie, 30, rue Mazarine.

AVANT-PROPOS

La notice biographique et philosophique sur Henri Saint-Simon, que je livre aujourd'hui au public, devait précéder une édition complète des œuvres de ce philosophe, dont s'occupait depuis longtemps un de ses principaux disciples, M. Olinde Rodrigues, au moment où la mort est venue briser sa noble et trop courte carrière.

Propriétaire de tous les manuscrits laissés par Henri Saint-Simon, M. Rodrigues se trouvait seul en situation de poursuivre l'accomplissement d'une œuvre ardemment attendue par toutes les personnes qui ont assisté au prodigieux mouvement d'idées suscité par Saint-Simon et son école. Il est juste de dire qu'il sentait profondément la mission que lui imposait cette situation exceptionnelle. Mais, hélas! il comptait sur le temps, et le temps lui a fait défaut.

Cependant, de son vivant, il m'avait jugé digne de coopérer à sa rude et difficile tâche, et je devais d'autant plus supposer qu'il me serait donné de la

continuer après lui, que cette notice, que je publie toute seule aujourd'hui, que j'ai composée sous ses yeux, avec des notes recueillies par lui, et qui résume la série complète des idées de son maître, soumise par moi à son pieux et attentif examen, avait obtenu tout son assentiment. Je m'étais trompé dans ma supposition, et les manuscrits de Saint-Simon, que m'avait confiés M. Rodrigues, me furent réclamés par ses exécuteurs testamentaires, MM. Émile et Isaac Pereire. Si du moins un autre avait été chargé d'accomplir le travail que j'ambitionnais, mes regrets personnels auraient pu disparaître devant la satisfaction donnée à l'attente générale. Il n'en a pas été ainsi; les matériaux qui m'ont été retirés n'ont jusqu'ici servi à aucune construction nouvelle.

C'est pour remplir, autant qu'il est en moi, le vœu de M. Rodrigues mourant, c'est pour accomplir la promesse qu'il me fit jurer de faire connaître Saint-Simon tel qu'il avait été en réalité, tel qu'il devait être connu et compris, que je me décide à publier cette notice. Elle ne suppléera que bien imparfaitement à l'édition complète, mais enfin elle apportera du moins un élément positif de discussion dans la question d'organisation sociale. En versant la lumière sur le vrai promoteur du socialisme, elle contribuera certainement à empêcher bien des jugements téméraires et ridicules.

C'est Saint-Simon qui proclama, le premier, l'avénement du travail comme base des sociétés modernes, qui fixa le grand but et la moralité suprême de toutes les institutions politiques ; c'est lui qui, tout en résumant le mouvement révolutionnaire du dix-huitième siècle, détermina souverainement la mission réorganisatrice du dix-neuvième. A ces différents titres, tous ceux qui s'inquiètent des réformes à accomplir dans l'état actuel de la société ont intérêt à connaître la pensée du hardi novateur.

La responsabilité de Saint-Simon doit aussi être dégagée de certaines théories morales qui furent publiées en 1832 par plusieurs membres distingués de l'association saint-simonienne. Suivant des expressions qui m'ont été laissées par M. Rodrigues lui-même : « Il ne faut pas que des aber-
« rations provenant d'une influence étrangère puis-
« sent être considérées comme des conséquences
« rigoureuses des principes de Saint-Simon, de ce
« philosophe qui n'a jamais vu le progrès que dans
« le développement des facultés, dans la distinc-
« tion de plus en plus grande de l'homme et de
« l'animal. »

Déjà, lors de leur apparition, M. Rodrigues s'était élevé énergiquement contre ces prétendues théories morales, et en avait appelé pour les combattre à la pensée même de son maître. C'est pour la dégager de tout alliage qu'il avait alors fait réimprimer plusieurs de ses écrits, entre autres le *Catéchisme des industriels*, les *Vues sur la Propriété* et la *Législation*, le *Nouveau Christianisme* et les *Lettres de Genève*, qui n'avaient jamais été publiées à Paris. Malgré cette publication néanmoins, tous les écrivains qui se sont occupés du mouvement saint-simonien n'ont pas séparé d'une manière assez complète la part qui revient à Saint-Simon dans les doctrines qui furent émises, et celle qui incombe à ses disciples. Espérons qu'à la suite de cette notice la séparation sera faite désormais avec plus de justice et d'impartialité.

Au cas où l'on entreprendrait une édition complète des œuvres de Saint-Simon, il ne faudrait pas se contenter de réimprimer dans un ordre chronologique tous les ouvrages laissés par lui; il y aurait encore à bien délimiter les grandes divisions que nous avons signalées dans sa biographie; puis, une fois ces divisions admises, à se préoccuper d'un ordre régulier de matières pour ne pas fatiguer le lecteur en lui présentant les nombreuses répétitions auxquelles Saint-Simon fut nécessairement entraîné par le développement de sa conception réorganisatrice aussi bien que par les besoins de la polémique et les exigences de la vulgarisation.

J'ai le bonheur, en publiant la vie de Saint-

Simon de répondre à un vœu exprimé par l'un de nos plus grands poëtes. « Il nous manque une his-« toire consciencieusement faite de Saint-Simon, a « dit Béranger, qui l'a si bien résumée lui-même « dans cette strophe de la chanson des *Fous*, qui « sert d'exergue à la notice. Cette vie a déjà été ra-« contée, mais jamais sérieusement. Au lieu de la « saisir dans toute sa grandeur, d'en faire ressortir « l'admirable unité, on n'y a recherché que des par-« ticularités capables d'offrir un vague intérêt ou « de satisfaire une curiosité dépourvue de toute « critique. Aucun biographe n'a encore cherché à « comprendre la vie qu'il croyait raconter. »

Pour la doctrine de Saint-Simon, elle ne doit résulter que de la série complète de ses idées, et j'espère qu'on me pardonnera de m'être appliqué avant tout à en développer la suite et l'enchaînement.

Qu'ainsi donc il ne soit plus permis à personne de dénaturer la pensée d'un grand philosophe dont la France doit s'honorer.

SAINT-SIMON

SA VIE ET SES TRAVAUX

CHAPITRE PREMIER.
1760-1784.

Naissance, famille de Saint-Simon. — Préjugés aristocratiques
de sa famille. — Contraste entre le Réformateur et l'auteur des
Mémoires sur Louis XIV et la régence. — Noblesse oblige. — Caractère énergique de Saint-Simon. — Anecdotes de sa jeunesse.
— Son éducation et son instruction. — Ses campagnes d'Amérique. — Sa captivité à la Jamaïque. — Intérêt qu'il prend à la
guerre de l'indépendance. — Jugement qu'il porte sur cette
guerre. — Sa visite à Franklin. — Son affection pour les Américains.

Claude-Henri de Rouvroy Saint-Simon, naquit
à Paris, le 17 octobre 1760, de Balthazar-Henri
de Rouvroy Saint-Simon; il était l'aîné d'une famille de huit enfants, et cousin du fameux duc de
Saint-Simon, l'auteur des Mémoires, dont le duché
pairie, la grandesse d'Espagne, et les cinq cent
mille livres de rente pouvaient lui revenir par les
lois de succession, si son père n'eût été déshé-
rité.

On sait avec quel dédain le duc de Saint-Simon
avait l'habitude de traiter les *gens de peu* qui ne

pouvaient justifier d'ancêtres historiques; toute la famille était nourrie des mêmes préjugés; il lui semblait mériter par sa seule origine d'occuper dans l'État les positions les plus élevées; elle enseignait à ses jeunes membres que, par leur naissance, ils se trouvaient en dehors de la classe des gouvernés, et que, dans celle des gouvernants, ils devaient occuper tel poste qui conviendrait le mieux à leur caractère et à leur vocation. Cet enseignement n'eut aucun effet sur l'esprit d'Henri de Saint-Simon; mais il puisa, dans la prétention de sa famille de descendre de Charlemagne par l'intermédiaire des comtes de Vermandois, un amour de la gloire qui influa sur toute son existence et sur tous ses travaux.

Cette prétention mûrit en lui la passion des grandes choses; elle l'habitua à s'élever dans ses pensées au-dessus de toute opinion de classe ou de secte; il songea de bonne heure à se rendre digne par lui-même d'une renommée qu'il rougissait de devoir exclusivement à ses ancêtres; il mesura l'illustration de Charlemagne, et, comprenant qu'elle n'avait été si grande, que parce que ses vues, au lieu de se restreindre à un seul pays avaient porté sur toute la société européenne, il voulut dès sa jeunesse lancer son intelligence dans cette direction, et apprit ainsi à manier facilement ces hautes et larges pensées auxquelles d'autres peuvent à peine atteindre une fois dans leur vie. C'est ainsi qu'il tira de cet enseignement le seul fruit qu'il était possible d'en tirer; bien plus, on peut affirmer que jamais, sans cette fantasmagorie par laquelle on avait grossi à ses yeux l'origine de sa naissance, il n'aurait pu se placer à ce sommet élevé d'où il a toujours contemplé le passé pour comprendre l'avenir. Ce proverbe de *noblesse oblige* était entré si tôt et si profondément dans son esprit que dès l'âge de seize ans celui qui l'éveillait avait ordre de lui répéter chaque matin ces paroles : « Levez-vous, « monsieur le comte, vous avez de grandes choses à « faire. »

Il est curieux d'observer le contraste offert par la famille de Saint-Simon, qui présente à la fois dans deux hommes d'une supériorité incontestable l'influence des idées et des sentiments dont vivait l'ancien régime, et celle des idées et des sentiments qui sont appelés à diriger la nouvelle société. Nulle autre famille en France ne pourrait peut-être offrir ce spectacle d'une manière plus saisissante que celle-ci : M. Michelet a dit d'elle, dans le deuxième volume de son *Histoire de France*, page 114 : « Cette famille récente, qui prétend remonter à « Charlemagne, a bien assez d'avoir produit l'un « des plus grands écrivains du dix-septième siècle, « et le plus hardi penseur du nôtre. » Il aurait pu ajouter qu'aucune autre famille n'offre d'antithèse plus parfaite entre les anciennes et les nouvelles idées, et qu'il faut chercher chez elle le dernier *gentilhomme* et le premier *socialiste*.

Dès sa jeunesse, Saint-Simon fit preuve d'une rare énergie de caractère. Il refusa, à l'âge de treize ans, de faire sa première communion, affirmant à

son père que si, par obéissance il se soumettait à
ses ordres, il ne dépendait pas de lui d'apporter à
cette cérémonie la moindre conviction ; son père,
qui lui manifesta toujours une certaine froideur,
punit cette réponse en l'envoyant à la prison de
Saint-Lazare, dont on connaît l'extrême sévérité.
Henri, exaspéré de cette violence, résolut de s'y
soustraire. Il intima au gardien l'ordre de le faire
sortir, et sur son refus engagea avec lui une lutte
dans laquelle le gardien fut blessé, et par laquelle
Henri se rendit maître des clefs. Une fois sorti de
prison, il se réfugia chez une de ses tantes, qui
s'interposa entre lui et son père et parvint à apaiser
le ressentiment de ce dernier.

Plus tard, mordu par un chien enragé, on le vit,
après s'être appliqué lui-même sur la morsure un
charbon ardent, se munir d'un pistolet chargé pour
se faire sauter la cervelle dans le cas où, ce remède
étant inefficace, il aurait senti les premiers symptômes de l'hydrophobie.

Il répéta une autre fois l'aventure d'Alcibiade,
en refusant de laisser passer un charretier qui voulait interrompre son jeu, et se couchant au travers
de la route de manière à être écrasé plutôt que de
céder la place.

Nous n'avons de détails sur son éducation et sur
sa première instruction que ceux qu'il a laissés lui-
même en quelques-uns de ses écrits. Son éducation
fut certainement celle des grands seigneurs de son
temps. Quant à son instruction, elle fut très-soignée,
mais mal dirigée. « On m'accablait de maîtres, di-

« sait-il, sans me laisser le temps de réfléchir sur
« ce qu'ils m'enseignaient ; de telle sorte que les
« germes scientifiques que mon esprit avait reçus
« ne purent lever que longues années après avoir
« été semés. » Il attribuait toutefois à l'influence
supérieure de d'Alembert de lui avoir tressé un filet
métaphysique si serré qu'aucun fait important ne
pouvait passer au travers. (*Fragments* publiés
en 1832, page XXI.)

D'après la position sociale dans laquelle le hasard de la naissance avait placé Saint-Simon, l'usage
fixait irrévocablement l'état qu'il devait embrasser
en entrant dans le monde. Il était voué à la carrière
militaire. (*Lettres aux Américains*, p. **23**.)

Heureusement pour lui, car il pouvait s'user
dans la vie meurtrière des garnisons, dans l'année
qui suivit son entrée au service (1778) la France
se déclara en faveur des *insurgents* américains, et il
profita de cette circonstance pour passer en Amérique, où il fit cinq campagnes. Il se trouva au siége
d'York, et contribua d'une manière assez importante
à la reddition du général Cornwallis et de son armée
(17 septembre 1781). Cette reddition fut un des
plus importants succès de la guerre de l'indépendance ; pour en garder la mémoire, le congrès crut
devoir offrir à Washington deux drapeaux pris sur
les Anglais, et aux comtes de Rochambeau et de
Grasse deux canons provenant de la même origine.
Aussi Saint-Simon, à qui fut donné l'ordre de Cin-
cinnatus pour le courage qu'il avait déployé, se
plaisait-il à dire qu'il pouvait se regarder à juste

titre comme l'un des fondateurs de la liberté des États-Unis.

Après avoir assisté à la capitulation du général Cornwallis, Saint-Simon monta sur l'escadre du comte de Grasse avec le corps de troupes dont il faisait partie. Il prit donc aussi sa part du fameux combat livré par notre flotte à l'amiral Rodney, et qui se termina pour nous par une complète déroute. Ce fut là, au reste, son dernier acte militaire; car le vaisseau sur lequel il se trouvait, *la Ville de Paris*, fut forcé de se rendre après onze heures et demie de combat; et lui-même fut conduit avec tous les marins qui le montaient jusqu'à la Jamaïque, où il dut rester jusqu'à la signature définitive de la paix entre la France, l'Angleterre et les États-Unis, en 1783. Il n'eut point à souffrir pendant cette courte captivité; il fut réclamé par un officier de marine à qui, dans le cours de la guerre, il avait rendu lui-même un service signalé. Cet officier avait été fait prisonnier avec un capitaine de génie, alors qu'il venait explorer les travaux militaires et étudier la situation des troupes françaises. Selon les usages de la guerre, lui et son camarade devaient être fusillés; mais Saint-Simon, qui avait été frappé du sang-froid déployé par cet officier de marine devant le conseil de guerre, demanda à être chargé de l'exécution de l'arrêt fatal, et obtint un sursis du marquis de Saint-Simon, son parent, qui présidait le conseil en qualité de commandant en chef, et auprès duquel il servait comme officier d'état-major. Ce sursis devait être favorable au prisonnier ; car bientôt les circonstances ayant changé, sa vie se trouva assurée, et il fut rendu à la liberté.

Saint-Simon racontait quelquefois que durant le combat de *la Ville de Paris* contre les vaisseaux anglais, dont elle était entourée, un boulet ennemi vint fracasser la tête d'un matelot auquel il donnait des ordres et le renversa lui-même sur le bord. Il resta quelque temps étourdi ; on le crut mort, et sans plus de cérémonie on se prépara à le jeter à la mer. Dans ce moment critique, il entendait distinctement tout ce qui se passait autour de lui, sans pourtant être capable du moindre mouvement. Cependant ses efforts pour donner signe de vie cessèrent enfin d'être infructueux ; il arriva à promener les mains sur son visage, marquant ainsi son réveil d'un horrible cauchemar. Soudainement, il sentit au toucher la cervelle du matelot qui avait été tué à ses côtés. Il lui fut d'abord difficile de se rendre un compte immédiat de cette impression. Mais son esprit était déjà si préoccupé d'expériences scientifiques qu'il crut voir dans l'accident un fait nouveau que personne n'avait pu encore observer : « Un homme vivant, pensa-t-il, peut donc toucher « sa propre cervelle. »

Plus tard, lors de son suicide, il disait, dans la même tendance d'esprit au médecin qui cherchait à le délivrer des plombs meurtriers qu'il avait dirigés sur lui-même : « Est-il donc vrai qu'un homme « puisse vivre avec des chevrotines dans la tête. »

Pendant son séjour en Amérique, Saint-Simon

s occupa beaucoup plus de science politique que de tactique militaire.

« La guerre en elle-même, a-t-il écrit, ne m'in-
« téressait pas, mais le but de la guerre m'inté-
« ressait vivement, et cet intérêt m'en faisait sup-
« porter les travaux sans répugnance. Je veux la
« fin, me disais-je souvent, il faut que je veuille
« les moyens. Le dégoût pour le métier des armes
« me gagna tout à fait quand je vis approcher la
« paix. Je sentais déjà clairement quelle était la
« carrière que je devais embrasser, la carrière à
« laquelle m'appelaient mes goûts et mes disposi-
« tions naturelles ; ma vocation n'était pas d'être
« soldat ; j'étais porté à un genre d'activité bien
« différent, l'on peut même dire contraire. »

Homme de méditation et d'observation, caractère à la fois passionné et réfléchi, Saint-Simon ne pouvait assister à un si grand événement que celui de l'émancipation américaine sans en tirer de très-grandes lumières. Il sut, en effet, prévoir dès ce moment tout l'avenir réservé à la race américaine par son courage civil, sa confiance dans la liberté individuelle, son amour pour le travail, et sa passion industrielle presque fiévreuse.

« J'entrevis, dit-il, que la révolution d'Amérique
« signalait le commencement d'une nouvelle ère
« politique, que cette révolution devait nécessaire-
« ment déterminer un progrès important dans la
« civilisation générale, et que sous peu elle cause-
« rait de grands changements dans l'ordre social
« qui existait alors en Europe. »

Déjà d'Alembert avait dû lui faire comprendre toute la puissance dont l'humanité se trouvait en possession par le fait des progrès scientifiques ; il avait été ainsi initié à l'une des deux forces vitales de notre société nouvelle, la science ; l'Amérique lui livra la seconde, l'industrie, et lui apprit ainsi à concevoir dès son jeune âge les deux moteurs qui seuls ont la vertu de déterminer les progrès positifs de la civilisation.

C'était un pas difficile à traverser pour un grand seigneur du dix-huitième siècle, non pas d'accorder aux gens de lettres et aux artistes une considération qu'on leur fait souvent acheter bien cher, mais de reconnaître l'égalité de l'homme qui s'occupe des travaux de l'industrie et de l'homme qui consacre exclusivement son génie à l'art militaire. C'est en Amérique que Saint-Simon franchit ce pas.

Il avait, en France, visité Jean-Jacques Rousseau dans son ermitage ; aux États-Unis il admira les vertus républicaines des membres du congrès, fondateurs de l'indépendance américaine ; il aima surtout Franklin, chez qui il trouvait unis avec bonheur la persévérance laborieuse de l'ouvrier, la profonde sagacité du penseur philosophe, et la patience du savant, qui permet à l'homme de dompter la nature en lui en faisant connaître toutes les lois.

Il partit d'Amérique, en emportant pour les Américains un vrai sentiment de profonde tendresse. Voici à ce sujet ce qu'il écrivait en 1817 :

« Depuis mon retour en France, j'ai toujours « suivi avec la plus grande attention et avec le plus

« vif intérêt la marche des événements politiques
« qui se sont rapidement succédé en Amérique et
« qui ont jusqu'à présent directement tendu à éta-
« blir le plus bel ordre social et le plus simple qui
« ait jamais existé. »

« Il me serait impossible d'exprimer l'effet qu'ont
« produit sur moi, pendant les premières années de
« l'existence nationale des Américains, les nouvelles
« que leurs vaisseaux délivrés d'entraves et décorés
« de leur nouveau pavillon ont successivement ap-
« portées dans notre Europe, devenue vieille, et qui
« avait un si grand besoin d'être rajeunie. »

« La conduite qu'a tenue Washington et ceux
« qui ont contribué avec lui à déterminer l'insur-
« rection, à combiner les efforts des Américains, et
« à les diriger vers le grand but, vers l'affranchis-
« sement complet de la domination anglaise, a tou-
« jours été l'objet continuel de mon admiration.
« Grâce à eux, il a été donné en politique une
« grande leçon à l'espèce humaine. » Il entendait
par cette leçon l'expérience de la liberté illimitée.

CHAPITRE DEUXIÈME.

1784-1797.

Proposition de Saint-Simon au vice-roi du Mexique. — Il est fait colonel. — Sa passion d'apprendre. — Il suit à Metz les cours de Monge. — Son dégoût de la carrière militaire. — Son voyage en Hollande et en Espagne. — Il est rappelé en France par la révolution française. — Discours qu'il prononce à Falvy. — Adresse à la Constituante. — Spéculation sur les biens nationaux. — Association avec M. de Redern. — Succès des spéculations. — Risques courus par Saint-Simon, qui est mis en prison pendant la Terreur. — Saint-Simon fait le commerce des fils et linons. — Il dirige l'éducation de ses neveux. — Services qu'il rend à ses concitoyens. — Il sauve la vie à son propriétaire. — Saint-Simon poursuit toujours ses idées d'organisation sociale. — Son opinion sur la Gironde et la Montagne. — Il se propose de fixer lui-même les bases de la réorganisation. — Caractère passionné de son exaltation. — Son rêve dans la prison du Luxembourg.

Avant de revenir sur notre continent, Saint-Simon passa quelque temps au Mexique ; il a rapporté lui-même qu'à la paix il avait présenté au vice-roi de ce pays le projet d'établir entre les deux Océans une communication qui est possible en rendant navigable la rivière *in partido*, dont une bouche verse dans l'Atlantique, tandis que l'autre se décharge dans la mer du Sud. Ce projet fut assez froidement accueilli, et Saint-Simon qui en vit l'exécution momentanément impossible ne tarda pas à l'abandonner. De retour en France il fut créé chevalier de Saint-Louis et colonel au régiment d'Aquitaine, bien qu'il n'eût pas encore vingt-trois ans.

Il lui suffisait dès lors de persévérer pour parvenir dans une période donnée aux plus hautes dignités militaires ; mais déjà il avait placé son ambition ailleurs, et pour le but philosophique qu'il voulait atteindre, c'était surtout de vastes connaissances qu'il lui fallait. Aussi le vit-on à Metz, où il avait été envoyé en qualité de commandant de place, suivre attentivement, sur les bancs de l'école, les cours de mathématiques du célèbre Monge avec lequel il se lia d'une étroite amitié.

Le désir de tout connaître, qui lui faisait fréquenter les sommités de la science, lui faisait aussi prendre un vif intérêt à la conversation de tous les hommes spéciaux qu'il pouvait rencontrer quels que fussent d'ailleurs leur spécialité et leur rang dans le monde.

Il se rendait un jour à Versailles, dans sa voiture, en costume très-habillé : sur sa route il trouve un roulier qui, embarrassé pour dégager sa charrette d'une ornière où elle était embourbée, réclamait en vain l'appui et l'assistance de spectateurs indifférents. Il descend aussitôt de voiture, et sans crainte de se couvrir de boue, il les détermine par son exemple à dégager la charrette ; mais tandis qu'il s'entretient avec le voiturier, les discours de cet homme qui avait beaucoup vu et bien observé, l'intéressent vivement : il renvoie à Paris son domestique, entre dans une auberge, se dépouille de ses habits de cérémonie pour prendre une blouse et accompagne le roulier jusqu'à Orléans, lieu de sa destination.

Cependant le désœuvrement habituel où Saint-Simon se trouvait par suite de la carrière qu'il avait dû embrasser ne tarda pas à lui déplaire : « Faire « l'exercice pendant l'été, a-t-il dit, faire ma cour « pendant l'hiver était un genre de vie insuppor- « table pour moi. »

Il quitta le service, et entreprit de voyager en Europe.

La Hollande fut le premier pays qu'il visita ; il venait de s'y manifester un mouvement politique dont le résultat avait été l'expulsion du stathouder. Saint-Simon pendant un an se nourrit de l'idée de participer à une expédition contre les colonies anglaises de l'Inde que devait commander M. de Bouillé, et à laquelle M. de la Vauguyon, ambassadeur de France, essayait de déterminer les États-Généraux. Ce projet, grâce auquel il espérait pouvoir parcourir l'Asie, comme il avait déjà parcouru l'Amérique, manqua, malheureusement pour lui, par la maladresse du successeur de M. de la Vauguyon.

Ce voyage en Hollande terminé, il partit pour l'Espagne en 1787. Le gouvernement espagnol avait entrepris un travail qui devait faire communiquer Madrid à la mer ; cette entreprise languissait parce que ce gouvernement manquait d'ouvriers et d'argent. Saint-Simon se concerta avec le comte de Cabarrus, qui fut plus tard ministre des finances, et tous deux présentèrent au gouvernement le projet suivant : le comte de Cabarrus proposait au nom de la banque de Saint-Charles, dont il était directeur, de fournir au gouvernement les fonds nécessaires pour l'exécution du canal, si le roi voulait abandonner le droit de péage à cet établissement : de son côté Saint-Simon offrait de lever une légion de six mille hommes qui aurait été composée d'étrangers, dont deux mille auraient tenu garnison, tandis que les quatre autres mille auraient été employés aux travaux du canal.

Les seuls frais d'habillement militaire et d'hôpitaux auraient été à la charge du gouvernement ; la paye des travailleurs aurait suffi à tout le surplus de la dépense de ce corps, de manière qu'avec une somme extrêmement modique, le roi d'Espagne aurait confectionné le plus beau et le plus utile canal qu'il y eût en Europe. Il aurait augmenté son armée de six mille hommes et accru la population de ses États d'une classe qui serait nécessairement devenue laborieuse et industrieuse.

La Révolution française qui survint empêcha l'exécution de ce plan, où se trouvait en germe l'idée de l'application des armées aux grands travaux d'utilité publique.

Saint-Simon se hâta de revenir au milieu des anciens vassaux de sa famille, pour suivre avec attention un spectacle plus beau et plus étonnant encore que celui auquel il avait assisté en Amérique. Il était

parfaitement initié aux idées philosophiques du dix-
huitième siècle ; et il sentait que l'ancien régime
ne pouvait en aucune façon être prolongé. Cependant il ne chercha point à se mêler d'une manière
active au mouvement révolutionnaire et persévéra
systématiquement dans le rôle d'observateur qu'il
s'était imposé. Les faits que nous allons citer et
qui reposent sur des pièces authentiques prouve-
ront à tous qu'il comprenait parfaitement et même
avec enthousiasme les voies nouvelles où la révolution venait engager l'humanité ; mais aussi qu'il
prévoyait dès l'origine l'insuffisance complète des
idées révolutionnaires, le jour où les questions sociales viendraient se substituer aux luttes de la politique.

Arrivé au mois de novembre 1789, dans la commune de Falvy, district de Péronne, département
de la Somme, il fut choisi par ses concitoyens pour
présider l'assemblée électorale qui devait, le 7 février 1790, choisir une nouvelle municipalité ; et
voici, à ce sujet le discours qu'il leur tint, tel qu'il
est extrait du registre des actes de la municipalité
de Falvy.

« Je suis très-flatté, Messieurs, d'avoir par votre
« choix l'honneur de vous présider ; une seule chose
« trouble la joie que j'en ressens, c'est la crainte
« que j'ai qu'en me nommant vous ayez eu l'inten-
« tion de marquer un égard à votre seigneur, et que
« ce ne soit point mes qualités personnelles qui aient
« déterminé vos suffrages. Il n'y a plus de seigneurs,
« Messieurs ; nous sommes ici tous parfaitement

« égaux ; et pour éviter que le titre de comte ne
« vous induise en l'erreur de croire que j'ai des
« droits supérieurs aux vôtres, je vous déclare que
« je renonce à jamais à ce titre de comte que je re-
« garde comme très-inférieur à celui de citoyen, et
« je demande, pour constater ma renonciation,
« qu'elle soit insérée dans le procès-verbal de l'as-
« semblée. »

Cette commune de Falvy était une des plus in-
telligentes et des plus patriotes du département de
la Somme ; elle le prouva, le 14 février 1790, en
envoyant à l'Assemblée nationale une adresse pour
lui exprimer son adhésion en faveur des principes
qu'elle venait d'inscrire dans la constitution, puis
en augmentant d'elle-même ses contributions pa-
triotiques, et en renonçant, pour soulager les finances publiques, à la part de diminution de taille
que devait lui procurer l'imposition des ci-devant
privilégiés pour les six derniers mois de 1789.

Le discours prononcé par Saint-Simon, dans l'assemblée électorale du 7 février 1790, n'est pas le
seul acte public qu'il ait accompli pendant la
révolution. Un certificat délivré par la municipalité
de Falvy nous apprend que les jours de repos il
faisait, dans l'église de la commune, des discours
publics dans lesquels il cherchait à exciter *le plus
grand attachement pour la liberté et l'égalité*, et
qu'il refusa la place de maire en motivant son refus
sur le danger qu'il y avait pour le peuple à nommer
des ci-devant nobles ou des prêtres à aucune place
jusqu'à la fin de la Révolution.

Le 12 mai 1790, à l'assemblée primaire du canton de Marchelepot, Saint-Simon, qu'aucun sentiment de crainte ne pouvait alors dominer, qu'aucune vue ambitieuse n'inspirait, puisqu'il avait exhorté lui-même ses concitoyens à ne jamais choisir de nobles pour des fonctions publiques, engagea les électeurs à demander, dans une adresse à l'Assemblée nationale, la suppression des titres de noblesse. Chargé lui-même de rédiger l'adresse, voici celle qu'il composa et qui fut envoyée à l'Assemblée constituante.

« Frappés d'admiration à la vue de [chaque ar-
« ticle de la constitution, pleins d'une noble fierté
« en pensant que notre volonté a créé le grand
« code de la justice et de la raison, pénétrés pour
« l'Assemblée nationale du plus grand respect
« qu'une petite partie doit au grand tout dont elle
« dépend, les électeurs du canton de Marchelepot
« ont arrêté à l'unanimité de consacrer les premiers
« moments de l'existence politique qu'elle nous a
« donnée, à la féliciter du sublime usage qu'elle fait
« du pouvoir suprême, de la volonté générale dont
« elle est l'organe. »

« Nous vouons entre ses mains le plus souverain
« mépris à ces dévots mondains qui osent appeler
« Dieu au secours de leurs richesses, feignant de
« craindre pour la religion, à l'instant même que
« vingt-cinq millions d'hommes, donnant le grand
« exemple à l'univers de se rappeler que l'Éternel les
« a tous indistinctement créés à son image, cessent
« enfin d'insulter à la majesté de sa toute-puissance

« par les distinctions *impies* de la naissance, et que,
« ne voulant plus obéir qu'à ceux d'entre eux qui se
« rapprochent le plus de ses divines perfections, ils
« déclarent que tous les citoyens sont également ad-
« missibles à toutes les dignités, charges et emplois
« publics, selon leur capacité, et sans autres dis-
« tinctions que celle de leur vertu et de leurs talents.
« Que l'Assemblée nationale n'imagine pas que la
« chaleur avec laquelle nous sentons le principe re-
« ligieux d'égalité et des droits des hommes nous
« porte à voir avec chagrin qu'elle ait laissé subsister
« jusqu'à présent ces titres qui nous rappellent l'or-
« dre hiérarchique de la tyrannie. Nous avons ad-
« miré au contraire sa prudence, en anéantissant
« tous les priviléges qui y étaient attachés, de nous
« avoir précieusement conservé le moyen facile de
« distinguer ceux d'entre nous que l'intérêt séparait
« de la cause commune. Mais en ce jour que l'em-
« pire de la justice solidement établi ne craint
« plus les impuissants efforts de quelques adver-
« saires, nos augustes législateurs ne trouveront-ils
« pas que l'époque heureuse à laquelle ils peuvent
« sans inconvénient effacer jusqu'au souvenir de
« l'ancien régime est enfin arrivée ? »

Saint-Simon, lorsqu'il rédigea cette adresse, avait
déjà atteint l'âge de trente ans ; il ne faut donc pas
y voir seulement l'effervescence de la jeunesse ; c'est
avec réflexion qu'il engageait ses compatriotes à
entrer hardiment dans les voies libérales et à chercher la réalisation des principes d'égalité.

Ses spéculations sur les biens nationaux démontrent encore d'une façon plus péremptoire qu'il avait foi dans le triomphe de la Révolution. Il n'eût point cherché à se créer une fortune en spéculant sur ces biens, s'il avait pensé que l'ancien régime auquel ils étaient enlevés parviendrait un jour par un revirement soudain, à les ressaisir. La Révolution avait anéanti la fortune de sa mère et celle de deux oncles fort riches, à la succession desquels il devait être appelé ; il chercha un dédommagement dans les spéculations sur les biens du clergé. Déjà, il avait formé le projet de créer un grand établissement d'instruction, et ce projet scientifique, sans l'argent nécessaire pour le mettre à exécution, lui semblait une âme sans corps. « Telle est, comme il l'a dit « lui-même, la raison ou plutôt l'excuse de l'emploi « financier que je fis de mon temps, pendant le cours « orageux de la Révolution française. »

Pour la spéculation qu'il se proposait, il lui fallait des capitaux : il s'adressa d'abord à plusieurs capitalistes de Paris, entre autres au célèbre Lavoisier ; mais le hasard l'ayant remis en relation avec M. de Redern, ambassadeur de Prusse en Angleterre, qu'il avait connu à Madrid en 1788, ce dernier lui confia en créances sur l'État très-discréditées un capital de cinq à six cent mille francs, avec lequel on le vit provoquer audacieusement la vente des domaines du prieuré de l'abbé Maury, et se rendre adjudicataire du premier lot de ces domaines. Il acheta les biens nationaux de tout un département, celui de l'Orne, et même quelques-uns de la capitale, notamment le grand hôtel des Fermes dans la rue du

Bouloi. La dépréciation des assignats lui procura bientôt après d'immenses bénéfices ; comme il s'en servit pour payer ses acquisitions d'immeubles, il en retira une fortune considérable proportionnée aux acquisitions qu'il avait faites. En 1796 l'association qu'il avait formée avec M. de Redern, où il avait apporté pour sa part son travail, son intelligence, sa foi révolutionnaire, et quelques capitaux monétaires, tandis que M. de Redern n'avait fourni que des créances tout à fait discréditées, cette association possédait un fonds considérable rapportant cent cinquante mille francs de rente. On voit par ce résultat que Saint-Simon avait su conduire ses affaires avec talent, avec prudence ; du reste il avait aussi couru de très-graves dangers, car son association avec M. de Redern, ambassadeur de Prusse en Angleterre, avait excité les soupçons des Jacobins. Il fut mis sur la liste des suspects et enfermé pendant 11 mois d'abord à la prison Pélagie, puis à celle du Luxembourg, jusqu'au 10 thermidor, époque où les prisons furent vidées, après la chute de Robespierre.

Pendant tout le cours de ces années orageuses, de 90 à 97, Saint-Simon ne resta pas uniquement préoccupé de ses spéculations financières sur les biens nationaux ; il s'occupa activement du commerce des fils et des linons et fonda dans la commune de Bussu avec un ami un établissement important qui rendit de très-grands services à ce pays. Il soigna l'éducation de deux de ses neveux qu'il dirigeait sur un plan tout différent de celui qu'on lui avait fait suivre à lui-même, s'efforçant de leur apprendre à ne compter que sur eux-mêmes dans toutes les situations de la vie, à n'accorder de considération qu'aux hommes qui rendent à la société des services vraiment utiles et à se passionner pour les œuvres d'art et pour les travaux scientifiques.

La richesse non plus ne lui fit jamais perdre la franche générosité qui faisait le fond de son caractère. Les habitants de la commune qu'il habitait s'étant trouvés embarrassés pour labourer les terres de leurs frères d'armes qui étaient aux frontières, il acheta des chevaux et les employa à cultiver ces terres.

En 93 lorsqu'il fut mis sur la liste des suspects par le tribunal révolutionnaire, il eut le bonheur d'être prévenu à temps ; immédiatement il se prépara, sous un déguisement à quitter l'hôtel qu'il habitait. Tandis qu'il descendait l'escalier, il rencontra les envoyés du tribunal qui lui demandèrent le citoyen Simon. Le citoyen Simon, dit-il, au second ; et laissant les gardes suivre son indication, lui-même monta à cheval et s'enfuit au galop ; mais apprenant bientôt que le citoyen Langer propriétaire de l'hôtel avait été arrêté, pour avoir facilité son évasion, il revint généreusement sur ses pas, et s'offrit ainsi de lui-même au tribunal pour faire relâcher son propriétaire.

Quant à ses pensées de réorganisation sociale, c'est à ce moment peut-être qu'elles germaient avec le plus de force dans son esprit ; il suivait avec

anxiété la marche de la révolution, cherchant toujours dans les travaux et les œuvres de la Gironde et
de la Montagne, si ces deux partis possédaient des
principes réellement rénovateurs, s'ils voulaient et
pouvaient changer la nature du pouvoir, ou s'ils se
bornaient seulement à en renverser les anciens dé-
positaires. Il lui parut que ces deux partis, illu-
sionnés par les abstractions d'une métaphysique
incertaine, méconnaissaient les conditions fondamentales de l'existence des sociétés. Dès lors, il
s'imposa à lui-même de laisser aux autres toute vue
critique, toute tendance révolutionnaire, et se mit à
chercher patiemment les bases de l'organisation sociale; telle est la mission qu'il se donna, et la conviction qu'il trouverait un jour ne l'abandonna
jamais.

Une fois le problème posé dans son esprit, c'est
avec la passion la plus ardente qu'il entreprit d'en
trouver la solution. Son imagination, pendant plu-
sieures années, fut dominée par la plus vive exaltation, exaltation qui se trahissait jusque dans ses
rêves. Il nous a transcrit lui-même dans un petit
écrit publié en 1810, sous le titre de prospectus
d'une nouvelle Encyclopédie, une preuve de cette
exaltation qui emprunte un vrai caractère de grandeur aux circonstances dont elle est entourée.

« A l'époque la plus cruelle de la Révolution, dit-
« il, et pendant une nuit de ma détention au Luxem-
« bourg, Charlemagne m'est apparu et m'a dit :
« Depuis que le monde existe, aucune famille n'a
« joui de l'honneur de produire un héros et un phi-

« losophe de première ligne. Cet honneur était ré-
« servé à ma maison. Mon fils, tes succès, comme
« philosophe, égaleront ceux que j'ai obtenus
« comme militaire et comme politique, et il a
« disparu. »

CHAPITRE TROISIÈME.

1797–1814.

On le voit donc, Saint-Simon, à l'époque où nous sommes arrivés, etait déjà convaincu que la société réclamait absolument une nouvelle organisation. De plus il avait déjà pressenti dans la science et l'industrie les deux éléments fondamentaux de cette organisation : la science lui fournissant le pouvoir spirituel de la société, et l'industrie le pouvoir temporel ; réorganisant séparément la science et l'industrie, il réorganisait complétement la société.

Dès lors on comprend facilement comment il consacra sa vie à l'élaboration successive de ces deux éléments sociaux. On le vit pendant seize ans se préoccuper exclusivement de l'organisation de la société spirituelle par la science, puis consacrer le reste de sa vie à l'organisation de la société temporelle par l'industrie, ne rétablissant l'unité et la synthèse générale de son système que dans son dernier écrit, celui qu'il publia à son lit de mort, le *Nouveau Christianisme*.

Saint-Simon était riche en 1797 ; il pouvait espérer au moins la moitié des cent cinquante mille francs de rente qu'il avait gagnés dans son association avec M. de Redern. Sa maison fut alors ouverte à toutes les sommités littéraires, artistiques et surtout scientifiques de l'époque. Lagrange, Monge, Berthollet, pour ne citer que les plus illustres, avaient avec lui de fréquentes relations ; il cherchait avec persévérance à saisir dans leurs conversations les principes philosophiques les plus généraux auxquels leurs diverses directions avaient pu les conduire. Il témoignait ainsi que la fortune n'était pas pour lui un but de jouissance et la considérait tout autrement.

« Je la désirais, a-t-il dit, seulement comme un « moyen. Organiser un grand établissement d'in-« dustrie, fonder une école scientifique de perfec-« tionnement, contribuer en un mot aux progrès « des lumières, et à l'amélioration du sort de l'hu-« manité, tels étaient les véritables objets de mon « ambition. »

On voit encore à Paris, dans la rue du Bouloi, l'échantillon des constructions qu'il avait commencées pour fonder un grand établissement d'industrie ; quant à l'école scientique de perfectionnement, il chercha longtemps à connaître les vues des savants sur les moyens de modifier le système d'éducation, s'engageant à essayer lui-même de ses propres deniers les innovations dont ils croiraient possible la réalisation immédiate. Il confia un jour la clef de son coffre-fort à l'un de ces hommes dont il appréciait le mieux la haute intelligence, lui laissant une entière liberté pour accomplir tout ce qu'il jugerait sérieusement utile. Une honteuse inertie lui prouva bientôt que ce n'était pas l'argent, mais les idées, les bonnes idées qui faisaient défaut.

C'est alors que Saint-Simon se résolut à abandonner toute spéculation financière pour s'occuper exclusivement de la recherche de ces idées. L'arrivée de M. de Redern entrava ses premiers travaux. « Je « m'étais trompé, a-t-il dit, sur le compte de cet « associé ; je le croyais lancé dans la même route que « moi, et les routes que nous suivions étaient bien « différentes. Il se dirigeait vers les marais fangeux « au milieu desquels la fortune a élevé son temple, « tandis que moi, je gravissais la montagne aride et « escarpée qui porte à son sommet les autels de la « gloire. »

L'association fut donc rompue, et il intervint un acte de partage ; mais M. de Redern, à qui son associé en abandonna les conditions, et à la loyauté duquel tous les titres de propriété furent remis, crut pouvoir s'adjuger presque toute la fortune, et ne laissa à celui qui avait couru les risques que cent cinquante mille francs une fois comptés.

Si Saint-Simon eût aspiré à la richesse, comme au seul but de toute son existence il eût agi de toute manière par voie arbitrale ou légale, pour empêcher cette solution : il se contenta pour le moment de protester contre ce qu'un tel arrangement avait pour lui d'onéreux et ce n'est que bien plus tard qu'il songea à faire quelques démarches pour recouvrer ce qu'il jugeait lui appartenir légitimement. Tout son esprit était tendu vers la philosophie des sciences, et bien que sa richesse eût considérablement diminué, il continua à mettre ce qu'il possédait au service des savants.

C'est à cette époque qu'il ouvrit à ses frais des cours gratuits absolument semblables à ceux qui composent les études de l'École polytechnique; les premiers élèves sortis de cette école étaient professeurs dans une institution, dont le directeur fut le célèbre M. Poisson. Plusieurs jeunes gens, qui plus tard figurèrent avec distinction dans le corps des savants, et qui, pour le dire en passant, lui montrèrent dans la suite bien peu de reconnaissance, lui durent de pouvoir continuer leur instruction scientifique; sans les secours qu'il leur donna, forcés qu'ils eussent été de travailler pour le présent, il leur eût été bien difficile d'arriver à des positions plus élevées.

Saint-Simon avait pour M. Poisson que nous avons nommé une affection presque paternelle. Il le traitait vraiment comme son fils adoptif, et essaya de le lancer dans la route nouvelle où lui-même allait s'engager. Pendant trois ans, il fournit largement à toutes ses dépenses, et l'aida de toute manière à se rendre digne d'occuper les chaires de Lagrange et de Laplace.

La famille de l'illustre Dupuytren conserve encore le souvenir de la générosité délicate avec laquelle Saint-Simon essaya, quoique sans succès, de lui faire accepter un secours pécuniaire, en un moment où cet homme dont plus tard la célébrité fut européenne et la richesse si grande, ne pouvait, faute de vêtements, sortir de sa chambre pour aller suivre les cours publics.

Nous aurions trop à dire s'il fallait citer tous les services que Saint-Simon rendit aux savants. Il fit faire à ses frais un grand nombre d'expériences de physiologie et fut en relations fréquentes avec Gall, Cabanis, Bichat, et surtout avec l'éminent naturaliste que la science vient de perdre, M. de Blainville [1].

Dès cette époque déjà, Saint-Simon songeait à reconstruire un nouveau pouvoir spirituel ; mais

[1] Une heureuse circonstance nous a fait assister à la lecture de l'éloge de M. de Blainville, prononcé à l'Académie des sciences, dans la séance du 30 janvier 1854, par M. Flourens. Dans ce piquant travail, qui cache d'assez cruels reproches sous une forme toujours polie et bienveillante, M. Flourens fait contraster énergiquement les deux méthodes différentes suivies par les deux grands naturalistes qui portèrent les noms de Cuvier et de Blainville. Ce contraste est frappant, et méritait d'attirer l'attention de l'Académie ; mais attribuer, chez un homme comme M. de Blainville, le choix de la méthode dogmatique à une fâcheuse tendance de caractère misanthropique et discuteur, ce n'est vraiment pas se placer à la hauteur de l'intelligence qu'on avait à apprécier. M. de Blainville s'était souvent entretenu avec Saint-Simon de l'impulsion à donner aux sciences, et c'est après de sérieuses méditations sur la marche des sciences, que ces deux gentilshommes, qui, dans les sentiments et les instincts de leur race, avaient puisé une si haute idée de la dignité et de la mission du savant, s'étaient accordés pour penser que le moment était venu d'employer à nouveau la méthode dogmatique.

pour atteindre ce but deux travaux préliminaires, lui semblaient indispensables : d'abord la réorganisation du corps des savants, puis la refonte du système scientifique.

Dans ce dernier ordre d'idées, Saint-Simon, s'élevant aux vues les plus générales, avait cru apercevoir qu'on pouvait donner aux travaux scientifiques une direction nouvelle ; il avait senti, en même temps, qu'il ne pourrait lui-même déterminer cette direction à moins de connaître au moins les généralités scientifiques de chaque branche de nos connaissances. C'est pourquoi on le vit à trente-huit ans recommencer son éducation sur un plan tout nouveau qu'il a indiqué lui-même de la manière suivante :

« J'étudiai d'abord les sciences physico-mathé-
« matiques ; je constatai leur situation actuelle, et
« je m'assurai, au moyen de recherches historiques,
« de l'ordre dans lequel s'étaient faites les dé-
« couvertes qui les avaient enrichies. Ce travail me
« dura trois ans ; pendant tout ce temps, j'avais
« pris domicile en face de l'École polytechnique,
« et je suivais les cours des professeurs. Quand je
« me jugeai au courant des connaissances acquises
« dans les sciences physico-mathématiques, c'est-
« à-dire dans la *physique des corps bruts*, je m'éloi-
« gnai de l'École polytechnique pour aller m'établir
« près de l'École de médecine. J'entrai en rapport
« avec les physiologistes et je ne les quittai qu'après
« avoir pris une connaissance exacte de la physique
« des corps organisés.

« Il ne suffit pas de bien connaître la situation de la
« connaissance humaine ; il faut encore savoir l'effet
« que la culture de la science produit sur ceux qui
« s'y livrent ; il faut apprécier l'influence que cette
« occupation exerce sur leurs passions, sur leur
« esprit, sur l'ensemble de leur moral et sur ses dif-
« férentes parties. » Saint-Simon donc résolut d'attirer chez lui le plus grand nombre possible de savants
et d'artistes et de faire de sa maison un centre
agréable de réunion où il pût les observer avec toute
facilité. C'est dans ce but qu'il épousa, en 1801,
mademoiselle de Champgrand, aujourd'hui madame
de Bawr, fille d'un officier général qui s'était dis-
tingué dans la guerre de Sept ans et qui la lui avait
recommandée au lit de mort. Mademoiselle de
Champgrand, par le charme de sa conversation et
de ses manières, était parfaitement capable de remplir le rôle de maîtresse de maison qu'il lui avait
destiné, quoique d'ailleurs elle fût loin d'entrer avec
lui en communion intellectuelle, pour ses idées de
réforme organisatrice.

Pendant une année, Saint-Simon reçut dans ses
salons tous les hommes d'élite que Paris possédait
alors dans le domaine de la science et de l'art ;
tandis que lui-même pouvait facilement, par suite
de ses liaisons personnelles, y réunir les savants,
madame de Saint-Simon, par l'entremise de Grétry
et d'Alexandre Duval, qui avaient assisté à son mariage comme témoins, y attirait les musiciens et les
littérateurs les plus distingués. Notre philosophe
assistait à ces réunions principalement comme ob-

servateur, y prenant lui-même très-peu de part.

Dans ces coûteuses réceptions, Saint-Simon dépensa le reste des sommes qu'il avait retirées de sa liquidation avec M. de Redern [1].

Sur ces entrefaites madame de Staël, par la mort de son mari, étant redevenue maîtresse de ses propres destinées, Saint-Simon résolut de rechercher sa main. Aussi le vit-on tout à coup divorcer au mois de juillet 1802, sans pourtant y être poussé par aucun sentiment d'éloignement pour une personne dont il ne put se séparer définitivement devant l'officier municipal sans répandre des larmes [2]. Mais par des publications récentes qui venaient de témoigner toute sa hauteur philosophique, madame de Staël lui semblait la seule femme capable de s'associer avec lui dans le plan qu'il s'était tracé. Elle se trouvait alors près de Genève, dans sa fameuse résidence de Coppet. Ce fut là que Saint-Simon se hâta d'aller lui rendre visite.

Enthousiasmé par la confiance qu'il avait en ses propres forces, et par la haute intelligence dont madame de Staël venait de faire preuve dans ses der-

---

[1] Plusieurs écrivains ont accueilli, au sujet du mariage de Saint-Simon et de sa visite chez madame de Staël, deux anecdotes dénuées de toute authenticité, mais destinées à rendre immoral et ridicule un homme qu'il aurait fallu admirer, en se renfermant dans le cercle de la vérité.

[2] Ces larmes expliquent toute la vie de Saint-Simon ; immolation perpétuelle de l'être affectueux et sensible, à l'être intelligent et pensant. A-t-on le droit de déchirer ainsi son âme, et de briser en soi les cordes les plus intimes et les plus vivaces ?

niers écrits, Saint-Simon lui proposa de coopérer avec lui à la grande œuvre philosophique qu'il voulait accomplir. On comprend que Saint-Simon ait eu cette pensée, quand on a lu dans les *Vues sur la littérature, dans ses rapports avec les institutions sociales*, les pages remarquables où il est traité de la philosophie générale, de l'utilité des sciences et de la perfectibilité humaine. Les idées qu'elles renferment se retrouvent, il est vrai, dans le tableau des *Progrès de l'Esprit humain* de Condorcet ; mais elles prouvent l'usage admirable que madame de Staël eût pu faire des idées toutes vivantes que lui apportait le puissant génie de Saint-Simon. Malheureusement elle ne vit en lui qu'un homme de beaucoup d'esprit ; et ne comprit rien aux allures de son génie, non plus qu'au but qu'il se proposait.

Coïncidence remarquable ; c'est à Genève que Saint-Simon imprima son premier ouvrage, intitulé : *Lettres d'un habitant de Genève à ses contemporains* [1]. Il ne courait certes pas, en le publiant, après un succès éclatant de vogue littéraire ; car il ne le

[1] Quoique publiées à Genève dans les premières années du dix-neuvième siècle, les *Lettres d'un habitant de Genève* ne furent connues des amis même les plus intimes de Saint-Simon que quelques années après sa mort ; lui-même ne leur en avait point parlé, suivant son habitude de ne jamais diriger leur attention sur ce qu'il avait pu faire auparavant, mais sur ce qu'il était au moment d'entreprendre. C'est ce qui explique comment dans un article du *Producteur*, M. O. Rodrigues a été amené à signaler l'*Introduction aux travaux scientifiques du dix-neuvième siècle* comme le premier écrit de Saint-Simon.

fit tirer qu'à un petit nombre d'exemplaires. C'est aux penseurs et aux enthousiastes qu'il le destinait. Il voulait attirer leur attention sur la nécessité de remplacer, par une puissante organisation du corps scientifique, le pouvoir spirituel dont la Révolution venait de saper les bases. Sans se laisser éblouir par la puissance extraordinaire que Bonaparte créait en ce moment, il prédisait que la lutte des propriétaires et des non-propriétaires était loin d'être terminée; l'ordre n'était rétabli que temporairement; pour l'assurer d'une manière absolue, il fallait combiner les forces morales des savants et des artistes et assurer leur prédominance sociale, il fallait que, placés par la volonté de tous dans une situation tout à fait indépendante des pouvoirs temporels, ils préparassent une réforme religieuse et arborassent surtout ce principe rénovateur, *tous les hommes doivent travailler*[1].

[1] D'après ce court résumé, on voit que c'est la question religieuse qui forme le sujet principal des *Lettres d'un habitant de Genève*. Après les avoir parcourues, il est impossible de douter que, dès le commencement de sa carrière philosophique, Saint-Simon ne se fût demandé s'il jugeait l'humanité destinée à un avenir religieux, que sa réponse à lui-même n'ait été complétement affirmative. Ce n'est donc pas seulement à l'effet produit sur son imagination par sa tentative de suicide, qu'il faut attribuer, suivant les expressions de M. Auguste Comte dans son *Cours de philosophie positive* (t. II, préf., p. 9.), la vague religiosité qui caractérise son dernier écrit, le *Nouveau Christianisme*. Dès l'origine Saint-Simon, voyant la cause principale du désordre social dans la destruction du lien général créé par le christianisme entre toutes les nations européennes, proclame la nécessité d'une nouvelle religion. Persistant toute sa vie dans cette féconde

Il ne serait pas impossible que les lettres de Genève eussent été rédigées par Saint-Simon pour madame de Staël toute seule, dans l'intention de lui montrer comment il concevait une nouvelle organisation du pouvoir spirituel. C'est certainement en vue de madame de Staël, qu'il appelle les femmes ainsi que les hommes à concourir à cette organisation. Sans donner beaucoup d'importance à la forme sous laquelle les idées sont présentées, il faut chercher dans les lettres de Genève l'exposition des pensées suivantes : « Rome doit renoncer à la pré-« tention d'être le chef-lieu de l'Église universelle; « le pape, les cardinaux, les évêques et les prêtres « doivent cesser de parler au nom de Dieu, dès qu'ils « ont moins de connaissance que le troupeau qu'ils « ont à conduire; pour tout ce qui touche le pouvoir « spirituel dans la société, les savants seuls méri-« tent d'être écoutés; la religion n'est qu'une inven-« tion humaine, qu'une institution politique qui « tend à l'organisation générale de l'humanité ; la « morale également a ses lois positives qui peuvent « être démontrées par la méthode scientifique. Il « n'est besoin que de bien organiser le corps des « savants et des artistes pour avoir un pouvoir spi-« rituel parfaitement constitué ? Mais, de plus,

pensée, il consacre le premier et le dernier de ses écrits à approfondir les bases de cette religion nouvelle, sans penser un instant néanmoins à se poser en apôtre ou en prophète. Comme on a souvent appelé le christianisme la religion de la charité, de même on pourrait donner à sa conception le nom de religion du travail, vu le principe fondamental qu'il cherche à établir.

« comme il n'y a de véritable progrès dans l'huma-
« nité que ceux qui résultent du travail et des scien-
« ces, le devoir et l'intérêt commandent.également
« aux hommes de travailler, et d'étudier toutes les
« lois des phénomènes naturels, qui doivent se dé-
« duire de la pesanteur universelle, loi unique à
« laquelle l'univers a été soumis [1]. »

Telle est en quelques mots la substance même de ce premier écrit. Après cette publication, Saint-Simon quitta Genève et partit pour l'Allemagne.

« Je rapportai, dit-il, de ce voyage la certitude
« que la science générale était encore dans l'enfance
« dans ce pays, puisqu'elle y était fondée sur des
« principes mystiques ; mais qu'elle y devrait faire
« de grands progrès avant peu de temps, parce que
« toute cette grande nation allemande est passion-
« née dans cette direction scientifique ; elle n'a pas

---

[1] On sait que le fouriérisme tout entier repose sur cette idée de l'existence d'une même loi pour les phénomènes physiques et moraux. Après avoir accepté comme loi générale celle que Saint-Simon avait indiquée, l'attraction, Fourier, pour construire son monde, n'a plus eu besoin que d'en tirer des applications par la voie du raisonnement analogique, qui, loin de le conduire à la vérité, l'égare presque toujours dans une vaine hypothèse.

M. Pierre Leroux a démontré, dans ses *Lettres sur le fouriérisme*, en comparant les principales idées de Fourier et de Saint-Simon, que l'inventeur du phalanstère avait emprunté à l'auteur des *Lettres de Genève* son principe général de l'attraction universelle.

Il reste à remarquer que, si partant d'une même loi, ils sont amenés tous deux à des applications si contraires, c'est que dans le progrès de l'humanité l'un chercha surtout le développement des facultés de l'esprit, l'autre la satisfaction des penchants naturels.

« encore trouvé la bonne route ; mais elle finira par
« la trouver, et quand une fois elle y sera, elle fera
« beaucoup de chemin. »

Il avait déjà visité l'Angleterre aussitôt après la
signature du traité d'Amiens pour voir lui-même si
les Anglais s'occupaient d'ouvrir la carrière physico-
politique qu'il avait entrepris de frayer ; et il en
avait rapporté la certitude « qu'ils ne s'occupaient
« point de la réorganisation du système scientifique
« et qu'ils n'avaient sur le chantier aucune idée
« capitale *neuve*. »

On voit qu'il n'épargna rien pour assurer le succès de son entreprise scientifique. C'est seulement
après avoir terminé tous ses travaux préparatoires,
que Saint-Simon se décida à prendre la plume ;
mais il était ruiné, et désormais la misère va être la
compagne de ses travaux. C'est dans l'adversité, du
reste, qu'il va montrer toute la puissance de sa nature ; passant presque sans transition du premier
au dernier degré de la fortune, cette extrême vicis-
situde n'influe en rien sur la marche progressive de
sa pensée.

Toutes ses ressources épuisées, Saint-Simon fut
contraint de solliciter une place et s'adressa à M. le
comte de Ségur qu'au moment de la Terreur, il avait
logé chez lui dans son hôtel de la rue Chabannais :
celui-ci accueillit sa demande, et lui répondit après
six mois d'attente. « Il m'annonça, écrit Saint-
« Simon, qu'il avait obtenu pour moi un emploi au
« Mont-de-Piété. Cet emploi était celui de copiste ; il
« rapportait mille francs par an pour neuf heures de

« travail par jour. Je l'ai exercé pendant six mois ;
« mon travail personnel était pris sur les nuits, je
« crachais le sang : ma santé était dans le plus dé-
« plorable état, quand le hasard me fit enfin ren-
« contrer le seul homme que je puisse appeler mon
« ami.

« J'ai rencontré Diard, qui m'avait été attaché
« depuis 1790 jusqu'en 1797 : je ne m'étais séparé
« de lui qu'à l'époque de ma rupture avec le comte
« de Redern. Diard me dit : — Monsieur, la place
« que vous occupez est indigne de votre nom, comme
« de votre capacité ; je vous prie de venir chez moi,
« vous pouvez disposer de tout ce qui m'appartient,
« vous travaillerez à votre aise, et vous vous ferez
« rendre justice. J'ai accepté la proposition de ce
« brave homme ; j'ai été chez lui, et il a fourni avec
« empressement à tous mes besoins, même aux frais
« considérables de l'ouvrage que j'ai imprimé. »

L'ouvrage dont parle ici Saint-Simon est intitulé :
*Introduction aux travaux scientifiques du dix-neu-
vième siècle ;* c'est un des plus importants de tous
ceux qu'il a publiés. Il contient en germe toutes les
pensées qu'il a successivement développées durant
le cours de sa carrière philosophique, et nulle part
il ne s'est élevé à une plus grande hauteur de conceptions ni même de style. Il n'est personne qui,
après l'avoir lu, puisse refuser à son auteur cette
épithète de **M.** Michelet : *Le plus hardi penseur du
dix-neuvième siècle.*

Cependant malgré toutes ces qualités dont Saint-
Simon devait avoir conscience, il refusa de le mettre

en vente et de le faire annoncer par les journaux, se contentant de l'envoyer à un certain nombre de savants dont il dressa lui-même la liste. Il est peu d'hommes qui eussent résisté à la tentation de se créer une publicité anticipée ; mais Saint-Simon ne voulait qu'une chose, agir sur les savants, et il pensait qu'une publication prématurée pourrait nuire à la réussite de son entreprise.

Voici l'idée fondamentale du livre :

Depuis plus de cent ans, la science ne s'est occupée que de faire des expériences, que de rechercher des faits. Elle a sans doute réalisé de très-grands progrès en procédant de cette manière ; mais le moment est venu de se placer au point de vue général, d'utiliser les données acquises, et de construire un édifice complet avec tous les matériaux ramassés [1].

Aucun philosophe ne s'est encore occupé de généraliser les découvertes faites à la fois par ceux qui, à la suite de Newton, ont recherché les lois de la physique des corps bruts, et ceux qui, à la suite de Locke, ont analysé l'entendement humain et observé le développement des êtres organisés. Il faut entrer dans cette voie, et reprendre la direction de Descartes qui, le premier, a arraché le sceptre du monde des mains de l'imagination pour le placer dans celles de la raison, et qui le premier osa entreprendre l'explication du mécanisme de l'univers, en

---

[1] Le garde-manger est plein ; il est temps de se mettre à table, disait-il souvent, en plaisantant, à ses amis.

ayant soin toutefois de ne pas se perdre, comme les disciples du grand homme, dans le labyrinthe de la métaphysique.

Chacun conçoit l'utilité et l'importance de cette théorie générale, et tous les nouveaux points de vue qu'elle serait susceptible d'ouvrir à l'esprit humain; mais il faut qu'elle satisfasse à toutes les données de l'expérience; il faut que toutes les lois qui concourent à la former puissent être vérifiées par le calcul. Saint-Simon le reconnaît, pourtant il affirme que cette théorie est possible, et commence lui-même la première ébauche du travail.

Les deux volumes qui constituent l'*Introduction aux travaux scientifiques* renferment, en dehors de l'exposition de cette pensée capitale que nous venons d'indiquer, des morceaux détachés sur la contradiction qui existe dans l'esprit des physiciens entre leur théorie des solides et celle des fluides; un exposé des travaux scientifiques du dix-septième et du dix-huitième siècle; un nouvel arbre encyclopédique, mis en regard de celui de Diderot et d'Alembert, pour faciliter la comparaison; un résumé de l'histoire générale de l'espèce humaine; et enfin des considérations sur la morale, le clergé, l'avenir.

On doit concevoir maintenant pourquoi Saint-Simon n'avait pas mis son ouvrage en vente; il comptait décider les savants à suivre la direction qu'il indiquait, et les voir, sinon se grouper autour de lui, du moins entamer une discussion sérieuse, soit sur la conception fondamentale, soit sur les parties détachées qu'il soumettait à leur appréciation. Le travail se serait effectué silencieusement, et il n'aurait été offert au public qu'entièrement achevé.

Le succès qu'il attendait lui fut refusé, et on ne lui adressa qu'un très-petit nombre d'observations[1]. Les principaux représentants de chaque science ne voulaient pas s'unir pour discuter ensemble la loi la plus générale que chacun d'eux reconnaissait dans sa spécialité. Beaucoup s'imaginèrent qu'on leur proposait de coopérer à un nouveau Dictionnaire encyclopédique.

En somme, l'idée qui le préoccupait fut mal comprise ; les savants, habitués à l'analyse, manifestèrent l'intention de persévérer dans leur routine, et continuèrent à dédaigner la synthèse, malgré le conseil qui venait de leur être donné dans l'*Introduction aux travaux scientifiques du dix-neuvième siècle*.

Saint-Simon publia alors ses *Lettres au bureau des Longitudes*, qui ne furent pas saisies davantage. Elles contenaient, en outre d'un examen plus approfondi de l'utilité d'un nouveau système scientifique, quelques observations sur l'importance en physique des idées du vide et du frottement. La critique, à cette époque, dédaignait toutes les idées générales, quelles qu'elles fussent, aussi ne chercha-t-elle point à approfondir l'idée capitale énon-

---

[1] L'exemplaire envoyé à M. de Lacépède s'est retrouvé *non coupé* à la vente de sa bibliothèque.

cée dans l'*Introduction* et dans les *Lettres au bureau des Longitudes*, pour la faire accepter et passer dans le domaine public; elle s'en prit justement à ces observations particulières, que Saint-Simon du reste abandonna dans la suite, et qu'il ne produisait que comme hypothèses; car il pensait, lui aussi, que toutes les lois physiques, pour être reconnues vraies, ont besoin d'être vérifiées par le calcul, et il s'était abstenu de vérifier celles qu'il avait énoncées. C'était, de la part de la critique, bien mal comprendre son rôle, car Saint-Simon n'a jamais prétendu faire de science proprement dite : il visait à la philosophie des sciences, et doit être considéré comme un philosophe, non comme un savant ou comme un érudit.

Devait-il, faute d'appui, abandonner la réalisation du plan qu'il avait conçu? Saint-Simon ne le crut pas encore, et résolut de faire une nouvelle tentative, qui devait être inutile : car malgré l'écrit de Condorcet sur les *Progrès de l'Esprit humain*, aucun savant ne concevait à cette époque comment la philosophie des sciences peut servir de base à l'organisation sociale. Tous sans exception s'accordaient pour taxer de folie l'homme qui prétendait atteindre par la pensée des principes assez vastes, pour donner l'explication de tous les phénomènes physiques et moraux, assez positifs pour imprimer à la fois un mouvement progressif aux travaux scientifiques et aux institutions politiques. La puissance de Bonaparte leur faisait illusion : aveuglés par son génie, ils se refusaient à comprendre que l'organisation sociale est soumise à des lois cer- taines, inférieurs en cela aux métaphysiciens et aux économistes, dont ils avaient la faiblesse de dédai- gner les travaux, et qu'ils croyaient pouvoir, à l'imi- tation de l'Empereur, écraser sous le nom d'idéo- logues.

Saint-Simon devait nécessairement échouer dans tous ses appels aux savants pour leur demander de concourir avec lui à une nouvelle organisation sociale; toutefois, son premier échec ne le décou- ragea point. Il publia, en 1810, une petite brochure portant le titre de *Nouvelle Encyclopédie*, dans la- quelle il établit d'une façon catégorique que Diderot et d'Alembert n'ont fait qu'un dictionnaire et non une encyclopédie; que, dans leur esprit, les sciences n'avaient aucun lien unique; car les facultés de mé- moire, de raison et d'imagination, étant toutes les trois employées dans toutes les sciences, ne peuvent servir à les classer; qu'il fallait puiser les sources de la classification des sciences, des lettres et des beaux-arts dans l'histoire du développement de l'humanité; et que la science ne serait pas solide- ment établie tant qu'il ne serait pas possible d'éche- lonner les faits de chaque science les unes au-dessus des autres, de manière à pouvoir alternativement monter et descendre d'un fait particulier à la loi générale de l'univers. Saint-Simon a fait précé- der la *Nouvelle Encyclopédie* d'une dédicace à son neveu Victor, dans laquelle se trouve exprimé pour la dernière fois, mais avec la vivacité la plus énergique, le désir dont il est possédé de prouver

par ses productions que le sang de Charlemagne ne
s'est pas appauvri dans ses veines.

L'année 1810 est une date funeste dans la vie de
Saint-Simon. La mort de Diard vint le replonger
dans la misère, et interrompre du moins la suite de
ses publications, si elle ne put briser sa volonté et
arrêter le cours de ses travaux ; il racontait souvent
qu'à cette époque de sa vie il lui avait fallu plus
d'une fois entamer avec son concierge des négocia-
tions extrêmement difficiles pour obtenir la sortie
de quelques effets dont la vente devait assurer sa
subsistance pour plusieurs jours. Il venait de perdre
le seul homme qui pût lui fournir l'argent nécessaire à la publication de ses travaux ; il fallait pour
vivre qu'il cherchât un travail lucratif ; et un travail qui l'absorberait trop empêcherait l'élaboration
des idées auxquelles il voulait tout sacrifier.

Qui n'eût perdu courage dans une telle situation ?
qui n'eût abdiqué toute espérance d'avenir et de
gloire ? Pourtant Saint-Simon continua toujours à
se croire prédestiné à la mission la plus élevée. Les
lignes suivantes, datées de l'année 1810, donneront une idée exacte de l'état de son esprit à cette
époque :

« Il doit exister dans la société une prévention
« contre moi, car l'entreprise à laquelle je me livre
« est la quatrième que j'ai faite, et les trois pre-
« mières ne sont pas arrivées à bon port.

« Ma vie, en un mot, présente une série de chutes,
« et cependant ma vie n'est pas manquée, car loin
« de descendre, j'ai toujours monté, c'est-à-dire

« aucune de mes chutes ne m'a fait retomber au
« point dont j'étais parti : les entreprises que j'ai
« faites et qui n'ont pas été conduites à fin, doivent
« être considérées comme des expériences qui m'é-
« taient nécessaires ; on doit les envisager comme
« des travaux préparatoires qui ont employé la
« partie active de ma vie.

« J'ai eu sur le champ des découvertes l'action
« de la marée montante ; j'ai descendu souvent ;
« mais ma force ascensive l'a toujours emporté sur
« la force opposée. Agé de cinquante ans, je suis à
« cette époque où l'on prend la retraite, et j'entre
« dans la carrière. En un mot, après une route
« longue et pénible, je suis arrivé à mon point de
« départ. »

« Je dis donc que le public ne doit pas regarder
« comme définitif le jugement qu'il a porté sur ma
« conduite, et que je réclame de sa justice la révi-
« sion de ce jugement.

« Ce n'est point une demie, c'est une réhabili-
« tation complète que je demande, que je veux
« obtenir.

« Ma position actuelle est bien singulière ; elle
« est à la fois fâcheuse et fort heureuse.

« On sait ma position pécuniaire.

« Ma position morale est sous plusieurs rapports
« encore plus fâcheuse que ma position pécuniaire ;
« chaque conseil que je reçois tend à me découra-
« ger. Eh bien ! dans cette position, je jouis, je me
« trouve heureux ; j'ai le sentiment de ma force, et
« cette sensation est plus agréable pour moi qu'au-

« cune autre que j'aie éprouvée dans ma vie. Je
« vois sans inquiétude les difficultés que j'ai à
« vaincre ; je souris à celles qui peuvent se pré-
« senter. J'ai conscience que mes fautes doivent
« être attribuées à l'imperfection de la nature hu-
« maine, plutôt qu'à ma propre fragilité.

« A la lecture des ouvrages du petit nombre
« d'auteurs qui ont abordé directement la grande
« question, qui se sont occupés à rectifier le tracé
« de la ligne de démarcation entre le bien et le mal,
« qui ont cherché à indiquer avec plus de précision
« que leurs devanciers le but auquel on devait tendre
« et à tracer les routes qui pouvaient y conduire,
« on serait porté à croire qu'ils ont été des modèles
« de sagesse et de pureté dans leur vie privée. Il est
« facile de se convaincre par le raisonnement, aussi
« bien que par l'examen des faits, que cette opinion,
« fondée sur les premières apparences, était com-
« plétement erronée.

« L'âme est d'autant plus accessible aux passions
« qu'elle est plus exaltée. Le point de vue auquel il
« faut se placer pour embrasser la grande question
« dans toute son étendue, est le plus élevé de tous ;
« ainsi on ne doit point être étonné que les philo-
« sophes inventeurs aient mené une vie fort agitée.

« On peut envisager la chose sous un autre point
« de vue. Le seul moyen pour faire faire des pro-
« grès positifs à la philosophie est de faire des ex-
« périences. Les expériences philosophiques les plus
« capitales sont celles qui portent sur des actions
« neuves ou sur de *nouvelles séries d'actions*. Toute

« action neuve ne peut être classée que d'après des
« observations faites sur ses résultats ; ainsi l'homme
« qui se livre à des recherches de haute philosophie
« doit, pendant le cours de ses expériences, com-
« mettre beaucoup d'actions marquées au coin de
« la folie.

« Enfin il résulte de la nature des choses que,
« pour faire faire un pas capital à la philosophie, il
« faut remplir les conditions suivantes :

« 1° Mener pendant tout le cours de la vigueur
« de l'âge, la vie la plus originale et la plus active
« possible.

« 2° Prendre connaissance avec soin de toutes
« les théories et de toutes les pratiques ;

« 3° Parcourir toutes les classes de la société, se
« placer personnellement dans les positions sociales
« les plus différentes, et même créer des relations
« qui n'aient point existé.

« 4° Enfin, employer sa vieillesse à résumer les
« observations sur les effets qui sont résultés de ses
« actions pour les autres et pour soi, et à établir les
« principes sur ces résumés.

« L'homme qui a tenu cette conduite est celui
« auquel l'humanité doit accorder le plus d'estime ;
« c'est celui qu'elle doit classer comme le plus ver-
« tueux, puisqu'il est celui qui a travaillé le plus
« méthodiquement aux progrès de la science, seule
« véritable source de la sagesse [1].

[1] On a justement reproché à Fourier et à M. Enfantin de trop
accorder aux instincts et aux penchants ; Saint-Simon, pour sa

« Non, mes actions ne doivent pas être jugées
« d'après les mêmes principes que celles des autres,
« parce que toute ma vie active a été un cours
« d'expériences.

« Je vais indiquer, par un exemple, la différence
« qui me paraît devoir exister entre les principes,
« d'après lesquels on doit juger certaines actions
« où l'on se dirige vers le but ordinaire de la vie,
« et les mêmes actions dont une expérience est
« le but.

« Si je vois un homme exercer sa force et son
« adresse sur un animal dans le seul but de le faire
« souffrir, l'animal ne fût-il qu'un insecte, je dis
« que cet homme n'a pas reçu de la nature une
« organisation heureuse pour la sensibilité; et qu'il
« est dans une direction qui doit le conduire à la
« cruauté. »

« Si je vois un physiologiste faire des expé-
« riences sur les animaux vivants, prolonger ex-
« près leur existence au milieu des souffrances les
« plus affreuses, je me dis : Voilà un homme occupé
« de recherches qui tendent à la découverte de pro-
« cédés utiles pour le soulagement de l'humanité.

« Si je vois un homme, qui n'est pas lancé dans
« la carrière de la science générale, fréquenter des
« maisons de jeu et de débauche, ne pas fuir avec
« la plus scrupuleuse attention la société des per-

part, n'a vu dans l'homme que les facultés intellectuelles. C'est
là son erreur, et la citation que nous reproduisons ici permet de le
prendre pour ainsi dire sur le fait.

« sonnes d'une immoralité reconnue, je dirai : Voilà
« un homme qui se perd ; il n'est pas heureusement
« né ; les habitudes qu'il contracte l'aviliront à ses
« propres yeux et le rendront, par conséquent,
« souverainement méprisable. Mais si cet homme
« est dans la direction de la philosophie théorique,
« si le but de ses recherches est de rectifier la ligne
« de démarcation qui doit séparer les actions et les
« classes en bonnes et mauvaises, s'il s'efforce à
« trouver les moyens de guérir ces maladies de l'in-
« telligence humaine, qui nous portent à suivre des
« routes qui nous éloignent du bonheur, je dirai :
« Cet homme parcourt la carrière du vice dans une
« direction qui le conduira nécessairement à la plus
« haute vertu.

« J'ai fait tous mes efforts pour connaître le plus
« exactement qu'il m'a été possible les mœurs et
« les opinions des différentes classes de la société.
« J'ai recherché, j'ai saisi toutes les occasions de
« me lier avec des hommes de tous les caractères
« et de tous les genres de moralité, et quoique
« de pareilles recherches m'aient beaucoup nui
« dans l'opinion publique, je suis loin de les re-
« gretter.

« Mon estime pour moi-même a toujours aug-
« menté dans la proportion du tort que j'ai fait à
« ma réputation ; enfin, j'ai tout lieu de m'applaudir
« de la conduite que j'ai tenue, puisque je me vois
« en état de présenter des vues neuves et utiles à
« mes contemporains et à la postérité, qui accor-
« dera ostensiblement à mes neveux la récompense

« que j'obtiens personnellement par la vive sensa-
« tion de l'avoir méritée (1809).

« On conçoit aisément qu'il a dû m'arriver, dans
« le cours de ma vie, beaucoup de choses extraor-
« dinaires. J'aurais, en effet, des anecdotes très-
« piquantes à raconter ; mais ce sera le délassement
« de mes dernières années ; en ce moment, un tra-
« vail plus important m'occupe, il absorbe tout mon
« temps et toutes mes facultés, je vis encore dans
« l'avenir. »

Ces lignes doivent être profondément méditées
par tous ceux qui ont reproché à Saint-Simon d'avoir
voulu pénétrer jusqu'au dernier degré de l'échelle
sociale ; elles sont écrites par un homme de cinquante ans, pauvre, misérable, dénué de tout sou-
tien, à qui le souvenir d'une opulence passée devait
rendre la pauvreté plus poignante, par un homme
que la passion de la gloire a toujours dominé, et
qui n'a pu acquérir le moindre renom ; qui se sent
appelé aux conceptions les plus générales, et dont
le génie a toujours été considéré comme folie par
ceux-là même qui lui accordaient le plus volontiers
de l'esprit et de la sagacité dans les choses de la
vie ordinaire : ces lignes attestent donc ainsi à la
fois une âme et une intelligence supérieures.

En développant son esquisse d'une *Théorie générale des sciences*, c'était jusqu'alors les faits de
la physique mathématique que Saint-Simon avait
traités avec le plus d'extension. Nous le voyons
dès 1810, après son prospectus d'une *Nouvelle Encyclopédie*, abandonner cette partie de la science

générale à laquelle il donnait le nom de Physique des corps bruts, incontestablement soumise à la loi de la gravitation universelle.

Il se voue dès lors à la physique des corps organisés pour en chercher les lois les plus générales qui doivent, selon lui, se grouper également autour d'une loi unique, celle de l'attraction ; quatre années consécutives vont être par lui consacrées à cette étude spéciale (1810-1814).

C'est à cette époque que se rapportent les deux ouvrages suivants : *Mémoires sur la science de l'homme*, *Mémoires sur la gravitation universelle*, dont il n'a jamais été imprimé que des fragments, et qui méritent pourtant d'être soumis à l'appréciation de tous. Saint-Simon étudie les conditions de la vie dans les êtres organisés, il cherche à saisir la loi du développement de ces êtres, et y trace à grands traits, telle qu'il la conçoit, l'histoire du développement de l'humanité et l'avenir qu'il croit réservé à l'homme sur cette terre.

Dans les sciences physico-mathématiques, Saint-Simon voulait faire sortir toutes les lois naturelles de la loi générale de l'attraction ; il cherche ici à établir la science des êtres organisés sur l'histoire du développement de ces êtres, considérés à la fois dans les individus et dans l'espèce, et fonde le dogme de la perfectibilité sur une *série bien liée* de tous les progrès effectués par l'humanité depuis son origine jusqu'à ce jour. Nous voyons donc qu'il suivit dans la construction de son système scientifique le même plan qu'il s'était imposé dans sa propre instruction. Comme il n'avait appris la physiologie et les sciences naturelles qu'après avoir approfondi les lois physico-mathématiques, de même il commença par se créer un système sur les lois des corps inorganiques, et ne s'attacha que postérieurement à relier celles des êtres organisés.

Quand ces mémoires furent terminés, Saint-Simon se vit hors d'état de les faire imprimer. Il se contenta donc d'en faire tirer à la main plusieurs copies et de les envoyer aux savants, qui déjà avaient dû recevoir l'*Introduction aux travaux scientifiques du dix-neuvième siècle.*

Plusieurs de ces savants, qui occupaient dans l'administration impériale des positions très-élevées, reçurent avec le Mémoire une lettre dans laquelle Saint-Simon leur exposait la détresse à laquelle il se trouvait réduit. Une de ces lettres était ainsi conçue :

« Monsieur,

« Soyez mon sauveur, je meurs de faim. Ma posi-
« tion m'ôte les moyens de présenter mes idées
« avec la mesure convenable, mais la valeur de ma
« découverte est indépendante du mode de présen-
« tation que les circonstances m'ont forcé d'adopter
« pour fixer plus promptement l'attention. Suis-je
« parvenu à trouver une nouvelle route philoso-
« phique ? Voilà la question. Si vous prenez la peine
« de lire mon travail, je suis sauvé.

« Livré depuis nombre d'années à la recherche
« d'une route philosophique nouvelle, j'ai dû né-

« cessairement m'éloigner de l'école comme de la
« société, et je dois me trouver, pour le moment,
« après avoir fait la découverte la plus importante,
« dans l'état d'isolement le plus absolu. Uniquement
« occupé de l'intérêt général, j'ai négligé mes af-
« faires personnelles au point que voici exactement
« ma position :

« *Depuis quinze jours je mange du pain et je bois*
« *de l'eau, je travaille sans feu, et j'ai vendu jus-*
« *qu'à mes habits pour fournir aux frais de copies*
« *de mon travail.* C'est la passion de la science et
« du bonheur public ; c'est le désir de trouver un
« moyen de terminer d'une manière douce l'ef-
« froyable crise dans laquelle toute la société euro-
« péenne se trouve engagée, qui m'ont fait tomber
« dans cet état de détresse. Ainsi, c'est sans rougir
« que je puis faire l'aveu de ma misère, et demander
« les secours nécessaires pour me mettre en état de
« continuer mon œuvre. »

Cette lettre fut envoyée par Saint-Simon à Cambacérès, à Lebrun, au duc de Bénévent, à M. de
Lacépède, au baron Cuvier, à M. de Gérando, au
général Andreossy, et à plusieurs sénateurs qu'il
avait connus au temps de sa prospérité. Tous ces
hommes ne pouvaient apprécier à la lecture du
Mémoire sur la Gravitation universelle, la valeur
personnelle de celui qui implorait leur bienveillance
sans rien perdre de sa dignité ; ils ne pouvaient
sortir instantanément du cercle ordinaire de leurs
idées pour entrer dans un système dont ils n'aper-

cevaient qu'une seule face. Il y en eut donc très-peu qui répondirent à la communication que Saint-Simon leur avait faite : Cuvier seul l'encouragea à persévérer, en lui affirmant qu'il y avait dans son travail des idées capitales et neuves. Quelques autres, et en particulier l'archi-chancelier, l'engagèrent à s'adresser à l'Empereur. Il céda à leurs conseils, en lui faisant parvenir son Mémoire sur la Gravitation, qu'il intitula de la manière suivante, pour mieux frapper son attention : *Moyen de faire reconnaître aux Anglais l'indépendance des pavillons*. Napoléon, quand on lui présenta le Mémoire, chercha d'abord à comprendre par lui-même la signification du titre et le rapport qu'il pouvait avoir avec le reste de l'écrit. N'ayant pu le saisir lui-même, il demanda le mot de l'énigme aux courtisans qui l'entouraient. Tous s'accordèrent à dire que le travail était l'œuvre d'un fou, mais d'un fou non malfaisant. Napoléon, que d'autres affaires préoccupaient, crut à leur affirmation, comme il crut à celle des détracteurs de Fulton, et ne s'inquiéta plus de ce Mémoire ni de son auteur.

Le titre : *Moyen de faire reconnaître aux Anglais l'indépendance des Pavillons*, sous lequel Saint-Simon présenta son Mémoire sur la gravitation universelle, ne doit point le faire accuser d'imposture et de supercherie : il est très-facile de le justifier pour peu qu'on entre dans la série des idées qui l'occupaient. Si, au lieu de montrer pour l'idéologie un injuste dédain, au lieu de pactiser avec l'autorité pontificale et les fausses idées de l'ancien régime, l'Empereur voulait prendre vivement en main la cause d'une réorganisation sociale ; si, pour ce qui concerne le pouvoir spirituel, il reconnaissait la supériorité des savants, il donnerait un exemple que les Anglais eux-mêmes seraient forcés de suivre ; puis, il serait si facile au nouveau pouvoir spirituel de démontrer aux Anglais que le devoir et l'intérêt leur ordonnaient en même temps de respecter l'indépendance des pavillons, qu'ils ne persévéreraient point un seul instant dans leur ligne de conduite. On voit que Saint-Simon demandait à l'Empereur de continuer la Révolution française, et d'abdiquer son rôle de conquérant au vrai profit de la société.

Nous avons déjà vu quelle impression la Révolution française avait produite sur l'esprit de Saint-Simon ; il est également intéressant de savoir quel jugement il porta sur le goûvernement de Bonaparte. Bien que la corruption du Directoire l'eût profondément dégoûté, bien qu'il regardât les Jacobins comme impuissants à rien organiser, la crainte d'un despotisme militaire l'empêcha de voir avec satisfaction le mouvement du 18 brumaire. Il était alors en relations intimes avec deux républicains très-ardents, Cœssin et le chimiste Clouet ; ce dernier, d'une nature plus exaltée et plus énergique, voulait après cet événement partir pour la Guyane, afin de travailler encore au progrès de la civilisation, en portant des lumières à certains peuples de l'Amérique du Sud. Saint-Simon refusa de quitter la France, en faisant observer à Clouet que la situa-

tion ne devait jamais être regardée comme perdue
par des hommes de cœur et d'idée. « Nous sommes
« forts, lui dit-il, il faut rester avec les forts. » Les
premiers événements qui suivirent le 18 brumaire,
firent un peu revenir Saint-Simon du jugement
qu'il avait porté sur Bonaparte. Cependant il avait
toujours des doutes sur ses intentions, et essayait
quelquefois de les faire partager à Monge, son ami ;
mais Monge qui vivait absorbé dans les rayons de
la gloire consulaire et impériale, sitôt qu'on agitait
devant lui les questions d'organisation sociale, ne
manquait jamais de répondre : « Les questions po-
« litiques ne me regardent pas, je m'en rapporte là
« dessus à Bonaparte. »

Tous ceux à qui Saint-Simon s'adressait, répon-
daient à peu près uniformément de la même manière ;
cette influence à la fin devint contagieuse pour lui-
même, et il s'éprit d'admiration non pour le système de Bonaparte, mais pour son génie. Trois
actes surtout l'exaltèrent : la constitution du
royaume d'Italie, l'établissement de la Légion
d'honneur, la création de l'Université ; il est vrai
qu'il leur donnait une portée que Bonaparte lui-
même eut soin de ne pas leur laisser atteindre
dans l'exécution. Il pensait que, dans la constitution
de l'Italie, l'Empereur avait voulu ménager aux
savants et aux artistes une part dans le gouvernement, et il lui savait un gré infini de cette innovation. Dans l'établissement de la Légion d'honneur,
il voyait dans l'admission de tous les hommes qui
se distingueraient dans toutes les classes de travaux

utiles à l'État, ce qui était si loin d'y être, une réaction contre la force militaire ; il admirait enfin la séparation du corps scientifique en deux classes, l'une chargée du perfectionnement de la science, l'autre chargée de l'enseignement.

On trouve dans *l'Introduction aux travaux scientifiques du dix-neuvième siècle*, des expressions qui attestent de la part de Saint-Simon l'énergie d'une forte admiration pour le génie de Bonaparte ; l'occasion du livre lui avait d'ailleurs été fournie par ces paroles de Bonaparte à l'Institut « Rendez-« moi compte des progrès de la science depuis « 1789 ; dites-moi quel est son état actuel, et quels « sont les moyens à employer pour lui faire faire « des progrès. » C'est que du jour où il avait posé cette question, Bonaparte était devenu aux yeux de Saint-Simon tout un nouveau personnage, c'était un homme capable de participer à la régénération sociale : comme chef scientifique il pouvait rendre d'immenses services à l'humanité. Aussi n'hésite-t-il point à lui accorder des éloges qui sont à la fois un aveu de l'enthousiasme qu'il excite, et un encouragement à entrer dans le rôle qui lui est destiné. Saint-Simon resta l'admirateur sincère de Bonaparte jusqu'à l'époque des expéditions d'Espagne et de Russie. Voyant alors que le peuple français succombait sous les rigueurs d'une guerre trop longue et trop sanglante, il se joignait à ceux qui ne voyaient en Napoléon, suivant l'énergique expression de Ballanche, que *le Génie du retardement.*

En tête du Mémoire sur la Gravitation universelle qui fut remis entre les mains de Napoléon en 1813, il avait placé les paroles suivantes, où il l'exhortait vivement à la paix et lui prédisait que la France, lasse et épuisée, ne tarderait pas à refuser de le suivre dans ses nouvelles expéditions.

« Tous les peuples du continent, lui disait-il,
« s'accorderont sans doute pour amener les Anglais
« à reconnaître l'indépendance des pavillons ; mais
« ils s'accorderont encore plus sûrement sur cet
« autre point, que Votre Majesté doit renoncer au
« protectorat de la Confédération du Rhin ; qu'elle
« doit évacuer l'Italie, qu'elle doit rendre la liberté
« à la Hollande ; et enfin qu'elle doit cesser de
« s'ingérer dans les affaires d'Espagne. »

« En renonçant à ses projets de conquête, Votre
« Majesté forcera les Anglais à rétablir la liberté
« des mers ; si elle veut augmenter encore l'im
« mense quantité de lauriers qu'elle a recueillis, elle
« fera écraser la France, et se trouvera en définitif
« en opposition directe et absolue avec les inten
« tions de ses sujets. »

Cet avertissement ayant été, comme on sait, parfaitement inutile, il cessa de fonder sur l'Empereur la moindre espérance et de croire qu'il pût jouer un rôle quelconque dans la réorganisation de la société européenne. D'ailleurs la politique journalière ne formait pas l'objet des principales occupations de Saint-Simon, et son attention était plus spécialement dirigée vers la réforme du système scientifique. Il travaillait en 1813 à constituer une nouvelle science ; la science de l'homme, que l'on a aussi appelée physiologie de l'espèce humaine, et ce travail fécond sur lequel il concentrait toutes ses forces, absorbait son intelligence.

Il pensait que l'organisation du pouvoir spirituel et la réforme du système scientifique qu'il avait entrepris, devaient être le fondement indispensable d'une nouvelle organisation de la société européenne et se refusait à entrer dans l'examen de la série *temporelle*, avant d'avoir complétement achevé la série *spirituelle*.

Le passage suivant, extrait de son *Mémoire sur la science de l'homme*, fera voir avec quelle sérieuse conviction et avec quelle ardente passion il poursuivait sa pensée de réforme scientifique dans un but de réorganisation sociale. Il s'adresse aux savants occupés de rechercher les lois des corps bruts.

« Brutiers, leur dit-il, infinitésimaires, algé-
« bristes et arithméticiens, quels sont donc vos droits
« pour occuper dans ce moment le poste d'avant-
« garde scientifique ? L'espèce humaine se trouve
« engagée dans une des plus fortes crises qu'elle ait
« essuyées depuis l'origine de son existence. Quels
« efforts faites-vous pour terminer cette crise ? Quels
« moyens avez-vous de rétablir l'ordre dans la so-
« ciété humaine ? Toute l'Europe s'égorge, que fai-
« tes-vous pour arrêter cette boucherie ? Rien. Que
« dis-je ? c'est vous qui perfectionnez les moyens
« de destruction ; c'est vous qui dirigez leur em-
« ploi dans toutes les armées. On vous voit à la tête
« de l'artillerie ; c'est vous qui conduisez les travaux

« pour l'attaque des places. Que faites-vous encore
« une fois pour rétablir la paix ? Rien. Que pouvez-
« vous faire ? Rien. La connaissance de l'homme est
« la seule qui puisse conduire à la découverte des
« moyens de concilier les intérêts des peuples, et
« vous n'étudiez pas cette science. Vous n'en avez re-
« cueilli qu'une seule observation, c'est qu'en flat-
« tant ceux qui ont du pouvoir, on obtient leurs
« faveurs et on a part à leurs largesses. Quittez la
« direction de l'atelier scientifique ; laissez-nous ré-
« chauffer les cœurs qui se sont glacés sous votre
« présidence, et détourner toute leur attention vers
« les travaux qui peuvent ramener la paix générale,
« en réorganisant la société. »

Saint-Simon resta dans cette situation jusqu'en
1814, époque à laquelle fut présenté à l'Institut,
son Mémoire sur la science de l'homme, dans lequel
il avait cherché à établir et à diviser en série tous
les progrès accomplis par l'espèce humaine depuis
son apparition sur le globe terrestre. Il n'était plus
à cette époque entièrement dénué de ressources.
Après avoir souffert les terribles extrémités de cette
année 1812, où nous l'avons vu contraint d'implorer
des secours de tous côtés , il avait renoué des relations avec sa famille ; on l'avait aidé à faire quelques
démarches pour obtenir de M. de Redern le rem-
boursement d'une partie de la fortune dont il se regar-
dait toujours comme injustement dépouillé ; il s'était
donc rendu à Alençon, où M. de Redern avait fixé
son domicile au milieu des immenses propriétés que
Saint-Simon lui avait acquises ; mais fort d'une

possession de quatorze ans, celui-ci méprisa toutes les tentatives de son ancien associé, et profita même de l'influence que sa richesse lui assurait pour faire interdire par le préfet du département de l'Orne l'impression d'un mémoire que Saint-Simon avait écrit contre lui. L'affaire ne pouvait être portée devant les tribunaux, et ne devait se juger que devant l'opinion publique ; c'était une question de loyauté et de bonne foi. Saint-Simon perdait donc tout moyen de défense, du moment où il ne lui était plus permis d'obtenir un arbitrage en éveillant l'opinion publique ; il lui fallut se retirer et en partant il écrivit à son ancien associé qui cherchait par sa conduite à s'appuyer sur les dévots d'Alençon : « Vos prin-« cipes de dévotion vous ont permis de me dépouil-« ler, mon prétendu athéisme m'a porté à mettre « tout dans votre main. Vous conviendrez qu'il vaut « mieux avoir pour associé un athée comme moi « qu'un dévot comme vous. »

En quittant Alençon, Saint-Simon se rendit à Péronne, où il eut à subir une grave maladie, due aux privations qu'il avait endurées. Il fut soigné par sa famille, qui, peu après à la mort de sa mère, de qui venait toute la fortune, se chargea de lui servir en abandon de tous ses droits sur l'héritage, une modique pension qui le mit à l'abri du besoin, mais sans lui permettre de publier le fruit de ses opiniâtres travaux.

A peine était-il un peu rétabli et cette affaire avait-elle été conclue, qu'il s'était hâté de revenir à Paris, pour suivre le mouvement général des esprits. Bien qu'il n'eût pas encore atteint le but qu'il poursuivait, et qu'il fût loin d'être considéré comme le chef d'une nouvelle école philosophique, il était toujours convaincu d'arriver un jour à ce rang qu'il ambitionnait.

« Une génération, écrivait-il dans une lettre de fa-
« mille, est comme une année de végétation. Au
« printemps de la nature végétante, les champs, les
« vergers sont couverts de fleurs. Ils présentent
« l'aspect le plus riant ; au printemps de l'âge, les
« enfants présentent un spectacle enchanteur.

« L'été arrive ; que de fleurs ont avorté ! que d'en-
« fants sont morts ! La nature cependant se montre
« dans toute sa richesse ; les moissons couvrent la
« terre, les vergers sont chargés de fruits ; chaque
« génération dans la force de l'âge montre l'homme
« dans toute sa beauté ; on voit à leur maturité tous
« les talents dans les beaux-arts et dans les direc-
« tions scientifiques particulières.

« Arrive l'automne, l'automne a bien son mérite,
« elle donne aussi des fruits ; elle donne les meilleurs,
« ceux qui se conservent le plus longtemps. Les
« philosophes sont des fruits d'automne, ils sont
« presque des fruits d'hiver. »

CHAPITRE QUATRIÈME.

1814-1825.

Pour être appréciés sainement, les événements de 1814 et de 1815 doivent être jugés à deux points de vue différents, l'un extérieur et l'autre intérieur.

Au point de vue extérieur, la chute de Napoléon était l'oppression de la nation française par les étrangers coalisés; c'était l'abaissement des idées proclamées par la Révolution de 89 et de 93, dont Napoléon n'a jamais été, malgré les éclatantes restrictions du concordat et son mariage avec Marie-Louise, que le hérault et le propagateur vis-à-vis de l'étranger.

Au point de vue intérieur, il n'en était pas de même. Peut-on supposer que tous ces grands principes qui pendant plusieurs années avaient été discutés à la tribune de nos assemblées délibérantes et qui de là s'étaient répandus dans toutes les villes, et tous les hameaux, avaient passé sur notre terre de France sans y laisser le moindre germe ? Rien ne justifie une pareille supposition. Les hommes d'action avaient tous envahi l'armée de Bonaparte, joyeux de marcher sous un chef qui les enrichissait de gloire et d'argent. Mais tous les hommes de pensée s'étaient tenus à l'écart et avaient subi avec une douloureuse résignation une domination trop forte dont la nécessité ne leur était pas démontrée.

Dans cette situation, ce furent les Bourbons et leurs amis qui profitèrent seuls de l'état des choses; quelques concessions faites dans une charte octroyée leur assurèrent le concours de la bourgeoisie toute puissante qui désirait avant tout une constitution où ses droits fussent consacrés.

La nation française, ceci ne doit pas être oublié, n'était mûre en 1814, que pour le système constitutionnel L'indifférence philosophique avait succédé à la secousse générale produite avant 89 par les travaux des encyclopédistes. La pensée semblait morte et inerte, les sciences morales et politiques étaient dédaignées ; on leur refusait toute considération. L'économie politique essayait avec peine de prendre racine : on en était toujours aux discussions politiques sur la forme du gouvernement. Le socialisme n'était point né, et n'avait point encore commencé à faire tourner les regards vers la division de la société en propriétaires et en non-propriétaires. En un mot, la féodalité impériale avait pu, sans trop de difficultés, remplacer la féodalité de l'ancien régime.

Quand on parle du passé, il faut se mettre, pour le bien comprendre, dans le courant même des idées qui l'occupaient[1]. Avec les sentiments et les idées qui nous travaillent à l'époque où nous sommes arrivés aujourd'hui, si l'on se transportait dans les premières années de la Restauration, il serait impossible de rien comprendre au mouvement des esprits, et l'importance des idées que Saint-Simon jeta dans le domaine public. Beaucoup sont devenues communes aujourd'hui, et font partie de cette masse de jugements qui circulent partout et constituent

---

[1] Je ne puis résister au désir de reproduire ici la même pensée, telle que je la trouve exprimée, sous une forme plus sûre et plus pittoresque, dans la *Profession de foi du dix-neuvième siècle* de M. Eugène Pelletan (p. 304 et 305).

« Toute question d'histoire est une question d'optique ; si l'his-« torien, véritable spectateur du passé, va se placer au point « de départ et regarde ensuite l'humanité débile, animale en « quelque sorte, plongée dans la dernière servitude, la servitude « de la raison, de la faim, de la maladie, alors il comprendra et « bénira toute autre forme d'esclavage moins rigoureuse, moins « pénible, qui permet à l'homme d'amasser sur sa destinée « plus de connaissances et plus de liberté. Si, au contraire, il se « place au moment de l'apogée, au point d'arrivée de l'huma-« nité, et s'il juge toutes les époques antérieures, et par consé-« quent inférieures de la civilisation, sur les dernières conquêtes « et les dernières transformations de l'histoire, alors il fausse la « mesure. Il juge le bien d'après le mieux. Il calomnie le passé. « Si donc nous voulons être justes, nous devons dire : Toute forme « qui tend à créer un progrès doit être bénie à l'heure de ce pro-« grès ; toute forme qui, après avoir créé un progrès, disparaît « aboli par ce progrès lui-même, sera désormais condamnée de-« vant la conscience. »

l'opinion publique : c'est là la preuve de leur supériorité ; mais lors de leur publication elles valurent pour toute récompense à leur premier propagateur le ridicule et une imputation de folie.

Saint-Simon, lors de la première invasion, se trouvait à Charonne dans la maison de santé du docteur Belhomme, où il venait de mettre la dernière main à son Mémoire sur la Science de l'homme. Ce mémoire est le dernier où il ait traité des matières scientifiques. Les événements le décidèrent à travailler activement à un écrit sur la réorganisation européenne, qu'il avait annoncé, dont il s'était déjà tracé le plan, et dans lequel il s'efforçait de reconstruire pour les nations de l'Europe le lien fédératif créé par le catholicisme, que les schismes de la réforme avaient complétement rompu.

Il n'est pas douteux que les idées de Saint-Simon n'étaient pas mûres pour leur application ; avant de lui faire ce reproche d'utopie que la critique décerne si inconsidérément à la vérité et à l'erreur, il serait juste cependant d'examiner s'il les considérait lui-même autrement que comme vues d'avenir. Or ses propres écrits permettent de supposer que, malgré le profond sentiment que lui inspiraient la justesse, la profondeur et la nouveauté de ses conceptions, il comprenait qu'il pouvait s'y mêler aussi des opinions vicieuses ; il savait que toute découverte vraiment nouvelle a besoin d'habitudes nouvelles pour être mises en pratique, et que le public ne transforme ses opinions qu'avec la plus grande lenteur et la plus grande circonspection.

Il faut remarquer aussi que, jusqu'à l'époque où il proposa son plan de réorganisation européenne, il s'était tenu uniquement dans la sphère de la philosophie scientifique. Jamais il n'avait sacrifié aux exigences du temps , et l'habitude de s'adresser exclusivement aux sommités intellectuelles, avait créé une grande distance entre la tendance de son génie et la pensée de ses contemporains.

Dès ce moment il travailla à diminuer cette distance ; il se proposa d'agir sur son époque même, de contribuer par la pensée, mais par la pensée seulement, à faire entrer ses concitoyens dans la route qu'il jugeait être celle du progrès.

Il quitta la maison de Charonne pour aller s'établir près de l'École normale, en suivre les cours et nouer des relations avec les jeunes gens de cette Ecole qui étaient destinés à devenir plus tard les chefs du mouvement libéral de la Restauration et du Doctrinarisme de 1830. Plusieurs d'entre eux se nourrirent pendant quelque temps de son inspiration.

M. Augustin Thierry, en particulier, qui professait à Compiègne, demanda à lui servir de secrétaire, et s'attacha à lui par des liens très-intimes. Il coopéra à la rédaction et à la publication de cet ouvrage où Saint-Simon énonçait ses idées de réorganisation immédiate de la société européenne.

Saint-Simon voulait démontrer dans cet écrit, pour suivre sa conception générale, que le Congrès de Vienne était incapable de rien réorganiser, que les peuples n'y avaient aucune représentation et que leurs intérêts seraient négligés pour ceux des gou-

vernements, que l'Europe avec ses congrès ne pourrait jamais remplacer le lien général dû à l'ancienne
unité catholique, que le clergé, instrument actif de
cette unité, devait être remplacé par une nouvelle
représentation laïque, organisée à peu près sur le
modèle de celle qu'il avait proposée dans ses *Lettres
de Genève*, et que cette représentation suprême, placée au-dessus des représentations de chaque pays,
devait avoir le droit de juger les différends qui s'é-
levaient entre les diverses nationalités. Toutes ces
idées se trouvent dans l'ouvrage intitulé, *De la réorganisation de la Société européenne*, qui parut en
octobre 1814 ; elles y sont entourées de considérations sur les avantages du constitutionnalisme
anglais.

La représentation suprême que Saint-Simon demandait, sans vouloir renfermer l'esprit humain
dans cette forme, devait être un parlement composé
d'un monarque et de deux chambres ; il voulait que
dans chaque pays le parlement fût mis en rapport
avec les parlements des autres pays ; il supposait
ainsi à cette époque toutes les nations européennes
soumises en même temps au régime constitutionnel,
et mises en relations par un parlement général, dont
la mission serait d'empêcher à jamais entre elles
toute espèce de lutte et d'effusion de sang. Telle est
la thèse qui fait le sujet principal du livre de la *Réorganisation de la Société européenne*. On y rencontre
en outre certaines opinions qui devaient paraître à
bien des lecteurs tout à fait étranges et qui indiquaient
une tendance toute nouvelle. Ainsi Saint-Simon sou-

tenait que les sciences morales et politiques devaient
accepter la méthode des sciences d'observations et
devenir ainsi *positives;* qu'elles devaient cesser
« d'être des sciences de conjectures ; qu'un même
« code de morale tant générale que nationale et
« individuelle devait être rédigé pour être enseigné
« dans toute l'Europe (page 61 *Réorg.*), et que ce
« code devait être dégagé de toute croyance reli-
« gieuse ; qu'en disposant en *séries* les faits donnés
« par l'histoire, il était possible d'en tirer de très-
« grands enseignements par la facilité que donne-
« rait cette opération de prévoir un terme subsé-
« quent d'après une *série* de termes antérieurs. »
Saint-Simon annonçait déjà ces idées : « Il n'y a
« point de changement dans l'ordre social sans un
« changement dans la propriété. — Il est vrai que
« c'est la propriété qui fait la stabilité du gouver-
« nement, mais c'est seulement lorsque la propriété
« n'est point séparée des lumières que le gouverne-
« ment peut reposer solidement sur elle. Il convient
« donc que le gouvernement appelle dans son sein
« et fasse participer à la propriété ceux des non-
« propriétaires qu'un mérite éclatant distingue,
« afin que le talent et la propriété ne soient pas
« divisés ; car le talent qui est la plus grande force
« et la force agissante envahirait bientôt la propriété
« s'il n'était point uni avec elle. »
Il posait surtout d'une manière décisive le principe de la perfectibilité de l'espèce humaine par
cette conclusion de son écrit :

« L'imagination des poëtes a placé l'âge d'or au

« berceau de l'espèce humaine parmi l'ignorance et
« la grossièreté des premiers temps : c'était bien
« plutôt l'âge de fer qu'il fallait y reléguer. L'âge
« d'or du genre humain n'est point derrière nous,
« il est au-devant, il est dans la perfection de l'or-
« dre social ; nos pères ne l'ont point vu, nos en-
« fants y arrriveront un jour ; c'est à nous de leur
« frayer la route.

Le livre de la *Réorganisation de la Société européenne* est le premier livre de Saint-Simon qui eut
un grand retentissement, mais il ne le dut pas à
toutes les idées que nous venons d'y trouver, pré-
mices certaines d'une nouvelle doctrine, il le dut à
la nature de la question et aussi à la prédication
d'une alliance entre la France et l'Angleterre. Chacun fut étonné à cette époque de lutte et de haine,
de voir un Français prêcher l'alliance avec le peuple
que chacun considérait comme son ennemi personnel. Tous ceux qui suivent les affaires politiques
reconnaîtront aujourd'hui, qu'il savait pressentir
la marche des événements, celui qui, dès 1814, posait comme principe que l'union de la France et de
l'Angleterre était le seul moyen d'assurer la tranquillité de l'Europe et le progrès de la civilisation ;
mais à l'époque où cette idée fut énoncée, très-peu
de personnes comprirent le génie de celui qui la
proclamait : il fut généralement regardé comme
un fou ; il fut même traité de mauvais citoyen. Ces
accusations heureusement tombaient sur un homme
capable de les mépriser : il les méprisa à ce point
que, sûr de la justesse de ses idées, en 1815, à l'a-

vénement de l'assemblée au Champ-de-Mai, il en poursuivit la pensée dans une petite brochure qu'il publia encore en collaboration avec **M.** Augustin Thierry, brochure qui était intitulée ainsi : *Opinions sur les mesures à prendre contre la coalition de* 1815. Saint-Simon affirmait toujours qu'aucune autre alliance n'était possible pour la nation française, qu'une alliance avec l'Angleterre : en vain un patriotisme mal entendu voudrait-il y résister, tôt ou tard il faudrait y venir. Comme il appartient à la nation d'établir les rapports fondamentaux de l'État avec les autres États; le peuple anglais, disait-il, doit dans la Constitution française, être solennellement reconnu comme l'allié naturel du peuple français.

Une fois entré par ces deux écrits de la *Réorganisation de la société européenne* et des *Opinions contre la coalition de* 1815, dans les conditions exclusivement temporelles de l'organisation sociale, Saint-Simon fut immédiatement conduit à approfondir l'élément industriel dans lequel il plaçait toute la force de la société. C'est là ce qui motiva la publication d'une série de travaux sous ces titres: *l'Industrie ou discussions politiques, morales et philosophiques*, dans l'intérêt de tous les hommes livrés à des travaux utiles et indépendants, avec cette épigraphe : « *Tout par l'industrie, tout pour elle.* »

Le mot industrie a dans notre langue deux significations qu'il faut bien distinguer: par l'une on comprend sous ce terme toute espèce de travail ayant un but de production utile, ou même seulement agréable ; l'autre est restreinte exclusivement aux travaux manufacturiers ; or, le mot industrie, pris dans ce sens, est toujours en opposition avec l'agriculture et le commerce. Quelques auteurs partagent la production en trois branches : l'agriculture, le commerce, et l'industrie ; d'autres rangent ces trois branches sous le nom d'industrie et disent industrie agricole, commerciale et manufacturière.

C'est toujours dans le sens le plus étendu que Saint-Simon a employé le mot industrie, et il serait absurde de s'imaginer qu'en créant le système *industriel*, il a voulu établir une prééminence hiérarchique de la classe qui s'occupe de travaux manufacturiers sur celle qui s'occupe de travaux agricoles. Tel n'était pas son but. Lorsqu'il dit que tout peut se rapporter à l'industrie, il entend que la société n'a qu'un véritable but, à savoir la production. La société ne se compose que de deux grandes classes d'hommes : les uns, c'est-à-dire les savants qui s'occupent de connaître les lois de la nature, les autres, c'est-à-dire les industriels qui appliquent cette connaissance à la production des choses utiles ou agréables, et l'industrie naît du concours de ces deux classes, la première constituant l'industrie théorique, et la seconde l'industrie pratique. On voit comment en abordant un nouvel ordre d'idées, Saint-Simon était loin d'abandonner celles qui avaient fait l'objet de ses premières méditations ; et comment il savait toujours maintenir aux savants et aux artistes la place qui leur appartient légitimement dans l'échelle sociale.

Le premier volume de l'*Industrie* ne contient aucun écrit provenant de la plume même de Saint-Simon; il renferme un assez long travail de M. Saint-Aubin, ancien membre du tribunat sur la situation financière de la France en 1816, et un morceau sur la politique, signé par Augustin Thierry, fils adoptif d'Henri Saint-Simon. Ce morceau avait pour but d'initier la partie du public habituée à la politique courante, bien plus qu'à la politique sérieuse et organisatrice, aux idées que Saint-Simon cherchait à faire triompher; il devait surtout la passionner pour les travaux pacifiques et la détourner des habitudes militaires, en lui montrant combien le sort des soldats avait changé dans l'état actuel de la société. La plume élégante et facile de M. Augustin Thierry, réussit parfaitement dans cette œuvre d'initiation et de vulgarisation qui fut au reste le dernier produit d'une collaboration de trois années. Malgré l'attachement que devait témoigner la qualification qu'il avait prise dans le premier volume de l'*Industrie*, M. Thierry cessa dès lors de vouloir subordonner ses travaux historiques au développement d'aucun système philosophique. Privé de ce collaborateur, Saint-Simon publia dans le deuxième volume de l'*Industrie* une série de lettres à un Américain, où s'appuyant sur l'exemple des États-Unis, il démontrait que le travail industriel était aujourd'hui la seule condition de la puissance et de la richesse d'une société.

Saint-Simon, dans ces lettres, admettait complétement, et sans aucune restriction, les principes de liberté de la presse, liberté de commerce, liberté de discussion, proclamés par le libéralisme de cette époque, affirmant alors avec les économistes les plus avancés que les gouvernements n'avaient réellement qu'une raison d'être, d'empêcher que la production ne fût troublée.

C'est de cette époque que datent les relations de Saint-Simon avec les principaux représentants du parti libéral, surtout avec MM. Laffitte et Ternaux, qu'il encourageait dans leurs luttes contre les tendances théologiques et féodales de la restauration.

Ces deux personnages, qui portaient réellement dans leur caractère et dans leur vie privée les sentiments du libéralisme qu'ils affectaient publiquement, lui donnèrent même un grand témoignage d'estime, dans une circonstance où l'assentiment d'hommes de cette valeur pouvait seule le compenser des calomnies des méchants et des reproches des peureux. Voici comment : on sait qu'il lui eût été impossible avec ses seules ressources d'agir aussi efficacement qu'il le fallait sur l'opinion publique par des publications réitérées ; c'est pourquoi il s'adressait souvent aux deux personnages que nous avons cités, ainsi qu'à d'autres chefs de maisons de banque, et à d'autres manufacturiers pour les prier de supporter les avances nécessitées par l'impression de ses écrits, sans du reste diminuer en rien l'indépendance de sa pensée, pour prix de cette subvention. Or, comme il avait été amené dans les cahiers qui composent le troisième volume de l'*Industrie*, à démontrer l'utilité d'une réforme morale tendant à asseoir les idées

morales sur des intérêts positifs, et à prouver que
le régime parlementaire n'était réellement qu'un
régime de transition, et que la révolution française,
venue après la révolution d'Angleterre, ne pouvait
se contenter pour tout résultat, du résultat acquis
par la première; ces diverses opinions soulevèrent
contre lui les colères de ses souscripteurs; plusieurs
banquiers et manufacturiers se crurent obligés d'é-
crire au ministre de la police pour désavouer toute
participation à un ouvrage dont ils étaient fort éloi-
gnés de partager les principes. Loin d'être avec
Saint-Simon en communion d'idées, c'était par *pure
libéralité* à son égard que ces messieurs avaient consenti à souscrire pour les publications.

Heureusement M. Laffitte, M. Ternaux et plusieurs autres, refusèrent de s'associer à ce désaveu.
Le premier comprenait trop bien l'importance du
travail et de la production industrielle, bien qu'il
n'entrât point tout à fait dans la voie que Saint-
Simon lui traçait, lorsqu'il s'efforçait de lui persuader « que les banquiers ne s'étaient pas encore
« aperçus qu'il y avait plus à gagner avec les peuples
« qu'avec les rois, et qu'il leur serait plus avanta-
« geux de prêter leur appui pour soutenir les peu-
« ples et forcer les rois à rester dans l'intérêt na-
« tional, que de soutenir les intérêts des rois, qui
« sont, hélas! bien plus souvent qu'on ne le re-
« marque, contraires aux intérêts nationaux. »
Quant au second, il avait avec Saint-Simon des
relations plus étroites; et de tous les hommes politiques de l'époque, c'est certainement celui qui

sentit le mieux l'avenir réservé à la politique industrielle.

Le troisième volume de l'*Industrie*, qui parut sous le nom de Saint-Simon, n'avait pas été rédigé par lui-même, mais par M. Auguste Comte, élève très-distingué de l'École polytechnique, qui devait pendant sept ans remplir le rôle de collaborateur, abandonné par M. Augustin Thierry.

Après avoir exposé le but de la société, et désigné la classe qui doit être appelée à la diriger, il y avait à indiquer par quels moyens on pourrait procurer à cette classe les avantages politiques qu'elle est en droit de réclamer; l'exposition de ces moyens forme le sujet d'un ouvrage qui parut en 1818, dans le quatrième volume de l'*Industrie*, et qui, depuis l'édition de 1832, est plus généralement connu sous le titre de *Vues sur la propriété et la législation*. Pour bien saisir la portée de ces moyens, il faut se souvenir qu'à cette époque le droit électoral était basé sur la propriété, et que c'était le payement de l'impôt direct qui conférait le droit d'élection. Saint-Simon, partant de ces principes : que la loi qui constitue la propriété est la plus importante de toutes, et que la propriété doit être constituée d'une manière telle que le producteur soit stimulé à la rendre le plus productive possible, demandait que le cultivateur fût spécialement chargé d'acquitter l'impôt auquel est assujettie la terre qu'il fait valoir. Il faisait observer que dans l'industrie commerciale et manufacturière, les capitaux étaient entièrement à la disposition du gérant, et non à celle du bailleur de fonds, tandis que dans l'industrie agricole, le fermier n'est qu'un subalterne, qu'un serviteur qui appelle le propriétaire son maître, qu'un locataire obligé de soumettre à autrui ses moindres idées d'amélioration. Si la législation, en acceptant la loi qu'il proposait, accordait sa protection particulière aux baux à long terme; si, en même temps, elle avait soin de faire toujours stipuler dans les contrats entre les propriétaires de terre et les fermiers que la terre serait estimée au commencement et à l'expiration du bail, et que le propriétaire partagerait avec le fermier les bénéfices en cas d'amélioration, les pertes en cas de détérioration; si le cultivateur pouvait requérir le propriétaire d'emprunter les sommes qui lui seraient utiles pour améliorer la propriété, des arbitres étant chargés de décider en dernier ressort de l'utilité de l'emprunt; si les propriétés territoriales devenaient d'une mobilisation aussi facile que toutes les autres espèces de capitaux; si l'on s'empressait d'instituer des banques territoriales à l'instar de celles qui existent en plusieurs autres pays de l'Europe, notamment en Prusse; l'industrie agricole prendrait en peu de temps un très-grand développement, et la richesse de la France serait facilement doublée; parce que dans notre pays les produits du commerce et de la fabrication réunis ne s'élèvent pas à plus du septième ou même du huitième de tous les produits agricoles, et que par suite tout progrès général dans l'industrie agricole fournit un accroissement de richesses sept à huit fois plus considérable qu'un progrès analogue dans toutes les autres branches de l'industrie.

En supposant ce changement important réalisé dans la constitution de la propriété, il devrait être immédiatement suivi d'un changement analogue dans la législation, c'est-à-dire que, pour les contestations relatives aux propriétés mobilières, l'organisation actuelle des tribunaux civils serait modifiée de telle sorte que les formes ordinaires et le mode de procéder des tribunaux de commerce pussent leur être facilement adaptés. L'arbitrage et le jury, généralisés pour toutes les affaires, diminuerait l'importance désastreuse des légistes, qui ont pu rendre de grands services au pays dans la lutte de la royauté contre la féodalité, au nom de l'unité nationale, mais qui sont aujourd'hui une vraie calamité publique, car ils tendent toujours à empêcher l'activité des industriels de se développer, en s'efforçant de rendre la condition du bailleur de fonds meilleure que celle du gérant, et la condition des propriétaires meilleure que celle du fermier.

Tout ce que Saint-Simon exprimait dans ses vues sur la législation, au sujet des légistes, se trouve peu après répété par lui sous une nouvelle forme, mais avec le même succès, à propos des militaires, dans un ouvrage intitulé : *Le Politique*, que le timbre seul l'empêcha de faire paraître sous forme de revue périodique. Le but de Saint-Simon, dans cet ouvrage, est de démontrer que les militaires n'ont aucun droit à la direction de la société, et d'établir l'inutilité des armées permanentes : « Les

« soldats, disait-il, ne doivent pas former un corps
« à part; tout citoyen est soldat; la société n'exis-
« tant plus dans un but de conquête, le temps de la
« guerre offensive est passé, et il suffit d'être orga-
« nisé pour la guerre défensive. »

Dans les dernières livraisons du *Politique*, on
aperçoit déjà sous ces titres : Parti national ou industriel, et Parti anti-national, abeilles et frélons,
producteurs et consommateurs non producteurs,
l'ébauche d'une nouvelle division de la société.
Cette division n'apparut vraiment dans toute sa
vérité que dans la première livraison de l'*Organisateur*, où se trouve cette fameuse Parabole qui valut
à son auteur un procès devant la cour d'assises, et
où se trouvait nettement établie la division nouvelle
de la société : d'un côté les travailleurs, de l'autre
les oisifs, parmi lesquels étaient rangés aussi bien
ceux qui vivent légalement du travail d'autrui que
ceux qui, dominés par la fainéantise ou contraints
par la maladie et les infirmités, ne savent se créer
de ressources que dans le vol ou dans la charité
privée ou publique.

L'*Organisateur* eut un très-grand succès, il fit
sensation non-seulement en France, mais à l'étranger, en Allemagne, à Berlin surtout; c'était tout
un nouvel horizon qui s'ouvrait. Les anciens partis
politiques agissant, les uns pour l'aristocratie, les
autres pour le tiers-état, les autres pour le peuple,
allaient se dissoudre; on voyait apparaître deux
nouvelles classes, mieux dessinées dans la société
actuelle : d'un côté, ceux qui vivent des seuls pro-

duits de leur travail, de l'autre ceux qui, tout en restant oisifs, gardent à perpétuité dans leur mains la propriété et la richesse. Saint-Simon ébranlait cet absurde préjugé d'après lequel les propriétaires sont la classe de la société la plus intéressée au maintien de l'ordre; il n'en est rien : « Ce sont les « cultivateurs qui souffrent le plus du désordre. « On pille une grange, on emmène les chevaux des « écuries, on mange les vaches, les porcs et les « moutons; en quelques heures on peut ruiner un « fermier, tandis qu'on ne peut détruire, ni em- « porter la terre. Le propriétaire n'a que son revenu « d'exposé, tandis que le fermier court les risques « de perdre son capital. »

La première livraison de l'*Organisateur* avait paru en novembre 1819; comme Saint-Simon y exprimait que la France pouvait en un jour perdre tous les oisifs en général, et en particulier tous les parents du roi, le duc de Berry, le duc d'Angoulême et le duc d'Orléans, sans qu'il en résultât pour elle aucun mal, pourvu qu'elle conservât tous les hommes de génie qu'elle possède dans les sciences, les beaux-arts et les arts et métiers, le procureur du roi crut pouvoir, en mars 1820, l'envoyer devant la cour d'assises sous l'inculpation de complicité morale dans l'assassinat du duc de Berry, et de manque de respect aux princes de la famille royale. Sans se laisser arrêter un intant par cette accusation, Saint-Simon en prit occasion pour donner une nouvelle force à sa démonstration. Dans une suite de lettres qu'il adressait au jury chargé de

décider sur son accusation, il expliquait qu'il n'a-
vait parlé de la famille royale que d'une façon toute
accidentelle. Son intention avait été surtout de
comparer les chefs de l'ancien régime avec ceux
du nouveau régime qu'il avait conçu ; c'est ainsi
qu'il avait été amené à parler de la royauté, la tête
et le cœur de l'ancien système, qui ne doit s'é-
teindre qu'avec lui. Ce n'était point à la famille
royale qu'il avait manqué de respect, mais à tout
l'ancien système. « Du reste, disait-il, si la royauté
« veut prendre des mesures propres à assurer sur
« toute autre classe le triomphe des industriels
« (c'est-à-dire des travailleurs), j'ose répondre sur
« ma tête que la royauté resterait affermie dans les
« mains des Bourbons pour tout le temps qu'elle
« durera en France, et qu'ils pourront l'exercer
« avec sécurité. » C'est par une vue fausse de ses
intérêts que, depuis Louis XIV, la royauté a abandonné en France le parti des communes pour se
liguer avec l'aristocratie ; en revenant à sa première
tendance, elle peut encore se maintenir pour un
certain espace de temps ; mais si elle continue dans
la voie où elle est engagée, elle expose le pays et
s'expose elle-même à de terribles révolutions dont
la classe industrielle est toujours sûre de sortir
victorieuse.

Acquitté par le jury, Saint-Simon persévéra sans
la moindre déviation dans la ligne qu'il s'était tracée.
Comme il n'avait jamais songé à exciter de haines
politiques, l'accusation lancée contre lui ne pouvait
lui inspirer ni crainte, ni désir de vengeance ; il

ne s'occupa pas plus qu'auparavant d'atténuer l'é-
nergie de sa pensée ou la force de ses expressions ;
il resta ce qu'il avait toujours été, un philosophe
ardent et passionné pour le bien public, mais calme
et froid dans l'expression des idées qu'il jugeait
propres à le réaliser.

D'ailleurs il avait conservé dans la vieillesse
l'énergique caractère qui le distinguait dans son
jeune âge ; et quand une fois sa conviction était
assise, il n'y avait pas d'influence, ni privée, ni publique, capable de lui faire modifier une seule de ses
opinions, celle-là même qui eût paru avoir la
moindre importance. Un jour, c'était à l'époque de
la publication de *l'Organisateur*, des gardes du corps
se présentèrent chez lui, et lui exposèrent que bien
qu'il signât modestement ses ouvrages du nom de
Saint-Simon, tout le monde savait qu'il pouvait y
ajouter le titre de comte et qu'il appartenait à cette
grande famille qui avait possédé une Duché-Pairie,
mais qu'il était étonnant qu'un homme d'un si grand
nom proclamât des idées si contraires à sa naissance.
Ils croyaient sans doute, dans leur singulière et outre-
cuidante démarche, décider le philosophe auquel ils
s'adressaient à cesser de parler pour les travailleurs
et à haranguer pour les fainéants [1]. On devine aisément comment Saint-Simon reçut cette étrange

---

[1] « J'écris, disait-il, pour les industriels contre les courtisans
« et contre les nobles ; c'est-à-dire pour les abeilles contre les
« frélons. Je me soucie très-peu que les courtisans, que les
« nobles, ainsi que les autres frélons lisent mes écrits, mais je
« désire infiniment qu'ils soient lus par les industriels. »

visite; il se hâta de les congédier en les avertissant que s'ils revenaient il ne répondait pas de les recevoir aussi patiemment.

Nous avons déjà cité parmi les hommes avec lesquels Saint-Simon fut souvent en rapport, MM. Laffitte et Ternaux : B. Constant, Béranger, P.-L. Courier, eurent également occasion de le connaître et de l'apprécier. On peut juger par le couplet que Béranger a inséré dans sa chanson des *Fous* ce qu'il a toujours pensé de la persévérance et de l'étendue de son génie. B. Constant, bien qu'il ne voulût pas l'avouer en public, n'hésitait pas à reconnaître avec ses amis que de tous les hommes qui s'occupaient alors de sciences morales et politiques, Saint-Simon était le seul qui eût écrit des idées neuves. Quant à P.-L. Courier, il reçut souvent de Saint-Simon le conseil de pénétrer plus avant qu'il ne le faisait dans sa critique de l'aristocratie moderne, et d'enfoncer l'aiguillon de sa satire dans la noble chair de tous ceux qui vivent du travail d'autrui. L'auteur de la *Marseillaise*, Rouget de l'Isle, vécut longtemps avec Saint-Simon dans une intime familiarité, et composa à son intention un chant de travail que Saint-Simon inséra dans son système industriel à la suite d'une adresse aux ouvriers, dans laquelle il les engageait à se séparer de tout parti politique et à se regarder eux-mêmes comme les membres du parti industriel auquel l'avenir était réservé.

L'Organisateur contient en outre d'un travail historique sur la décadence, pendant les onze derniers siècles de l'ancien système théologique et féodal, et l'origine et les développements du nouveau système scientifique et industriel, dont la rédaction est due à la plume de M. Aug. Comte, un projet de composition nouvelle de la chambre des communes, dont l'importance ne pouvait être bien comprise que depuis les derniers événements politiques. Saint-Simon constituait un parlement divisé en trois branches, dont l'une *inventerait*, l'autre *examinerait* et la troisième *ordonnerait l'exécution* des lois ; mais là n'est pas le caractère essentiel du projet, il réside dans l'idée nouvelle de composer chacune de ces chambres de travailleurs spéciaux, comme si la constitution déterminait d'avance combien les arts, les sciences, les diverses industries devaient avoir de représentants dans le parlement ; de plus chacune de ces chambres devait avoir son objet spécial. Ainsi la première devait s'occuper exclusivement des travaux publics, de manière à accroître la richesse de la France ; la seconde composée de savants et d'artistes, chercherait à améliorer le sort des habitants sous tous les rapports d'utilité et d'agrément, elle surveillerait l'éducation publique et encouragerait spécialement les progrès de la science ; la troisième composée à la fois de savants, d'artistes et d'industriels, ayant seule le droit de rendre les lois exécutoires, aurait pour mission immédiate de reconstituer la propriété pour la fonder sur les bases les plus favorables à la production, et de refondre dans ce but tout le code civil et tout le code criminel.

Il ne faut considérer que, comme un projet, ce

plan d'une composition nouvelle de la représentation nationale, en tant que projet, il mérite cependant d'être examiné avec attention ; il montre jusqu'où s'étendent les applications de la politique indus- trielle. On voit comment le travail, dégagé de toute espèce de liens, s'organisera lui-même, et comment le résultat de cette organisation sera un nouveau progrès de l'humanité pour l'accroissement du bien-être et des lumières. Ce projet est certainement dans la vraie tendance progressive.

L'Organisateur, dont les dernières livraisons parurent en 1820, fut suivi pendant deux ans (1821 et 1822) de la publication de nombreuses lettres adressées par Saint-Simon tantôt au roi, tantôt aux cultivateurs, tantôt aux électeurs de Paris, le plus souvent aux industriels. La collection de ces lettres constitue un ouvrage connu sous le nom de *Système industriel*, dans lequel la question sociale est encore plus profondément étudiée que dans les autres écrits que nous venons de citer. Il est exposé que tous les peuples de l'Europe occidentale seront amenés en même temps, une fois l'impulsion donnée, à entrer dans le système industriel ; que le clergé et la noblesse ont perdu toute espèce de force et qu'ils ne sont plus d'aucune utilité à la nation ; mais ce n'est plus seulement aux chefs de l'industrie que la parole est adressée, Saint-Simon tourne aussi son attention vers les dernières classes de la société. Il pose en principe que le premier article du budget des dépenses, tel que les indus- triels auront à le faire, doit avoir pour objet d'assurer l'existence des prolétaires en procurant du travail aux valides et des secours aux invalides ; et non content d'avoir posé le principe, qui n'est autre chose que ce qu'on peut entendre par droit au travail, il indique comme le moyen d'assurer plus longtemps du travail aux hommes valides le défrichement des terres incultes, le desséchement des terres marécageuses, le percement de nouvelles routes, l'amélioration de celles qui existent déjà, la création d'édifices destinés à l'utilité et à l'agrément publics, la construction des ports qui sont nécessaires pour abréger les transports et des canaux qui peuvent être utiles à la navigation, ainsi qu'aux irrigations.

Avant la publication des dernières lettres qui forment la troisième partie du système industriel, Saint-Simon avait fait paraître une petite brochure de quelques pages intitulée *des Bourbons et des Stuarts*. La police crut devoir saisir cette brochure. On va en comprendre la cause. Partant de l'analogie réelle existant entre la Révolution anglaise de 1648 et la Révolution française de 1789, Saint-Simon avait posé face à face les cinq termes suivants, qui se rencontrent dans les deux révolutions : 1° toutes les classes de la société se montrent disposées à recourir à une organisation sociale nouvelle ; 2° les privilégiés ne veulent pas faire le sacrifice de leurs priviléges ; ils sont renversés par les non privilégiés entre les mains desquels arrive le pouvoir ; 3° les non privilégiés n'ayant pu aboutir à une réorganisation complète tombent dans l'anar-

chie ; 4° un chef hardi, ici Cromwell, là Bonaparte,
s'appuyant sur la force militaire abat l'anarchie, et
rétablit l'ordre à son profit ; 5° ce·chef est enfin
renversé ; les non privilégiés faisant un compromis
rappellent l'ancien chef des privilégiés qui promet
d'accorder les concessions les plus désirées. Arrivé
à ce point, Saint-Simon s'arrêtait, mais il faisait
pressentir que le sixième terme de la Révolution
anglaise avait été l'expulsion de la dynastie des
Stuarts, qui avait été ainsi punie de ne point remplir
consciencieusement les conditions du compromis ;
et il prédisait, en suivant l'analogie, une catastrophe semblable à la dynastie des Bourbons, si
elle cherchait toujours à prendre pour appui, les
courtisans, les nobles et les prêtres.

Dans une suite à la brochure des Bourbons et
des Stuarts, Saint-Simon, en 1822, annonçait
l'apparition d'un ouvrage où la politique serait
enfin fondée sur des bases positives, fournies par
des séries de faits historiques ; mais il y avait danger que cet ouvrage ne pût être imprimé, car le
zèle des souscripteurs commençait à se ralentir.
Nous savons que depuis 1814, Saint-Simon n'avait
à sa disposition qu'une très-faible pension pour
satisfaire aux premières nécessités de la vie. Dans
son ardent désir de répandre ses idées et de publier le fruit de ses veilles et de ses travaux assidus,
il n'avait pas craint de l'engager plusieurs fois
pour soutenir les frais de ses diverses publications.
L'argent allait donc entièrement lui faire défaut,
alors que pour faire pénétrer décidément sa pensée

dans la classe industrielle dont il désirait surtout le concours, il n'était plus besoin que de la vulgariser, et de tenir l'attention publique en éveil sur ses propositions et sur leurs conséquences. Enfin, dans une conversation avec M. Ternaux, ayant acquis la certitude qu'il n'obtiendrait aucun appui jusqu'à l'achèvement de l'œuvre dont la rédaction avait été confiée à M. Comte, et sachant lui-même que ce travail ne serait point exécuté de longtemps sans avance, il prit une détermination excessive et écrivit la lettre suivante à M. Ternaux.

« Monsieur, après y avoir bien réfléchi, je suis
« resté convaincu que vous aviez raison en me di-
« sant qu'il faudra plus de temps que je n'avais
« pensé pour que l'intérêt public se porte sur les tra-
« vaux dont je fais depuis longtemps mon unique
« occupation. En conséquence, j'ai pris le parti de
« vous dire adieu. Mes derniers sentiments sont
« ceux d'une profonde estime pour vous et d'un
« attachement exalté pour votre caractère noble et
« philanthropique. Permettez-moi de vous offrir mon
« cœur pour la dernière fois. J'emporte un grand
« chagrin, c'est celui de laisser la femme qui était
« avec moi dans une position affreuse. Cette femme
« m'a donné les plus grandes preuves de dévouement
« et de désintéressement. Je vous conjure avec toute
« l'instance possible de lui accorder votre protec-
« tion. Ce n'est point une domestique, c'est une
« ouvrière qui a beaucoup d'intelligence et une dé-
« licatesse qui la rend susceptible d'occuper tout

« emploi de confiance. Je finis en souhaitant que
« vous viviez longtemps pour le bonheur de tous
« ceux qui ont des relations avec vous. »

SAINT-SIMON.

Ce 9 mars 1823.

Puis après avoir éloigné pour la journée sous
une raison quelconque, l'amie qu'il recommandait
ainsi à M. Ternaux, il chargea tranquillement de
sept chevrotines, un pistolet qu'il plaça sur la table
où il avait coutume de travailler ; puis posant sa
montre sur cette table, et voulant conserver jusqu'à
la fin l'exercice de ses facultés intellectuelles, il
continua de combiner ses idées sur l'organisation
sociale, jusqu'au moment où l'aiguille atteignit
l'heure qu'il s'était fixée. Alors il lâcha la détente ;
le coup partit, l'apophyse de l'œil fut ébréchée, et
l'œil perdu, mais la bourre et les chevrotines ne
pénétrèrent point dans le cerveau.

Survivant à la catastrophe, Saint-Simon a la force
d'aller demander du secours à son voisin le docteur
Sarlardière, qui habitait sur le même palier que lui ;
ne trouvant personne, il rentre chez lui tout en-
sanglanté, et s'assied sur son lit, en laissant couler
son sang dans un bassin [1].

C'est dans cette position que le trouvèrent
MM. Sarlardière et Comte ; quand il les aperçut
« expliquez-moi, mon cher Sarlardière, s'écria-t-il,

---

[1] Il demeurait alors dans la maison où est mort Molière, 34,
rue de Richelieu, au quatrième.

« comment un homme qui a sept chevrotines
« dans la tête peut encore vivre et penser. » Tels
furent ses premiers mots, tant l'intérêt scientifique
l'emportait chez lui sur toutes les considérations
personnelles.

Cependant, sans entrer dans une discussion physiologique, le docteur Sarlandière se hâta de chercher dans sa chambre ces malheureuses chevrotines;
il ne put retrouver la septième, et dès lors il crut
Saint-Simon perdu. Sur sa demande expresse, il
n'osa pas lui cacher sa pensée et lui avoua qu'avec
les progrès de l'inflammation, il devait s'attendre à
périr dans la nuit au milieu d'une hémorrhagie vio-
lente. « Allons, dit alors Saint-Simon a son élève,
« employons bien les heures qui nous restent, et
« causons de votre travail. »

La nuit vint, et avec elle des douleurs atroces,
au point que Saint-Simon, pour abréger son sup-
plice, pria ceux qui l'entouraient de lui ouvrir la
jugulaire. Personne naturellement ne consentit à
un pareil acte, ni le docteur, ni l'élève, ni l'amie
qui le veillait, bien qu'ils ne doutassent point de sa
mort inévitable et prochaine. Enfin le lendemain
matin, la septième chevrotine fut retrouvée dans
les cendres du foyer, et Saint-Simon, radicalement
guéri au bout de quinze jours, resta privé d'un
œil.

C'est deux mois après cette malheureuse tentative
de suicide, en mai 1823, qu'il fit la connaissance
de M. O. Rodrigues : il le rencontra chez M. Ardoin,
banquier, un de ceux qui avec MM. Ternaux et

Basterrèche aidèrent le plus Saint-Simon à propager sa doctrine, et qui se plaisaient le mieux à reconnaître la valeur originale de ses idées mères. Dès lors moins tourmenté par la gêne financière, délivré des rebutantes démarches que nécessitait toujours la réalisation des souscriptions qu'il avait obtenues, Saint-Simon se mit à composer son *Catéchisme politique des industriels*, dont les deux premiers cahiers parurent à la fin de 1823, et dans le commencement de 1824.

Il contenait d'abord une définition précise de l'industriel. « Un industriel est un homme qui tra-
« vaille à produire ou à mettre à la portée des dif-
« férents membres de la société un ou plusieurs
« moyens matériels de satisfaire leurs besoins ou
« leur goût physiques ; ainsi un cultivateur, qui
« sème du blé, qui élève des volailles, des bestiaux,
« un charron, un maréchal, un serrurier, un me-
« nuisier, un fabricant de souliers, de chapeaux, de
« toiles, de draps, de cachemires, un négociant, un
« roulier, un marin sont des industriels. » Il établissait que cette classe avait une suprématie et une capacité suffisante pour prendre en main la direction de la société, et qu'en s'unissant il lui serait facile, sans même recourir aux moyens violents, de se dégager des nobles, des militaires, des rentiers, des légistes et des métaphysiciens. En suivant attentivement dans l'histoire intérieure de la France le développement des classes industrielles, on y voyait la preuve que seules elles avaient continuellement acquis de l'importance, tandis que les autres en

avaient toujours perdu; que la société devait nécessairement finir par atteindre le but de l'établissement d'un ordre social dans lequel la classe occupée
des travaux les plus utiles jouerait le premier rôle.
Les intérêts politiques de l'Europe se discutant dans
la France, et les intérêts sociaux des Français se
discutant à Paris, disait Saint-Simon, il demandait,
pour assurer d'une manière définitive l'établissement de son système, l'organisation des industriels
parisiens en parti politique. On borne inutilement le
champ de ses recherches quand on regarde la constitution anglaise et les œuvres de Montesquieu comme
le *nec plus ultrà* de la science politique. La société
doit être considérée comme un individu : jusqu'à ce
qu'elle soit arrivée à l'âge adulte, elle est appelée à
vivre sous le régime *gouvernemental;* puis, quand
elle a fait des progrès suffisants dans la science et
dans l'industrie, il n'est plus besoin de gouvernement; un régime administratif et industriel suffit
amplement.

Saint-Simon, dans ces deux cahiers, ne touchait,
comme on voit, que le côté temporel du système
d'organisation sociale qu'il avait conçu : la classe
des industriels faisait seule l'objet de ses applications. Cependant la société, si elle est d'abord acti-
vée, est aussi, comme l'individu, connaissance et
sentiment. A côté des industriels se placent les savants et les artistes ; et jamais Saint-Simon n'avait
entendu négliger ces deux éléments si importants
de l'ordre social. Ce sont eux aussi qui devaient
former le sujet de la seconde partie du *Catéchisme*

des Industriels. Saint-Simon en avait confié la rédaction à son élève M. Aug. Comte. Mais celui-ci, dans son travail, qui forme le troisième cahier de ce catéchisme et qu'il intitula, *Système de politique positive*, ne traita que la partie scientifique du système général de son maître. Il fallut que Saint-Simon, dans un quatrième cahier, qu'il publia plus tard, mais qui ne fut tiré qu'à un très-petit nombre d'exemplaires, exposât lui-même la partie sentimentale et religieuse, partie que d'ailleurs il développa complétement, avant sa mort dans son *Nouveau Christianisme.*

C'est vers l'époque de la publication du *Système de politique positive* que M. Aug. Comte se sépara de son maître. Il avait fait précéder cet ouvrage de l'avertissement suivant :

« Ayant médité depuis longtemps les idées mères
« de M. de Saint-Simon, je me suis exclusivement
« attaché à systématiser, à développer et à perfec-
« tionner la partie des aperçus de ce philosophe qui
« se rapporte à la direction scientifique. Ce travail
« a eu pour résultat la formation d'un système de
« politique positive que je commence aujourd'hui à
« soumettre au jugement des penseurs.

« J'ai cru devoir rendre publique la déclaration
« précédente, afin que si mes travaux paraissent
« mériter quelque approbation, *elle remonte au fon-*
« *dateur de l'École philosophique dont je m'honore*
« *de faire partie* [1]. »

---

[1] Au nombre des idées mères, dont parle M. Auguste Comte,

De son côté, Saint-Simon avait prévenu les lecteurs, dans deux pages écrites de sa main, qu'il ne fallait voir dans cet écrit de son disciple que la partie scientifique de son propre système. Voici ces deux pages :

« Ce troisième cahier est de notre élève M. Aug.
« Comte. Nous lui avions confié, ainsi que nous
« l'avions annoncé dans notre première livraison,
« le soin d'exposer les généralités de notre système;
« c'est le commencement de son travail que nous
« allons mettre sous les yeux du lecteur.

« Ce travail est certainement très-bon, considéré
« du point de vue où son auteur s'est placé ; mais
« il n'atteint pas exactement au but que nous nous
« étions proposé ; il n'expose point les généralités
« de notre système, c'est-à-dire, il n'en expose
« qu'une partie, et il fait jouer le rôle prépondé-
« rant à des généralités que nous ne considérons que
« comme secondaires.

« Dans le système que nous avons conçu, la ca-
« pacité industrielle doit se trouver en première
« ligne : elle est celle qui doit juger la valeur de
« toutes les autres capacités, et les faire travailler
« toutes pour son plus grand avantage. Les capa-
« cités scientifiques, dans la direction de Platon et
« d'Aristote, doivent être considérées par les indus-
« triels comme leur étant d'une égale utilité, et ils

il faut surtout mentionner la loi du développement de toutes les conceptions principales, passant successivement par les trois états, théologique ou fictif, métaphysique ou abstrait, scientifique ou positif.

« doivent, par conséquent, leur accorder une con-
« sidération égale, et leur répartir également les
« moyens de s'activer.

« Voilà notre idée la plus générale : elle diffère
« essentiellement de celles de notre élève qui s'est
« placé au point de vue exploité de nos jours par
« l'Académie des Sciences physiques et mathémati-
« ques. Il a considéré par conséquent la capacité
« *aristoticienne* comme devant déprimer le spiri-
« tualisme, ainsi que la capacité industrielle et la
« capacité philosophique.

« De ce que nous venons de dire, il résulte que
« notre élève n'a traité que la partie scientifique
« de notre système ; mais qu'il n'a point exposé
« la partie sentimentale et religieuse. Voilà ce dont
« nous avons dû prévenir nos lecteurs.

« Au surplus, malgré les imperfections que nous
« trouvons au travail de M. Comte, par la raison
« qu'il n'a rempli que la moitié de nos vues, nous
« déclarons formellement qu'il nous paraît le meil-
« leur écrit qui ait jamais été publié sur la politi-
« que générale. »

La retraite de M. Auguste Comte ne laissa pas
Saint-Simon sans collaborateur. M. O. Rodrigues,
qui depuis un an, par une fréquentation assidue,
s'était mis au courant de toutes ses idées, prit la
place de M. Comte, et M. Léon Halévy, M. le docteur Bailly, M. J.-B. Duvergier s'étant réunis à lui,
Saint-Simon fut bientôt en état de faire paraître,
tout au commencement de l'année 1825, un nouveau volume destiné à propager ses tendances. Ce

volume était ainsi intitulé : *Opinions littéraires, philosophiques et industrielles*, et portait pour épigraphe cette pensée que nous avons déjà vue formulée dans la *Régénération de la société européenne* : « L'âge d'or, qu'une aveugle tradition a « placé jusqu'ici dans le passé, est devant nous. »

Saint-Simon, en même temps qu'il démontrait par la conduite des paysans et des ouvriers pendant la Révolution française, que ces deux classes étaient arrivées à un niveau de lumière assez élevé pour participer à la direction de la société, et qu'elles devaient désormais être admises comme sociétaires dans l'organisation sociale, s'était attaché aussi à établir par des considérations historiques la supériorité de l'organisation sociale du moyen âge sur les temps anciens. Il craignait sans doute que des esprits peu profonds voulussent tirer un argument contre la perfectibilité de l'organisation sociale des ténèbres épaisses qui obscurcissent quelques-uns des siècles du moyen âge. A côté de lui, MM. Rodrigues, Duvergier et Bailly avaient traité des questions qui rentraient le mieux dans leurs diverses spécialités : le premier, de la Situation actuelle de l'industrie et de la banque ; le second, de la Législation ; le troisième, de la Science physiologique, de la Situation des médecins et du rôle qui doit leur appartenir dans la société industrielle ; enfin M. Léon Halévy, en sa qualité d'artiste et de littérateur, avait cherché à intéresser le public en exposant, dans une Introduction, les avantages généraux qui devaient résulter de l'adoption des idées nouvelles, et en montrant par des exemples bien choisis qu'il n'y a point de force réelle dans la société en dehors de celle du savant, de l'artiste et de l'industriel ; que l'avenir, en un mot, n'est pas réservé au salon, mais à l'atelier.

La publication du volume de ses opinions ne précéda que d'un très-court espace de temps celle du *Nouveau Christianisme*, le dernier écrit de Saint-Simon, mais peut-être aussi le plus important. C'est là qu'il a posé cette admirable formule, qui élève l'étendard du socialisme au-dessus des luttes de tous les partis politiques, et où se trouve complétement résumé la mission du dix-neuvième siècle : « Toutes les institutions sociales doivent avoir pour « objet l'amélioration physique et morale de la « classe la plus nombreuse et la plus pauvre. »

En établissant cette formule, Saint-Simon prouvait qu'elle était une conséquence directe du principe suprême de la morale chrétienne : « Tous les « hommes doivent s'aimer comme des frères. » Mais en même temps qu'elle est une conséquence elle marque aussi un progrès, car elle étend le principe de l'individu aux sociétés ; elle l'appelle non-seulement à régler le code des sentiments, mais encore à régler le code des intérêts matériels. D'ailleurs, il ne faut pas s'étonner que, malgré les progrès de la civilisation, nous n'ayons à notre époque aucun principe supérieur à élever au-dessus de la base fondamentale de la morale chrétienne. Par les lois de l'organisation des sociétés, les progrès de la morale sont toujours plus lents que ceux

de toute autre science. Ces progrès ne peuvent
naître des révolutions violentes qui bouleversent
l'ordre politique. Ils résultent lentement des évo-
lutions pacifiques qui transforment l'ordre moral.
Car la présence d'un lien moral est la première
condition d'existence de la société ; et par la même
raison que ce lien peut remplacer tous les autres,
même celui de l'intérêt personnel, la société tomberait en dissolution le jour où il disparaîtrait
même momentanément. L'époque à laquelle nous
sommes arrivés a la plus grande analogie avec celle
où s'accomplit la ruine du polythéisme ; et de même
que, pour ce qui concerne la morale, le christianisme n'a fait que développer les *idées* de la sagesse
antique, tandis qu'il a renversé de fond en comble
le dogme et le culte de toutes les religions païennes,
de même aujourd'hui, l'humanité respecte et veut
conserver les bases de la morale chrétienne, dont
chacun se propose de bien déduire les conséquences
et les applications sociales ; mais elle n'entend plus
s'astreindre à un dogme et à un culte qui ont cessé
de s'accorder avec les progrès des lumières et avec
les besoins d'une communion vraiment fraternelle.
Il y a indifférence en matière de dogme et de culte,
il n'y en a pas en matière de morale. Toutes les
attaques dirigées contre la religion ne prouvent pas
qu'elle doit disparaître, mais seulement qu'elle a
besoin d'une transformation. Est-ce lorsque tout
autour de nous est en voie de progrès que nous
devons prévoir et redouter la disparition du plus
fort de tous les liens sociaux, du lien religieux, le

seul capable de fondre toute l'humanité en une seule famille, et d'assurer le triomphe définitif des principes moraux dans les institutions sociales?

Ainsi Saint-Simon établit, dans le *Nouveau Christianisme*, qu'il croit l'humanité destinée à un avenir religieux ; seulement, c'est dans la morale qu'il fait consister toute la religion : le dogme et le culte lui paraissent ne devoir être considérés que comme des accessoires. Il est dans la condition du progrès de l'esprit humain de chercher d'abord dans la religion le culte et le dogme, et de ne s'élever que successivement aux vérités morales qui doivent un jour la constituer entièrement. En tout cas, le dogme doit toujours marcher d'accord avec les découvertes des sciences positives, et le culte s'entourer de toutes les pompes des beaux arts capables d'enflammer les cœurs pour toutes les idées du bien et du beau.

Saint-Simon, en publiant le *Nouveau Christianisme*, craignait de n'être pas compris par ceux-là même qui suivaient avec le plus de persévérance les développements de sa doctrine ; il exprima cette crainte quelques instants avant de mourir ; aussi peut-il être intéressant de savoir qu'il composa cet ouvrage dans l'intention principale de convertir les clergés chrétiens, surtout le clergé catholique, et de les entraîner vers ses vues d'amélioration sociale ; il pensait qu'avec ce levier, l'essor du prolétaire ne pourrait être plus longtemps comprimé, et que par la propagande éloquente d'hommes austères et convaincus, il deviendrait facile d'arriver rapidement au règne du travail, et de réaliser de sérieuses améliorations dans le sort de la classe la plus nombreuse et la plus pauvre.

Lorsque parut le *Nouveau Christianisme*, en avril 1825, Saint-Simon était parvenu à l'âge de soixante-cinq ans; il était déjà atteint de la maladie qui devait le conduire au tombeau; mais il pouvait se réjouir : les hommes de talent, de cœur, commençaient à affluer autour de lui et venaient s'éclairer aux derniers rayons de son génie. Ses idées n'étaient pas tombées sur un terrain ingrat, et Saint-Simon disparaissant, de nouvelles voix devaient s'élever pour les propager. M. A. Comte continuerait le développement de ses idées scientifiques, tandis que M. O. Rodrigues se chargerait plus particulièrement des questions économiques, religieuses et morales, et organiserait le parti des travailleurs industriels, de manière à en assurer le triomphe définitif.

Saint-Simon mourut le 19 mai 1825, à dix heures du soir, après six semaines de maladie; jusqu'au dernier moment, sa tête fut occupée de l'entreprise d'un nouveau journal (le *Producteur*), que ses amis voulaient faire paraître après le *Nouveau Christianisme*. Je ne serai plus que votre conseil, leur disait-il; je deviendrai *philosophe consultant*. M. Augustin Thierry venait de lui envoyer son *Histoire de la conquête d'Angleterre par les Normands*, Saint-Simon la lut pendant la dernière période de sa maladie, et il exprima souvent la pensée qu'il trouvait l'ouvrage de son ancien élève supérieur,

regrettant toutefois de n'en pas approuver le point
de vue philosophique, l'auteur s'y montrant principalement l'historien des races vaincues, et n'ayant
pas su voir le progrès social dans l'avénement des
Normands.

Le matin du 19 mai, quand M. O. Rodrigues se
présenta chez Saint-Simon, il avait eu toute la nuit
une forte fièvre et quelque peu de délire, mais son
pouls était assez bon ; il avait une connaissance
pleine et entière, et assez de gaieté. On lui demanda
s'il voulait donner l'autorisation de faire venir auprès de lui Gall et Broussais ; il n'y vit aucun inconvénient. Gall arriva le premier, vers l'heure de
midi et demi : « Bonjour, docteur, lui dit Saint-
« Simon, quand il entra, je suis content de vous
« voir. » Gall examina la poitrine, le fit respirer,
crut le poumon engorgé et ne lui donna que trois
jours à vivre.

Après cettte visite de Gall, la maladie augmenta
prodigieusement pendant deux heures ; Saint-Simon
reçut la visite de M. Ardoïn, qui voulait voir sur
son lit de mort le philosophe fondateur du système
industriel. La langue commençait à s'embarrasser.
A trois heures arrivèrent MM. Broussais, Burdin et
d'autres médecins qui venaient assister le docteur
Bailly. « La consultation est bientôt faite, dit un
« d'entre eux, le malade est expirant. » Cependant
ils s'approchèrent du lit, et, après avoir de nouveau
visité la poitrine et la langue du mourant, ils lui
firent plusieurs questions. Saint-Simon répondit
avec netteté à tout ce qu'ils demandaient, puis il

« ajouta : « Messieurs, je suis heureux de vous
« offrir un sujet neuf d'observations : vous voyez
« un homme qui éprouve une crise terrible à la-
« quelle aucun homme ne pourrait résister, et qui
« a l'esprit tellement occupé des travaux de toute
« sa vie, qu'il ne peut s'entretenir avec vous de sa
« maladie. Voyez, faites ce que vous croirez conve-
« nable, je suis entièrement confiant et disposé à
« vous seconder. » A l'homme qui tenait un pareil
langage, la consultation ne donnait pas plus de dix
heures à vivre, et elle prédisait juste. « Quelle tête,
« dit Broussais en s'éloignant, quelle vigueur d'es-
« prit ! »

Cependant ceux qui entouraient Saint-Simon,
jaloux de connaître ses désirs les plus intimes, et
disposés à les respecter, quels qu'ils fussent, vou-
lurent savoir de quelles formalités ses derniers
moments devaient être entourés, et s'il lui plaisait,
en cet instant suprême, qu'on appelât un membre
quelconque de sa famille, par exemple, son neveu,
le général Saint-Simon pour lequel il avait une
affection particulière et dont il avait dirigé la première éducation. Il exprima énergiquement sa volonté de consacrer exclusivement ses derniers
instants à l'élaboration des idées qui le préoccupaient, et persévéra jusqu'à la fin dans ce même
sentiment, sans déceler dans une de ses paroles le
moindre mouvement de faiblesse.

La mort s'approchait rapidement.— A six heures,
le docteur Bailly demanda à Saint-Simon s'il souf-
frait : « Non, répondit-il. Mais encore, reprit le

docteur, dans aucune partie ? « Il y aurait de l'exa-
« gération à dire que je ne souffre pas, dit alors Saint-
« Simon; mais qu'importe, causons d'autre chose. »
Il se recueillit quelques instants, et pria ceux qui
l'entouraient de venir s'asseoir auprès de lui.
MM. O. Rodrigues, Bailly et Léon Halévy qui se
trouvaient dans sa chambre, se hâtèrent d'obéir à
sa prière. Alors d'une voix entrecoupée du hoquet
de la mort, le pouls glacé, l'œil presque éteint,
Saint-Simon rassembla ses dernières forces et s'exprima ainsi : « Depuis douze jours, messieurs, je
« m'occupe de vous présenter les moyens de rendre
« la meilleure possible la combinaison de vos efforts
« pour votre entreprise (celle du *Producteur*), et
« depuis trois heures, je cherche à vous faire le
« résumé de mes pensées à cet égard. Dans ce
« moment, tout ce que je puis dire, c'est que vous
« arrivez à une époque où des efforts bien combinés
« doivent avoir le plus grand succès. La poire est
« mûre (avec force) et vous devez la cueillir. La
« dernière partie de nos travaux sera peut-être mal
« comprise. En attaquant le système religieux du
« moyen âge, on n'a réellement prouvé qu'une
« chose ; c'est qu'il n'était plus en harmonie avec
« le progrès des sciences positives, mais on a eu
« tort de conclure que le système religieux tendait
« à s'annuler : il doit seulement se mettre d'accord
« avec les progrès des sciences, Je vous le répète,
« la poire est mûre, vous devez la cueillir. Quarante-
« huit heures après notre seconde publication, nous
« serons un parti. » Quelques minutes auparavant

il avait dit à M. O. Rodrigues : « Souvenez-vous
« que pour faire quelque chose de grand, il faut
« être passionné. Le résumé des travaux de toute
« ma vie, c'est de donner à tous les membres de la
« société la plus grande latitude pour le développe-
« ment de leurs facultés. »

Enfin sa voix s'éteignit de plus en plus. Il de-
venait chaque fois plus difficile de saisir les derniers
rayons de cette rare intelligence ; ses dernières paroles, qu'il accompagna d'un geste expressif, furent
à voix basse, mais distincte : « nous tenons notre
affaire ; » sa main droite portée vivement à sa tête
avec une sorte d'effort, retomba à côté de lui sans
mouvement ; l'œil s'éteignit, et trois heures après
un râle très-doux, il expira.

Saint-Simon ne travaillait guère que la nuit.
Quand on venait le voir, le matin : « Ouvrez le tiroir,
« disait-il en riant, lisez le travail de la nuit, il est
« encore tout chaud, il sort du four. »

Dans la journée, Saint-Simon lisait des romans :
« L'histoire du cœur humain, disait-il, bien ou mal
faite, n'est que là. »

Il n'aimait pas à causer avec plusieurs personnes ;
son plus grand charme était de s'entretenir avec
une seule. « Le genre humain, suivant ses propres
« expressions, n'était pas encore assez avancé pour
« que l'on pût utilement causer à trois. »

L'autopsie du crâne fut faite par le docteur Gall
qui trouva un cerveau d'une surface considérable,
par les nombreuses circonvolutions qui le constituaient. Il crut reconnaître les preuves d'une absence

complète de circonspection à côté d'une infatigable
persévérance. Tels sont en effet les deux principaux
jugements que chacun doit porter sur Saint-Simon,
d'après les événements même de sa vie. Oui, certes,
il manqua de cette prudence et de ce tact qui, dans
notre société, donnent et conservent la richesse et
le pouvoir; mais s'il était privé des qualités qui ne
lui eussent servi qu'à lui-même, il témoigna, en
toutes les occasions de sa vie, qu'il possédait bien
celles qui sont nécessaires pour qu'un homme serve
véritablement la cause du progrès et de l'humanité;
il ne sut pas jouir de la vie pour lui-même, mais il
en usa pour ses semblables, par la persévérance
qu'il déploya à émettre des vérités nouvelles qui
pénètrent chaque jour davantage tous les degrés de
l'échelle sociale, et dont le triomphe désormais
assuré promet à tous les travailleurs une nouvelle
ère de bien-être et de lumières.

Le lendemain de l'autopsie eurent lieu les funérailles; MM. Augustin Thierry et Auguste Comte y
assistaient; elles furent modestes, et ni le ministère
du clergé, ni les pompes de l'Église n'y concouru-
rent en aucune manière.

Voici comment elles furent racontées dans le nu-
méro du 22 mai 1825, par le journal *le Constitutionnel*, qui était à cette époque le coryphée du
libéralisme.

« Aujourd'hui à midi, un cortége funèbre assez
« nombreux s'est dirigé du faubourg Montmartre
« au cimetière du Père-Lachaise. Le préposé aux
« sépultures se présente pour le recevoir, et de-

« mande où sont les parents ? Personne ne répond.
« Où sont les amis ? Chacun veut répondre. On
« chercha une fosse, car il n'en avait pas été pré-
« parée. Bientôt les curieux assemblés par ce spec-
« tacle singulier apprennent que le défunt était
« M. Henri Saint-Simon, l'un des plus ardents
« philanthropes de notre époque. Quelque opinion
« qu'on ait des idées hardies et souvent neuves qu'il
« a répandues dans ses écrits, on ne peut refuser à
« feu Saint-Simon le mérite d'avoir soulevé un grand
« nombre de questions qui touchent aux plus hauts
« intérêts de la société. Il eut un autre mérite, qui
« n'est pas commun dans notre vaniteuse France :
« des gens qui le connaissaient depuis longtemps
« n'ont appris que par hasard qu'il s'appelait le
« comte de Saint-Simon, grand d'Espagne, descen-
« dant du fameux auteur des Mémoires, et allié de
« l'illustre famille de Lorraine. Qu'eût dit le pré-
« curseur de Boulainvilliers et de Montlosier,
« l'ennemi dédaigneux de la bourgeoisie et de l'in-
« fluence des lettres, s'il eût entendu son petit-fils
« exposer ses idées sur les savants, les artistes et
« les industriels ? »

Deux discours furent prononcés sur sa tombe,
l'un par M. Léon Halévy, l'autre par le docteur Bailly,
de Blois. Quelques passages de ce dernier feront
bien comprendre quelle impression il produisait sur
ceux qui l'entouraient ordinairement et à quelle
hauteur il leur semblait élevé, quels que fussent
d'ailleurs leur talent et leur intelligence.

« Elle est donc accomplie la destinée de cet

« homme de génie dont l'existence entière a été
« employée à la découverte de vérités qui n'au-
« raient jamais paru devoir être le produit d'une
« seule intelligence humaine... »

« Vous, Messieurs, qui avez partagé avec moi
« l'honneur d'assister à ces entretiens, dans lesquels
« il nous communiquait le fruit de ses recherches
« et de ses méditations, de quel étonnement n'avez-
« vous pas été saisis, toutes les fois qu'abordant les
« plus hautes questions de la philosophie générale,
« vous l'avez vu réunir à lui seul tous les moyens
« de raisonnement et tous les documents propres
« aux capacités intellectuelles les plus différentes,
« et le moins susceptibles de se trouver associés
« dans la même tête. »

« Vous l'avez entendu, Messieurs, parlant à cha-
« cun de nous le langage de nos études particuliè-
« res, passer successivement en revue la plus haute
« généralité des différentes branches de nos con-
« naissances, pour s'élever à des considérations
« nouvelles dont la justesse et la profondeur vous
« ont tant de fois frappés d'admiration. »

« Tous ceux qui ont contribué aux progrès de la
« civilisation ont dû leurs succès au perfectionne-
« ment d'une branche déterminée de nos connais-
« sances ; placé au-dessus de toutes les sommités,
« Saint-Simon a su en faire servir l'ensemble à la
« fondation d'une philosophie dont la création exi-
« geait un point de vue aussi élevé que celui auquel
« son génie l'a porté. »

« Si chacun de vous, Messieurs, se joignait à

« moi dans ce moment pour restituer à notre maître
« commun ce que vous tenez de lui, si chacun de
« vous, entraîné par le sentiment de conviction qui
« me domine, le proclamait, dans chacune des direc-
« tions que vous suivez, comme l'auteur des idées
« les plus belles et les plus fécondes qui aient ja-
« mais été créées, vous feriez un acte de justice
« sans doute, mais vous ne parviendriez jamais à
« faire adopter une opinion qui paraîtrait dictée par
« l'enthousiasme et l'exagération. »

Le docteur Bailly terminait son discours en expri-
mant l'espérance de voir continuer les travaux com-
mencés par celui dont il regrettait la perte. Pour
combler cette espérance, M. Olinde Rodrigues, au
retour des funérailles, se hâta de réunir les principaux amis qui avaient accompagné le convoi. M. Enfantin, qui se trouvait absent de Paris, se joignit à
lui le lendemain, et tous commencèrent avec ardeur
les travaux préliminaires qui devaient aboutir à la
fondation de la doctrine Saint-Simonienne, telle
qu'elle fut exposée et prêchée, non par Saint-Simon
lui-même, mais par son École.

ŒUVRES DE SAINT-SIMON

FRAGMENTS DIVERS

LETTRES

D'UN HABITANT DE GENÈVE

A SES CONTEMPORAINS [1]

1802.

PREMIÈRE LETTRE.

Je ne suis plus jeune, j'ai observé et réfléchi avec beaucoup d'activité durant toute ma vie, et votre bonheur a été le but de mes travaux : j'ai conçu un projet qui me paraît pouvoir vous être utile, je vais vous le présenter.

Ouvrez une souscription devant le tombeau de Newton ; souscrivez tous indistinctement pour la somme que vous voudrez.

Que chaque souscripteur nomme trois mathématiciens, trois physiciens, trois chimistes, trois physiologistes, trois littérateurs, trois peintres, trois musiciens.

Renouvelez tous les ans la souscription ainsi que la nomination, mais laissez à chacun la liberté illimitée de renommer les mêmes personnes. .

Partagez le produit de la souscription entre les trois mathématiciens, les trois physiciens, etc., qui auront obtenu le plus de voix.

Priez le président de la Société royale de Londres de recevoir les souscriptions de cette année.

L'année prochaine et les suivantes, chargez de cette honorable fonction la personne qui aura fait la plus forte souscription.

[1] Voir notice, p. 37, 38, 39, 40, 41.

Exigez de ceux que vous nommerez qu'ils ne reçoivent ni places, ni honneurs, ni argent d'aucune fraction de vous, mais laissez-les individuellement les maîtres absolus d'employer leurs forces de la manière qu'ils voudront.

Les hommes de génie jouiront alors d'une récompense digne d'eux et de vous ; cette récompense les placera dans la seule position qui puisse leur fournir les moyens de vous rendre tous les services dont ils seront capables ; elle deviendra le but d'ambition des âmes les plus énergiques, ce qui les détournera des directions nuisibles à votre tranquillité.

Par cette mesure, enfin, vous donnerez des chefs à ceux qui travaillent au progrès de vos lumières, vous investirez ces chefs d'une immense considération, et vous mettrez une grande force pécuniaire à leur disposition.

RÉPONSE D'UN AMI.

Vous m'avez prié de vous faire part de mes réflexions sur le projet que vous m'avez communiqué ; je vais le faire avec d'autant plus de plaisir que la pureté de l'âme de son auteur frappe le lecteur attentif ; que l'intention est sublime, et qu'elle doit trouver un accueil favorable auprès de tout être sensible et pensant : enfin l'auteur désire le bonheur de l'humanité, il y travaille, je l'aime.

Ses idées sont aussi neuves que philanthropiques ; c'est avec raison qu'il considère les hommes de génie comme les flambeaux qui éclairent l'humanité, les gouvernants aussi bien que les gouvernés ; et c'est par un principe de justice bien raisonné qu'il engage l'humanité à agir collectivement pour les récompenser. Son projet, sous un autre rapport, est également bon ; on voit que l'humanité agissant *collectivement* pour récompenser les hommes de génie, les détournera de s'occuper des intérêts *particuliers* de la fraction d'elle, qui, en les récompensant, paralyse une partie de leurs forces.

Ce projet crée des places plus belles que toutes celles qui ont existé jusqu'à présent ; places qui élèveront l'homme de génie à son rang, c'est-à-dire au-dessus de tous les autres hommes, même de ceux qui sont revêtus de la plus grande autorité: à la vue de ces places le génie sera stimulé, il y aura enfin des prix dignes de l'amour de la gloire, de cette passion qui fait supporter sans peine les fatigues de l'étude et de la profonde méditation, qui donne la constance nécessaire pour s'illustrer dans les sciences et dans les arts.

Chez l'homme de génie l'intérêt personnel est bien puissant, mais l'amour de l'humanité est aussi capable de lui faire enfanter des prodiges. Quelle est belle l'occupation de travailler au bien de l'humanité! Quel but auguste! L'homme a-t-il un moyen de se rapprocher davantage de la Divinité? Dans cette direction il trouve en lui-même de puissants dédommagements des peines qu'on lui a fait éprouver.

Si je compare le poste élevé où l'humanité placerait l'homme de génie à un fauteuil académique, je remarque que l'ÉLU DE L'HUMANITÉ se trouvera dans une situation bien plus avantageuse que l'académicien ; il jouira de la plus parfaite indépendance, et pourra développer toute l'énergie de ses forces, sans qu'elles soient arrêtées par aucune considération particulière ; aucun faux ménagement ne pourra ralentir la marche de son génie, ni entraver ses travaux et son bonheur ; pour se maintenir dans la place qu'il aura obtenue, il s'enflammera, il verra d'un œil inquiet les travaux de ses prédécesseurs, il voudra les surpasser, abandonner les sentiers battus pour en frayer de nouveaux ; son enthousiasme gagnera de proche en proche, et il arrivera au véritable but, celui de faire faire des progrès à l'esprit humain.

Telle sera la route que suivra le génie quand il sera placé dans une position indépendante, tandis que l'esprit académique continuera à en suivre une contraire ; l'esprit académique tendra toujours à conserver les opinions qu'il a admises, se regardant comme le dépositaire de la vérité ; il attaquerait lui-même sa prétendue infaillibilité s'il changeait d'opinion. Il continuera à crier à l'hérésie et à devenir intolérant, plutôt que de faire un pas *rétrograde* au profit des lumières et du bonheur de l'humanité. Avec quel acharnement les aca-

démies ont persécuté les hommes de génie quand ils ont com-
battu leurs opinions ! Observez la marche qu'a suivie l'esprit
académique : vous verrez comme il a été fier et rampant,
avec quelle adresse il a étouffé les débats qui pouvaient éclairer l'humanité, toutes les fois qu'ils ont pu nuire à sa propre
existence ; cela est provenu de deux causes : l'une que les
académiciens sont nommés à vie ; l'autre qu'ils sont dans la
dépendance du gouvernement.

Parcourez l'histoire des progrès de l'esprit humain, vous
verrez que presque tous ses chefs-d'œuvre sont dus à des
hommes isolés, souvent persécutés. Quand on en a fait des
académiciens, ils se sont presque toujours endormis dans
leur fauteuil, et quand ils ont écrit, ce n'a été qu'en trem-
blant et pour produire de faibles vérités. L'indépendance peut
seule alimenter l'amour de l'humanité et le désir de la gloire,
qui sont les deux puissants moteurs agissant sur l'homme de
génie. L'académicien étant esclave, est-il étonnant qu'il ne
produise rien? Tout esclave qu'il est, il se croit au comble
de la gloire, il craint de descendre, et voilà précisément ce
qui l'empêche de monter.

Si je jette un coup d'œil sur l'histoire des académies, je
vois qu'en Angleterre il n'y a point eu d'académie, mais seulement deux sociétés qui ont eu quelque rapport avec les
institutions académiques, tandis qu'elles fourmillent dans les
monarchies et même dans les États livrés à la superstition et
à l'ignorance. Cependant quelle contrée a produit plus de
grands hommes dans tous les genres? Où a-t-on découvert
plus de vérités? Où les a-t-on publiées plus courageusement,
adoptées plus promptement? Où a-t-on récompensé plus généreusement les auteurs des découvertes utiles? Dans cette
île, l'amour de la liberté corporelle et l'indépendance dans
les opinions ont dû faire mépriser et exclure les académies;
comme citoyen, l'Anglais sent la dignité de son être; comme
savant, il rougirait de se prostituer auprès de l'homme puissant
et de faire partie d'un corps qui n'existe que sous sa protection.

Le despotique Richelieu fut le fondateur de la première
académie en France : il vit que l'espoir des médailles et des

fauteuils enchaînerait l'écrivain, que l'administration s'en servirait pour répandre des principes favorables à ses vues, qu'elle maîtriserait ainsi l'opinion publique, et qu'elle ferait des académies autant de ressorts cachés de son despotisme ; aussi l'événement justifia-t-il les vues du ministre dominateur ; cette première, cette mère académique en enfanta cent autres dont les efforts n'ont pu élever la France au niveau de l'Angleterre. L'Italie regorge d'académies et compte fort peu de savants ; on y distribue force brevets de tripots littéraires ; les hommes n'en sont ni meilleurs ni plus éclairés : si elle supprimait toutes ses académies, peut-être le génie prendrait-il chez elle plus d'essor.

Je ne puis cependant m'empêcher de convenir que les académies ont été de quelque utilité, que leur établissement, tout imparfait qu'il est, n'ait produit quelque avantage aux sciences et aux arts ; je reconnais aussi qu'il s'est trouvé quelques académiciens qui ont conservé de l'énergie. Le mode académique est trop en arrière des vues philosophiques actuelles, pour qu'on doive le conserver plus longtemps ; la marche de l'esprit humain, devenue plus hardie, me paraît rendre possible l'abolition entière des entraves de toute espèce qu'éprouvent les académies même les plus savantes. L'humanité ne doit pas perdre de vue qu'elle doit récompenser les hommes qui lui servent de flambeaux, et qu'elle doit collectivement récompenser ceux de ces flambeaux qui sont assez lumineux pour éclairer toute la terre.

Le projet me frappe sous un autre rapport bien capital. Que d'obstacles n'ont pas eu à surmonter jusqu'à présent les hommes de génie ! Presque toujours dans leur début ils sont détournés des idées capitales par des occupations auxquelles ils sont obligés de se livrer pour fournir à leur subsistance. Que d'expériences, que de voyages nécessaires au développement de leurs vues leur ont manqué ! Dans combien d'occasions n'ont-ils pas été privés de collaborateurs dont ils auraient eu besoin pour donner à leurs travaux toute l'extension dont ils auraient été susceptibles ! Que de conceptions heureuses avortées pour n'avoir pas été vivifiées par des secours, des encouragements et des récompenses!

Et si, malgré toutes ces difficultés, quelques hommes de génie sont parvenus à se faire connaître et à obtenir une récompense, cette récompense a toujours été insuffisante pour fournir d'une manière large aux frais de leurs travaux, pour encourager les jeunes gens auxquels ils trouvent des dispositions heureuses, et pour subvenir à leurs besoins quand ils n'ont pas de fortune. L'homme de génie est seul propre à découvrir les premiers germes, à les développer et à leur administrer judicieusement les secours qui leur manquent.

La place, ou la récompense qu'obtient l'homme de génie, lui donne presque toujours des fonctions à remplir qui le détournent plus ou moins de ses travaux, elle le fixe dans un lieu, et l'empêche par conséquent de se transporter pour voir les choses ou les hommes qui pourraient devenir l'occasion de faire de nouvelles découvertes : l'inconstance du gouvernement dont il reçoit la récompense lui laisse de l'inquiétude pour son avenir, elle le force souvent à faire des démarches pour maintenir sa place, et pour se maintenir dans sa place; et malgré toute sa prévoyance, souvent une guerre ou quelque dérangement dans les finances amène la suppression de ses honoraires, ou du moins la suspension de leur payement.

Enfin, l'homme de génie, qui pour ses travaux aurait besoin de l'indépendance la plus absolue, est toujours plus ou moins dépendant du gouvernement qui le récompense; il faut qu'il en adopte l'esprit, qu'il s'assujettisse aux formes et aux usages qu'il consacre, qu'il pense pour ainsi dire secondairement, au lieu de lancer avec hardiesse les traits de son imagination; il faut qu'il combine timidement les moyens de produire ses idées au grand jour, et il finit par se montrer bien moins ce qu'il est, que ce qu'on veut qu'il paraisse; en un mot, on lui fait payer bien cher la mesquine récompense qu'on lui a accordée.

Quant à l'homme de génie qui consent à recevoir des bienfaits particuliers d'un gouvernant, ou de tout autre individu, sa position est encore bien plus fâcheuse par l'avilissement dans lequel il se laisse tomber.

Si l'on examine attentivement les idées qui guident les gouvernements dans toutes les directions particulières d'administration, on verra qu'elles ont toutes été trouvées par des hommes de génie. Les hommes de génie éclairent donc les gouvernants aussi bien que les gouvernés.

Je conviens que souvent les découvertes des hommes de génie n'ont pas pu être utilisées à leur naissance; mais en admettant que leurs découvertes ne soient utiles qu'à la génération qui les suit, est-ce une raison pour que celle dans laquelle ils vivent ne les récompense point? Et l'humanité continuera-t-elle à laisser en souffrance, ou au moins dans une position inconvenante, des hommes qu'elle s'empresse de déifier après leur mort?

Si à cet égard il n'arrivait pas de grands changements, il serait faux que l'esprit humain fît des progrès.

Chez les nations instruites, les hommes de tout âge font des plantations, tandis que chez les nations ignorantes (chez les Turcs, par exemple), on coupe et on ne plante point. L'arbre planté par le vieillard généreux lui fait éprouver plus de jouissances qu'il n'en procure à celui qui le coupe pour en tirer le produit.

Quoi de plus beau, de plus digne de l'homme, que de diriger ses passions vers le but unique de l'augmentation de ses lumières! Heureux moments que ceux où l'ambition, ne voyant de grandeur et de gloire que dans l'acquisition de nouvelles connaissances, laissera ces sources impures où elle cherchait à apaiser sa soif. Sources de misères et d'orgueil, qui servaient à désaltérer des ignorants, des héros, des conquérants, des dévastateurs de l'espèce humaine! Vous tarirez par abandon, et vos philtres n'enivreront plus ces superbes mortels. Plus d'honneur pour les Alexandre : vivent les Archimède !

Mon ami, quelle époque plus favorable pour produire le projet que vous me communiquez, que celle où le génie engagé dans une lutte avec le despotisme, appelle tous les philanthropes à son secours! Dans la génération qui a pris son développement depuis le commencement de cette lutte, le nombre des automates est sensiblement diminué; le projet sera entendu de beaucoup de monde, le règne des lumières approche : tout homme intelligent, qui a un œil fixé sur le passé et un autre sur l'avenir, en est convaincu.

Le projet contient une idée élémentaire qui pourra servir de base à une organisation générale; ainsi il présente à l'humanité une conception qui lui fera monter sans danger un échelon de plus en abstraction [1].

Qu'il est heureux que le tombeau de Newton, ce lieu de réunion, se trouve en Angleterre, cette contrée qui a été constamment le refuge des hommes de génie et des savants persécutés chez les autres nations !

Pourrions-nous parler de Newton sans faire observer qu'il reçut du gouvernement, à titre de récompense, le grade de maître des monnaies; dès lors ce citoyen du monde ne fut plus qu'un Anglais, qui concentra ses forces sur l'emploi qui lui fut confié; et cet astre, radieux par lui-même, fut présenté à la multitude comme un corps opaque employé à réfléchir les rayons de la lumière royale.

Disons-le hardiment ; tous les hommes de génie auxquels on donnera des places dans les gouvernements perdront en réalité comme en considération ; car, pour remplir les devoirs de leur place, ils négligeront des travaux plus importants pour l'humanité ; ou, s'ils ne peuvent résister à l'impulsion du génie, ils négligeront souvent les devoirs de leur place.

On ne peut éviter cette double chance également fâcheuse pour l'humanité, pour les gouvernements et pour les hommes de génie, qu'en laissant ceux-ci à la seule place que leur assigne l'intérêt bien entendu de tous ; il faut qu'ils restent

---

[1] Si l'abbé de Saint-Pierre avait conçu cet établissement et qu'il l'eût indiqué comme moyen d'exécution, on n'aurait pas traité de rêveries ses idées de paix générale.

Autre réflexions : Cette conception donne la solution d'un problème qui, de tout temps, a été un objet de recherches pour les moralistes ; *Mettre un homme dans une position telle que son intérêt personnel et l'intérêt général se trouvent constamment dans la même direction.*

eux-mêmes, et que l'humanité se pénètre fortement de cette vérité, qu'ils lui sont donnés pour être ses flambeaux, et non pour être vendus à des intérêts particuliers qui les avilissent et qui les détournent de leurs véritables fonctions.

Le nombre des hommes de génie n'est pas assez considérable pour les détourner de leurs travaux, en les sortant de leur sphère. L'auteur, sachant combien la nature en est avare, ne propose qu'une vingtaine de places pour toute l'humanité. Si, pour occuper une de ces places, il fallait indispensablement être homme de génie, il en résulterait que souvent il s'en trouverait de vacantes.

J'approuve l'élection annuelle, avec la faculté de réélire : Par ce moyen, les hommes d'un génie transcendant seront à vie, et ceux qui par leur capacité s'en rapprochent le plus seront stimulés autant que possible.

Le mode d'élection est tel, qu'il est impossible aux *passions particulières* d'acquérir la force suffisante pour dominer *l'intérêt général*.

Voilà, mon ami, les premières sensations que la lecture du projet a fait naître en moi. Maintenant je vous ferai deux questions :

Le projet sera-t-il adopté?

Si le projet est adopté, remédiera-t-il aux maux présents de l'humanité, maux dont la prudence m'interdit de parler?

DEUXIÈME LETTRE.

J'ai adressé mon projet *directement* à l'humanité, parce qu'il l'intéresse *collectivement;* mais je ne me suis point laissé aller à la folle espérance de la voir se livrer subitement à son exécution; j'ai toujours pensé que le succès dépendait de l'action plus ou moins vive que les personnes ayant une grande influence sur l'humanité se détermineraient à exercer dans cette occasion. Pour obtenir leurs suffrages, le meilleur moyen est d'éclaircir la question autant que possible; c'est

le but que je me propose en m'adressant à différentes fractions de l'humanité, que je divise en trois classes : la première, celle à laquelle vous et moi avons l'honneur d'appartenir, marche sous l'étendard des progrès de l'esprit humain ;
elle est composée des savants, des artistes et de tous les
hommes qui ont des idées libérales. Sur la bannière de la
seconde il est écrit : point d'*innovation* ; tous les propriétaires qui n'entrent point dans la première sont attachés à la
seconde.

La troisième, qui se rallie au mot *égalité*, renferme le surplus de l'humanité.

Je dirai à la première classe : toutes les personnes auxquelles j'ai parlé du projet que je présente à l'humanité, après
une discussion en général assez courte, ont fini par l'approuver ; toutes m'ont dit qu'elles en désiraient le succès, mais
toutes m'ont laissé apercevoir la crainte que ce projet ne réus-
sît point.

D'après la conformité qui s'est manifestée dans leurs opinions, il me paraît vraisemblable que je trouverai tous les
hommes, ou au moins la majorité d'entre eux, dans les mêmes dispositions. Si ce pressentiment se réalise, la force
d'*inertie* sera la seule qui s'opposera à mes vues.

Savants, artistes, et vous aussi qui employez une partie de
vos forces et de vos moyens aux progrès des lumières, vous
êtes la partie de l'humanité qui avez le plus d'énergie céré-
brale, vous êtes celle qui avez le plus d'aptitude à recevoir
une idée neuve, vous êtes le plus directement intéressés aux
succès de la souscription : c'est à vous à vaincre la force
d'inertie. Allons, mathématiciens, puisque vous êtes en tête,
commencez.

Savants, artistes, regardez avec l'œil du génie la situation
actuelle de l'esprit humain ; vous verrez que le sceptre de
l'opinion publique est entré dans vos mains ; saisissez-le
donc vigoureusement. Vous pouvez faire votre bonheur et celui de vos contemporains ; vous pouvez préserver la postérité
des maux que nous avons soufferts et de ceux que nous en-
durons encore : souscrivez tous.

Je tiendrai ensuite ce langage aux propriétaires de la seconde classe :

MESSIEURS,

En comparaison des non-propriétaires, vous êtes très-peu nombreux : comment se fait-il qu'ils se soumettent à vous obéir? C'est par la raison que la supériorité de vos lumières vous donne sur eux le moyen de faire une combinaison de vos forces, qui vous procure ordinairement l'avantage dans la lutte qui, par la nature des choses, existe nécessairement toujours entre eux et vous.

Ce principe une fois posé, il est évidemment de votre intérêt de mettre dans votre parti les non-propriétaires qui, par des découvertes capitales, constatent la supériorité de leur intelligence; et il est également évident que, l'intérêt étant *général* pour votre classe, *chacun* des membres qui la composent doit contribuer.

Messieurs, j'ai beaucoup vécu avec les savants et avec les artistes, je les ai bien observés dans l'intimité, et je puis vous assurer que ces gens-là vous pousseront jusqu'au point auquel vous vous déterminerez à faire les sacrifices d'amour-propre et d'argent nécessaires pour mettre leurs chefs-d'œuvre en première ligne de considération dans l'humanité, et pour leur fournir les moyens pécuniaires dont ils ont besoin pour l'exploitation complète de leurs idées. J'aurais, Messieurs, vis-à-vis de vous un tort d'exagération, si je vous laissais croire que j'ai trouvé l'intention dont je vous parle, précisée dans la tête des savants et des artistes : non, Messieurs, non ; je puis même vous dire qu'elle n'y a qu'une existence très-vague; mais je me suis assuré, par une longue suite d'observations, de la réalité de son existence et de l'influence qu'elle exerce sur toutes leurs conceptions.

Tant que vous n'adopterez pas, Messieurs, la mesure que je vous propose, vous serez exposés, chacun dans votre pays, à des malheurs de la nature de ceux que vient d'éprouver en France la portion de votre classe qui s'y trouvait établie. Pour vous convaincre de ce que je vous dis, il vous suffira de réfléchir sur la marche des événements qui se sont passés dans cette contrée depuis 1789. Le premier mouvement populaire y a été sourdement excité par les savants et par les artistes. Dès que l'insurrection par son succès a eu pris un caractère de légitimité, ils s'en déclarèrent les chefs, la résistance qu'ils éprouvèrent dans la direction qu'ils donnaient à cette insurrection, celle de détruire toutes les institutions qui blessaient leur amour-propre, les poussa à exalter de plus en plus la tête des ignorants, et à rompre tous les liens de subordination qui centenaient les fougueuses passions des non-propriétaires; ils réussirent à faire ce qu'ils voulaient, toutes les institutions qu'ils avaient eu primitivement l'intention de renverser furent nécessairement culbutées; en un mot, ils gagnèrent la bataille, et vous la perdîtes. Cette victoire a coûté cher aux vainqueurs; mais vous qui avez été vaincus, vous avez encore bien plus souffert. Quelques savants et quelques artistes, victimes de l'insubordination de leur armée, ont été massacrés par leurs propres soldats. Sous le rapport moral ils ont tous eu à supporter les reproches que vous leur avez faits, avec une apparence de fondement, d'être les auteurs des atrocités commises contre vous; et des désordres de toute espèce que l'impulsion barbare de l'ignorance faisait commettre à leur troupe.

Le mal porté à son comble, le remède devint possible : vous n'opposiez plus de résistance; les savants et les artistes, éclairés par l'expérience, et reconnaissant votre supériorité en lumières sur les non-propriétaires [1], désiraient voir rentrer dans vos mains la portion de pouvoir nécessaire pour rendre à l'organisation sociale son action régulière. Les non-propriétaires avaient supporté presque en totalité le poids de la famine, que les mesures extravagantes auxquelles ils s'étaient livrés avaient fait naître. Ils étaient matés.

La population de France, quoique amenée par la force des

---

[1] J'engage le lecteur à peser cette observation : « Les propriétaires commandent aux non-propriétaires, non parce qu'ils ont les propriétés, mais ils ont les propriétés et ils commandent, parce que, collectivement pris, ils ont supériorité de lumière sur les non-propriétaires. »

choses à un désir vif du retour de l'ordre, ne pouvait être réorganisée socialement que par un homme de génie ; Bonaparte l'a entrepris ; il y a réussi.

Parmi les idées que je viens de vous présenter, j'ai émis celle que vous aviez perdu la bataille ; s'il vous restait quelque doute à ce sujet, comparez la portion de considération et d'aisance qui se trouve maintenant en France entre les mains des savants et des artistes, avec celle dont ils y jouissaient avant 1789.

Evitez, Messieurs, d'avoir querelle avec ces gens-là, car vous serez battus dans toutes les guerres que vous leur laisserez l'occasion d'engager avec vous, vous souffrirez davantage qu'eux pendant les hostilités, et la paix vous sera désavantageuse : donnez-vous le mérite de faire de bonne grâce une chose que tôt ou tard les savants, les artistes et les hommes ayant des idées libérales, réunis aux non-propriétaires, vous feraient faire de force ; souscrivez tous, c'est le seul moyen que vous ayez pour prévenir les maux dont je vous vois menacés.

Puisque cette matière est entamée, ayons le courage de ne pas l'abandonner sans donner un coup d'œil à la situation politique de la partie la plus éclairée du globe.

En Europe, l'action des gouvernements n'est *en ce moment* troublée par aucune opposition ostensible de la part des gouvernés ; mais, vu l'état des opinions en Angleterre, en Allemagne, en Italie, il est facile de prédire que ce calme ne sera pas de longue durée si les précautions nécessaires ne sont pas prises à temps ; car, Messieurs, il ne faut pas vous dissimuler que la crise dans laquelle se trouve l'esprit humain est commune à tous les peuples éclairés, et que les symptômes que l'on a observés en France, au milieu de l'épouvantable explosion qui s'y est manifestée, sont en ce moment aperçus, par l'observateur intelligent, chez les Anglais et même chez les Allemands.

Messieurs, en adoptant le projet que je vous propose, vous réduirez les crises que ces peuples sont appelés à essuyer, *sans qu'aucune force au monde puisse l'empêcher*, à de sim-

ples changements dans leur gouvernement et dans leurs finances, et vous leur éviterez cette fermentation générale
que la population française a éprouvée ; espèce de fermentation pendant laquelle tous les rapports existants entre les
individus de la même nation, devenant précaires, l'anarchie,
le plus grand de tous les fléaux, exerce librement ses ravages, jusqu'à ce point auquel l'état de misère dans lequel elle
plonge toute la nation sur laquelle elle s'appesantit, fait
naître dans l'âme des plus ignorants de ses membres le désir
du rétablissement de l'ordre.

J'aurais l'air, Messieurs, de douter de votre intelligence,
si j'ajoutais de nouvelles preuves à celles que je viens de
vous soumettre, pour vous prouver qu'il est de votre intérêt
d'adopter la mesure que je vous propose, sous le rapport
des maux qu'elle peut vous éviter.

C'est avec plaisir que je vous présenterai maintenant ce
projet sous un point de vue flatteur pour votre amour-
propre ; considérez-vous comme les *régulateurs* de la marche
de l'esprit humain ; vous pouvez jouer ce rôle ; car si, par la
souscription, vous donnez aux hommes de génie considération et aisance, une des conditions insérées dans cette souscription privant les élus d'occuper aucune place dans les
gouvernements, vous vous garantirez, ainsi que le reste de
l'humanité, de l'inconvénient qu'il y aurait à placer un pouvoir actif entre leurs mains.

L'expérience en effet a prouvé qu'aux conceptions neuves,
fortes et justes, qui servent de bases aux découvertes, il se
trouve ordinairement, au moment de leur naissance, des idées
très-vicieuses mêlées ; malgré cela, souvent l'inventeur, s'il
en était le maître, en exigerait l'exécution. Ceci est un cas
particulier d'inconvénient ; mais il en existe un absolument
général que je vais vous présenter. Toutes les fois qu'une
découverte, pour être mise en pratique, a besoin d'habitudes
différentes que celles existantes à l'époque à laquelle elle paraît, c'est un trésor dont la génération qui l'a vu naître ne
doit jouir que par le sentiment d'affection qu'elle porte à la
génération appelée à en profiter.

Je termine le petit discours que je me suis permis de vous adresser, en vous disant : Messieurs, si vous restez dans la seconde classe, c'est que vous le voulez bien, car vous êtes les maîtres de monter dans la première.

Parlant ensuite à la troisième classe :

MES AMIS,

En Angleterre, il y a beaucoup de savants. Les Anglais instruits ont plus de respect pour les savants que pour les rois ; tout le monde sait lire, écrire et compter en Angleterre ; eh bien ! mes amis, dans ce pays, les ouvriers des villes et même ceux des campagnes mangent de la viande tous les jours, boivent de la bière, et sont bien vêtus.

En Russie, quand un savant déplaît à l'empereur, on lui coupe le nez et les oreilles, et on l'envoie en Sibérie. En Russie, les paysans sont aussi ignorants que leurs chevaux ; eh bien ! mes amis, les paysans russes sont mal nourris, mal vêtus, et reçoivent force coups de bâton.

Jusqu'à présent les gens riches n'ont guère eu d'autres occupations que celle de vous commander ; forcez-les à s'éclairer et à vous instruire ; ils font travailler vos bras pour eux, faites travailler leurs têtes pour vous ; rendez-leur le service de les décharger du pesant fardeau de l'ennui ; ils vous payent avec de l'argent, payez-les avec de la considération ; c'est une monnaie bien précieuse que celle de la considération : heureusement que le plus pauvre en possède un peu ; dépensez bien celle qui se trouve à votre disposition, et votre sort s'améliorera promptement.

Pour vous mettre à portée de juger le conseil que je vous donne, pour vous faire apercevoir les avantages qui peuvent résulter de la mise à exécution du projet que je présente à l'humanité, il est nécessaire que j'entre dans quelques détails : je me bornerai à ceux qui me paraîtront indispensables.

Un savant, mes amis, est un homme qui prévoit ; c'est par la raison que la science donne le moyen de prédire qu'elle est utile, et que les savants sont supérieurs à tous les autres hommes.

Tous les phénomènes dont nous avons connaissance ont été partagés en différentes classes. Voici une manière de les diviser qui a été adoptée. Phénomènes astronomiques, physiques, chimiques, physiologiques. Tout homme qui se livre aux sciences s'attache plus particulièrement à une de ces parties qu'aux autres.

Vous connaissez quelques-unes des prédictions que font les astronomes, vous savez qu'ils annoncent les éclipses; mais ils font une multitude d'autres prédictions dont vous ne vous occupez pas, et dont je ne chercherai pas à vous entretenir; je me bornerai à vous dire deux mots de l'emploi qu'on en fait, l'utilité vous en est bien connue.

C'est par le moyen des prédictions des astronomes qu'on est venu à bout de déterminer d'une manière exacte la position respective des différents points de la terre; ce sont aussi leurs prédictions qui donnent les moyens de naviguer sur les mers les plus étendues. Vous êtes familiers avec quelques-unes des prédictions des chimistes. Un chimiste vous dit qu'avec telle pierre vous ferez de la chaux, qu'avec telle autre vous ne pourrez pas en faire; il vous dit qu'avec telle quantité de cendres provenant d'un arbre de telle espèce, vous blanchirez aussi bien votre linge que vous pourriez le faire avec une quantité tant de fois plus considérable provenant d'un arbre de telle autre espèce; il vous dit que telle substance, mélangée avec telle autre, donnera un produit qui aura telle apparence et qui jouira de telle qualité.

Le physiologiste s'occupe des phénomènes des corps organisés; le physiologiste, dans le cas par exemple où vous êtes malade, vous dit : Vous éprouvez telle chose aujourd'hui; eh bien! demain vous serez dans tel état.

N'allez pas croire que je désire vous donner l'idée que les savants peuvent tout prévoir; non, sûrement, ils ne peuvent tout prévoir, et je suis même certain qu'ils ne peuvent prédire avec exactitude qu'un très-petit nombre de choses; mais vous êtes convaincus tout comme moi que les savants, chacun dans leur partie, sont les hommes qui peuvent prédire le plus de choses; et cela est bien certain, puisqu'ils n'acquièrent la réputation de *savants* que par les *vérifications* qui se font de leurs *prédictions;* c'est au moins ainsi que cela se passe aujourd'hui, il n'en a pas toujours été de même. Ceci exige que nous donnions un coup d'œil aux progrès de l'esprit humain; malgré les efforts que je vais faire pour m'exprimer clairement, je ne suis pas parfaitement sûr que vous m'entendiez à la première lecture, mais en y réfléchissant un peu vous en viendrez à bout.

Les premiers phénomènes que l'homme ait observés d'une manière suivie ont été les phénomènes astronomiques; il y a une bonne raison pour qu'il ait commencé par ceux-là, c'est qu'ils sont plus simples. Dans le commencement des travaux astronomiques, l'homme *mêlait* les faits qu'il *observait* avec ceux qu'il *imaginait,* et dans ce galimatias élémentaire, il faisait les meilleures combinaisons qu'il pouvait pour satisfaire toutes les demandes de prédiction; il s'est successivement débarrassé des faits créés par son imagination, et, après bien des travaux, il a fini par adopter une marche certaine pour perfectionner cette science. Les astronomes n'ont plus *admis* que les faits constatés par l'observation; ils ont *choisi* le système qui les *liait* le mieux, et, depuis cette époque, ils n'ont plus fait faire de faux pas à la science. Produit-on un *système nouveau;* ils vérifient, avant de l'admettre, s'il *lie* mieux les faits que celui qu'ils avaient adopté. Produit-on un fait nouveau; ils s'assurent par *l'observation* si ce fait existe.

L'époque dont je parle, la plus mémorable que présente l'histoire des progrès de l'esprit humain, est celle à laquelle les astronomes ont chassé les astrologues de leur société. Une autre remarque qu'il faut que je vous fasse, c'est qu'à partir de cette époque les astronomes sont devenus modestes, bonnes gens, ne cherchant plus à paraître savoir ce qu'ils ignoraient, et que de votre côté vous avez cessé de leur faire la demande impertinente de lire votre destinée dans les astres.

Les phénomènes chimiques étant plus compliqués que les

phénomènes astronomiques, l'homme ne s'en est occupé que longtemps après. Dans l'étude de la chimie il est tombé dans les fautes qu'il avait commises dans l'étude de l'astronomie ; mais enfin les chimistes se sont débarrassés des alchimistes.

La physiologie se trouve encore dans la mauvaise position par laquelle ont passé les sciences astrologiques et chimiques ; il faut que les physiologistes chassent de leur société les *philosophes*, les *moralistes* et les *métaphysiciens*, comme les astronomes ont chassé les astrologues, comme les chimistes ont chassé les alchimistes[1].

Mes amis, nous sommes des corps organisés ; c'est en considérant comme phénomènes physiologiques nos relations sociales que j'ai conçu le projet que je vous présente, et c'est par des considérations puisées dans le système que j'emploie pour lier les faits physiologiques que je vais vous démontrer la bonté du projet que je vous présente.

Un fait constaté par une longue série d'observations, c'est que chaque homme éprouve à un degré plus ou moins vif le

---

[1] Je n'ai pas l'intention de dire que les philosophes, les moralistes et les métaphysiciens, n'ont pas rendu de services à la physiologie ; mais il est bien connu que les astrologues ont été utiles à l'astronomie, que les alchimistes ont fait une grande partie des découvertes chimiques ; et cependant tout le monde pense que les astronomes ont fait une bonne opération en se séparant des astrologues et les chimistes une également bonne en se débarrassant des alchimistes.

Il reste une idée à éclaircir : les occupations principales des philosophes, des moralistes, des métaphysiciens, sont d'étudier les rapports qui existent entre les phénomènes appelés physiques et ceux appelés moraux. Quand ils ont du succès dans cette partie, leurs travaux doivent s'appeler physiologiques ; mais ils cherchent aussi à lier tous les faits observés par un système général ; il m'est démontré que cela sera impossible jusqu'à l'époque à laquelle la physiologie sera mise dans l'ordre que j'ai détaillé au sujet de l'astronomie.

J'ajouterai que les mathématiques contiennent les seuls matériaux qu'on puisse employer à la construction d'un système général, et que si le calcul est impossible à appliquer aux phénomènes qu'on ne peut pas ramener à des considérations très-simples, il ne me paraît pas qu'on doive par cette raison renoncer à l'espoir de rattacher, par des aperçus satisfaisants, les idées qui servent de bases aux théories des différentes branches de la physique, à l'idée de la pesanteur universelle.

désir de dominer tous les autres hommes [1]. Une chose claire par le raisonnement, c'est que tout homme qui n'est pas isolé se trouve *actif et passif en domination* dans ses relations avec les autres, et je vous engage à faire usage de la petite portion de domination que vous exercez sur les gens riches...

Mais avant que d'aller plus loin, il faut que j'examine avec vous une chose qui vous chagrine beaucoup : vous dites, *nous sommes dix fois, vingt fois, cent fois plus nombreux que les propriétaires et cependant les propriétaires exercent sur nous une domination bien plus grande que celle que nous exerçons sur eux.* Je conçois, mes amis, que vous soyez très contrariés ; mais remarquez que les propriétaires, quoique inférieurs en nombre, possèdent plus de lumières que vous, et que, pour le bien général, la domination doit être répartie dans la proportion des lumières. Regardez ce qui est arrivé en France pendant le temps que vos camarades y ont dominé : ils y ont fait naître la famine.

Revenons au projet que je vous propose. En l'adoptant et en en maintenant l'exécution, vous mettrez constamment entre les mains des vingt et un hommes de l'humanité qui auront le plus de lumières les deux grands moyens de dominer : la considération et l'argent. Il en résultera, par mille raisons, que les sciences feront des progrès rapides. Il est reconnu qu'à chaque pas que les sciences font en avant, leur étude devient plus facile : ainsi ceux qui, comme vous, ne peuvent consacrer que peu de temps à leur éducation, pourront apprendre plus de choses, et en devenant plus instruits, ils diminueront la portion de domination exercée sur eux par les riches. Vous ne tarderez pas, mes amis, à voir de beaux résultats ; mais je ne veux pas employer le temps à vous parler de ce qui se trouve sur une route dans laquelle vous n'êtes pas encore déterminés à entrer. Jasons de ce qui existe dans ce moment sous vos yeux.

---

[1] Deux routes peuvent mener un homme à une position de supériorité : une de ces routes est commune à l'intérêt particulier et à l'intérêt général ; mon but est d'embellir cette route et de semer quelques épines sur l'autre.

Vous accordez considération, c'est-à-dire vous donnez volontairement une portion de domination sur vous aux hommes qui font des choses que vous jugez vous être utiles ; un tort que vous partagez avec toute l'humanité, c'est de n'avoir pas tracé une ligne de démarcation suffisamment exacte entre les choses d'une utilité momentanée et celles d'une utilité durable ; entre celles d'un intérêt local et celles d'un intérêt général, entre celles qui procurent des avantages à une portion de l'humanité aux dépens du surplus, et celles qui augmentent le bonheur de toute l'humanité. Enfin vous n'avez pas encore bien remarqué qu'il n'existe qu'un seul intérêt commun à tous les hommes, celui du progrès des sciences.

Le maire de votre village vous procure-t-il un avantage sur les villages voisins : vous êtes enchantés de lui, vous le considérez ; les habitants des villes manifestent de la même manière le désir d'exercer leur supériorité sur les villes des environs ; les provinces rivalisent entre elles, et il existe entre les nations, pour leur intérêt personnel, des luttes que l'on appelle guerre[1]. Dans les efforts faits par toutes ces fractions de l'humanité, quelle est la portion qui a une tendance *directe* au bien général ? Elle est bien petite, en vérité ; et cela n'est pas

---

[1] Les moralistes se mettent en contradiction quand ils défendent à l'homme l'égoïsme, et qu'ils approuvent le patriotisme ; car le patriotisme n'est pas autre chose que l'égoïsme national ; et cet égoïsme fait commettre de nation à nation les mêmes injustices que l'égoïsme personnel entre les individus.

Les opinions sont encore partagées sur la question de l'égoïsme : quoique la discussion soit ouverte sur ce sujet, et suivie avec chaleur depuis le commencement du monde, la solution du problème consiste à ouvrir une route qui soit commune à l'intérêt particulier et à l'intérêt général.

La conservation des corps organisés tient à l'égoïsme ; tous les efforts pour *combiner* les intérêts des hommes sont des tentatives faites dans une bonne direction ; toute la partie des raisonnements des moralistes qui dépasse la combinaison des intérêts, et qui tend à détruire l'égoïsme, présente une série d'erreurs dont il est facile de reconnaître la cause. *Les moralistes prennent souvent les mots pour les choses.*

La première génération de l'humanité a été celle dans laquelle il y a eu le plus d'égoïsme personnel, puisque les individus ne *combinaient* point leurs intérêts.

étonnant, puisque l'humanité n'a pris encore aucune mesure pour accorder *collectivement* des récompenses à ceux qui réussissent à faire des travaux d'une *utilité générale*. Pour réunir autant que possible en un seul faisceau toutes ces forces agissant dans des directions *si variées*, et *souvent contraires* ; pour les ramener autant que possible à la seule direction qui puisse améliorer le sort de l'humanité, je ne crois pas qu'on puisse trouver un meilleur moyen que celui que je vous propose. En voilà en ce moment assez sur les savants : parlons des artistes.

Les dimanches, l'éloquence a pour vous des charmes ; vous avez du plaisir à lire un livre bien écrit, à voir de beaux tableaux, de belles statues, ou bien encore à entendre une musique capable de fixer votre attention. Pour parler ou pour écrire d'une manière qui vous amuse, pour faire un tableau ou une statue qui vous plaise, pour composer de la musique qui vous intéresse, il faut beaucoup travailler. N'est-il pas bien juste, mes amis, que vous récompensiez les artistes qui remplissent l'intervalle de vos occupations par les plaisirs les plus propres à développer votre intelligence, en l'exerçant sur les nuances les plus délicates de vos sensations ?

Souscrivez tous, mes amis : quelque peu d'argent que vous mettiez à la souscription, vous êtes si nombreux que la somme totale sera considérable ; d'ailleurs la considération dont se trouveront investis ceux que vous nommerez, leur donnera une force incalculable. Vous verrez comme les gens riches se démèneront pour se distinguer dans les sciences et dans les arts, lorsque cette route conduira *au plus haut degré de considération*. Quand vous n'y gagneriez que de les détourner des querelles que le désœuvrement fait naître entre eux, seulement pour savoir quelle quantité d'entre vous se trouvera sous leurs ordres, querelles dans lesquelles ils vous mêlent toujours, et dont vous êtes toujours les dupes, ce serait déjà beaucoup.

Si vous admettez mon projet, il y aura une chose qui vous embarrassera, ce sont les choix. Je vais vous dire, mes amis, la marche que je suivrai pour faire les miens. Je demanderai à tous les mathématiciens que je connais quels sont, à leur jugement, les trois meilleurs mathématiciens, et je nommerai les trois mathématiciens qui auront obtenu le plus de voix de la part des personnes que j'aurais consultées. Je ferai de même pour les physiciens, etc.

Après avoir divisé l'humanité en trois fractions, et avoir présenté à chacune d'elles les raisons qui paraissent devoir les engager à adopter mon projet, je vais maintenant, mon ami, m'adresser à mes contemporains collectivement, pour leur présenter les réflexions que j'ai faites sur la révolution française.

La suppression des priviléges de naissance a exigé des efforts qui avaient rompu les liens de l'organisation ancienne, et n'a point été un obstacle à la réorganisation sociale ; mais l'appel qui avait été fait à tous les membres de la société, de remplir fréquemment les fonctions de délibérant, a été sans succès. Indépendamment des atrocités épouvantables que cette application du principe d'égalité a fait commettre par l'effet bien naturel qu'elle a produit, celui de mettre le pouvoir entre les mains des ignorants, elle a fini par engendrer une forme de gouvernement absolument impraticable, par la raison que les gouvernants, *tous payés afin d'admettre les non-propriétaires*, étaient tellement multipliés que le travail des gouvernés pouvait à peine suffir à les nourrir, ce qui menait à un résultat absolument opposé au désir le plus constant des non-propriétaires, celui de payer peu d'impôts.

Voici une idée qui me paraît juste. Les premiers besoins de la vie sont les plus impérieux ; les non-propriétaires ne peuvent les satisfaire qu'incomplétement. Un physiologiste voit clairement que leur désir le plus constant doit être celui de la diminution de l'impôt, ou de l'augmentation de salaire, ce qui revient au même.

Je crois que toutes les classes de la société se trouveraient bien de cette organisation: le pouvoir spirituel entre les mains des savants; le pouvoir temporel entre les mains des propriétaires ; le pouvoir de nommer ceux appelés à remplir les fonctions de grands chefs de l'humanité, entre les mains de tout le monde ; pour salaire aux gouvernants, la considération.

A demain, mon ami ; je crois qu'en voilà assez pour aujourd'hui.

Est-ce une apparition? N'est-ce qu'un rêve? Je l'ignore ; mais je suis certain d'avoir éprouvé les sensations dont je vais vous rendre compte.

La nuit dernière, j'ai entendu ces paroles :

« Rome renoncera à la prétention d'être le chef-lieu de
« mon Église; le pape, les cardinaux, les évêques et les
« prêtres, cesseront de parler en mon nom ; l'homme rougira
« de l'impiété qu'il commet en chargeant de tels impré-
« voyants de me représenter.

« J'avais défendu à Adam de faire la distinction du bien
« et du mal, il m'a désobéi ; je l'ai chassé du paradis, mais
« j'ai laissé à sa postérité un moyen d'apaiser ma colère :
« qu'elle travaille à se perfectionner dans la connaissance
« du bien et du mal, et j'améliorerai son sort ; un jour vien-
« dra que je ferai de la terre un paradis.

« Tous ceux qui ont établi des religions en avaient reçu
« de moi le pouvoir, mais ils n'ont pas bien compris les in-
« structions que je leur avais données ; ils ont tous cru que
« je leur avais confié ma divine science ; leur amour-propre
« les a conduits à tracer une ligne de démarcation entre le
« bien et le mal dans les actions les plus minutieuses de la
« vie de l'homme, et ils ont tous négligé la partie la plus
« essentielle de leur mission, celle de fonder un établisse-
« ment qui fît suivre à l'intelligence humaine la route la

« plus courte pour se rapprocher indéfiniment de ma divine
« prévoyance ; ils ont tous oublié de prévenir les ministres
« de mes autels que je leur retirerais le pouvoir de parler en
« mon nom quand ils cesseraient d'être plus savants que le
« troupeau qu'ils conduiraient, et qu'ils se laisseraient do-
« miner par le pouvoir temporel.

« Apprends que j'ai placé *Newton* à mes côtés, que je lui
« ai confié la direction de la lumière et le commandement
« des habitants de toutes les planètes.

« La réunion des vingt et un élus de l'humanité prendra le
« nom de conseil de Newton ; le conseil de Newton me re-
« présentera sur la terre ; il partagera l'humanité en quatre
« divisions, qui s'appelleront Anglaise, Française, Allemande,
« Italienne : chacune de ces divisions aura un conseil com-
« posé de même que le conseil en chef. Tout homme, quelque
« partie du globe qu'il habite, s'attachera à une de ces divi-
« sions, et souscrira pour le conseil en chef et pour celui
« de sa division.

« *Les femmes seront admises à souscrire : elles pourront*
« *être nommées.*

« Les fidèles, après leur mort, seront traités comme ils
« auront mérité de l'être pendant leur vie.

« Les membres des conseils de division n'entreront en
« fonctions qu'après en avoir reçu l'autorisation du conseil
« en chef. Ce conseil n'admettra point ceux qu'il ne jugera
« pas à la hauteur des connaissances les plus transcendantes
« acquises dans la partie pour laquelle ils auront été élus.

« Les habitants d'une partie du globe quelconque, quelles
« que soient sa situation et sa dimension, pourront à quelque
« époque que ce soit se déclarer section d'une des divisions,
« et élire un conseil particulier de Newton. Les membres de
« ce conseil ne pourront entrer en fonctions qu'après en
« avoir reçu l'autorisation du conseil de division. Il y aura
« une députation permanente de chacun des conseils de divi-
« sion auprès du conseil en chef ; il y en aura une égale-
« ment de chaque conseil de section, auprès du conseil de sa

« division. Ces députations seront composées de sept mem-
« bres, un de chaque classe.

« Dans tous les conseils, *le mathématicien* qui aura obtenu
« le plus de voix présidera.

« Tous les conseils seront partagés en deux divisions ; la
« première sera composée des quatre premières classes, et
« la seconde des trois dernières. Lorsque la seconde division
« s'assemblera séparément, elle sera présidée par *le littéra-*
« *teur* qui aura obtenu le plus de voix.

« Chaque conseil fera bâtir un temple qui contiendra un
« mausolée en l'honneur de Newton. Ce temple sera divisé
« en deux parties : l'une, qui contiendra le mausolée, sera
« embellie par tous les moyens que les artistes pourront in-
« venter ; l'autre sera construite et décorée de manière à
« donner aux hommes une idée du séjour destiné pour une
« éternité à ceux qui aident les progrès des sciences et
« des arts.

« La première division réglera le culte *intérieur* du
« mausolée.

« La seconde division du conseil réglera le culte *extérieur* ;
« elle le combinera d'une manière qui présente un spectacle
« majestueux et brillant. Tous les services distingués rendus
« à l'humanité, toutes les actions qui auront été grandement
« utiles à la propagation de la foi, seront honorées : le
« conseil réuni déterminera les honneurs qui seront ac-
« cordés.

« Il sera établi des marques distinctives pour les membres
« des conseils et pour les personnes nommées par eux. Ces
« marques distinctives seront de nature à être ostensibles
« ou cachées, à la volonté de ceux qui auront le droit de les
« porter.

« Tout fidèle qui se trouvera éloigné de moins d'une
« journée de marche d'un temple descendra une fois par an
« dans le mausolée de Newton, par une ouverture consacrée
« à cette destination :

« Les enfants y seront apportés par leurs parents le plus
« tôt possible après leur naissance.

« Toute personne qui n'exécutera pas ce commandement
« sera regardée par les fidèles comme un ennemi de la
« religion.

« Si Newton juge qu'il soit nécessaire, pour remplir mes
« intentions, de transporter dans une autre planète le mortel
« descendu dans son mausolée, il le fera.

« Dans les environs du temple, il sera bâti des laboratoires,
« des ateliers, et un collége : tout le luxe sera réservé pour
« le temple; les laboratoires, les ateliers, le collége, les
« logements des membres du conseil, et ceux destinés à
« recevoir les députations des autres conseils, seront con-
« struits et décorés dans un mode simple. La bibliothèque
« ne contiendra jamais plus de cinq cents volumes.

« Tous les ans chaque membre du conseil nommera cinq
« personnes :

« 1° Un adjoint, qui aura droit de séance et voix délibé-
« rative, en l'absence du membre par lequel il aura été
« nommé.

« 2° Un ministre du culte, destiné à officier dans les
« grandes cérémonies, pris dans les cinq cents plus forts
« souscripteurs.

« 3° Une personne ayant par ses travaux été utile aux
« progrès des sciences et des arts.

« 4° Une personne ayant fait des applications utiles des
« sciences et des arts.

« 5° Une personne à laquelle ils voudront donner une
« preuve d'affection particulière.

« Ces nominations ne seront valables qu'après avoir été
« admises par la majorité du conseil; elles auront lieu tous
« les ans, et les personnes en faveur desquelles elles seront
« faites n'en jouiront que pendant un an; elles pourront être
« réélues.

« Le président de chaque conseil fera la nomination d'un
« gardien du territoire sacré qui renfermera le temple et ses
« dépendances. Le gardien du territoire sacré sera chargé
« de la police; il sera trésorier, et il administrera les dé-
« penses, le tout sous les ordres du conseil. Ce gardien

« sera pris dans les cent plus forts souscripteurs ; il aura
« droit de séance dans le conseil ; sa nomination ne sera
« valable qu'après avoir été approuvée par la majorité du
« conseil.

« Le conseil en chef aura dans chaque division un établis-
« sement ; il résidera alternativement une année dans chaque
« division.

« Un homme revêtu d'un grand pouvoir sera le fondateur
« de cette religion ; pour récompense il aura le droit d'en-
« trer dans tous les conseils, et celui de présider. Il gardera
« ce droit toute sa vie ; et à sa mort il sera enterré dans le
« tombeau de Newton.

« *Tous les hommes travailleront* ; ils se regarderont tous
« comme des ouvriers attachés à un atelier dont les travaux
« ont pour but de rapprocher l'intelligence humaine de ma
« divine prévoyance. Le conseil en chef de Newton dirigera
« les travaux ; il fera ses efforts pour bien comprendre les
« effets de la pesanteur universelle : elle est la loi unique à
« laquelle j'ai soumis l'univers.

« Tous les conseils de Newton respecteront la ligne de
« démarcation qui sépare le pouvoir spirituel du pouvoir
« temporel.

« Aussitôt que les élections du conseil en chef et des con-
« seils de division auront été effectuées, le fléau de la guerre
« abandonnera l'Europe pour n'y jamais reparaître.

« Apprends que les Européens sont les enfants d'Abel ;
« apprends que l'Asie et l'Afrique sont habitées par la posté-
« rité de Caïn. Vois comme ces Africains sont sanguinaires ;
« remarque l'indolence des Asiatiques ; ces hommes impurs
« n'ont point donné de suite aux premiers efforts qu'ils ont
« faits pour se rapprocher de ma divine prévoyance. Les
« Européens réuniront leurs forces, ils délivreront leurs
« frères Grecs de la domination des Turcs. Le fondateur de
« la religion sera le directeur en chef des armées des fidèles.
« Ces armées soumettront les enfants de Caïn à la religion,
« et feront sur toute la terre les établissements nécessaires
« à la sûreté des membres des conseils de Newton, dans tous

« les voyages qu'ils jugeront utile de faire pour les progrès
« de l'esprit humain.

« Dors. »

A mon réveil j'ai trouvé ce que vous venez de lire très-
distinctement gravé dans ma mémoire.

TROISIÈME LETTRE.

C'est Dieu qui m'a parlé : un homme aurait-il pu inventer
une religion supérieure à toutes celles qui ont existé ? il faudrait supposer qu'aucune d'elles n'a été instituée par la Divinité : regardez comme le précepte est clair dans la religion
qui m'a été révélée, voyez comme son exécution est assurée.
L'obligation est imposée à chacun de donner constamment à
ses forces personnelles une direction utile à l'humanité ; les
bras du pauvre continueront à nourrir le riche, mais le riche
reçoit le commandement de faire travailler sa cervelle, et si
sa cervelle n'est pas propre au travail, il sera bien obligé de
faire travailler ses bras ; car Newton ne laissera sûrement
pas sur cette planète, une des plus voisines du soleil, des
ouvriers volontairement inutiles dans l'atelier.

Nous ne verrons pas la religion avoir pour ministres des
hommes pourvus du droit de nommer les chefs de l'humanité,
ce seront tous les fidèles qui nommeront leurs guides et les
qualités auxquelles ils reconnaîtront ceux que Dieu a appelés
à les représenter ne seront plus d'insignifiantes vertus, telles
que la chasteté et la continence ; ce seront des talents, ce
sera le plus haut degré de talents.

Je ne m'étendrai pas davantage à ce sujet : tout homme
qui croit à la révélation sera nécessairement convaincu que
Dieu seul a pu donner à l'humanité le moyen de forcer chacun de ses membres à suivre le précepte de l'amour du
prochain.

P. S. Je compte vous écrire une lettre dans laquelle j'envisagerai la religion comme une invention humaine, je la considérerai comme étant la seule nature d'institution politique qui tende à l'organisation générale de l'humanité. Les risques, auxquels je sens que je vais me trouver exposé pour vous avoir engagé à faire descendre les gouvernants en seconde ligne de considération, m'engagent à prendre la précaution de vous communiquer sur-le-champ l'idée la plus capitale de celles qui doivent entrer dans le travail que je vous annonce.

Faites la supposition que vous avez acquis connaissance de la manière dont la matière s'est trouvée répartie à une époque quelconque, et que vous avez fait le plan de l'univers, en désignant par des nombres la quantité de matière qui se trouvait contenue dans chacune de ses parties : il sera clair à vos yeux qu'en faisant sur ce plan application de la loi de la pesanteur universelle, vous pourriez prédire, aussi exactement que l'état des connaissances mathématiques vous le permettrait, tous les changements successifs qui arriveraient dans l'univers.

Cette supposition placera votre intelligence dans une position dans laquelle tous les phénomènes se présenteront à elle sous les mêmes apparences ; car en examinant sur le plan de l'univers la partie de l'espace occupée par votre individu, vous ne trouverez point aux phénomènes que vous avez appelés *moraux*, et à ceux que vous avez appelés physiques, un caractère différent.

L'indication que je viens de vous donner est suffisante pour que l'idée soit entendue par les mathématiciens.

Me voilà bien content, mes chers contemporains : la partie la plus capitale de mon travail est arrivée à bon port, puisque je l'ai remise dans vos mains ; vous avez maintenant un plan d'organisation générale qui n'exige pour son exécution que de légers changements aux habitudes contractées, puisqu'il n'offre dans toutes ses parties que des modifications aux idées admises : je viens de dire aux savants la position dans laquelle je me suis placé pour faire cette combinaison ; ainsi, quelque chose qui m'arrive, si ce que j'ai conçu est bon. vous pourrez en tirer parti. En cas que force majeure m'empêche de faire le travail de rédaction des idées intermédiaires avec un peu de méditation, tout homme pour lequel la conception de la pesanteur universelle sera une sensation claire, et qui sera au courant des connaissances physiologiques, les observations sur les progrès de l'esprit humain comprises, pourra facilement les établir.

OEUVRES

COMPOSÉES DE 1808 A 1814.

———

Comme on peut le voir dans la *notice*, toute cette époque de la vie de Saint-Simon fut exclusivement consacrée à des élucubrations relatives à la philosophie des sciences. L'*Introduction aux travaux du dix-neuvième siècle*, le *Prospectus d'une nouvelle encyclopédie*, les *Lettres au Bureau des longitudes*, les *Mémoires sur la science de l'homme et sur la gravitation universelle*, sont les produits de cette studieuse époque. Nous n'en publierons point d'extraits, et parce que la plupart de ces écrits, étant restés jusqu'à ce jour manuscrits, ne sont point tombés dans le domaine public, et parce que le but principal de cette publication est de faire connaître les idées morales et politiques d'un philosophe, avec les appréciations et les points de vue d'un savant qui n'avait aucune spécialité bien établie.

Deux idées capitales y sont cependant traitées avec éclat et nouveauté : l'une est celle de l'enchaînement qu'ont entre elles toutes les connaissances de l'esprit humain ; l'autre est celle de la *perfectibilité humaine*. Saint-Simon s'est beaucoup occupé à déterminer les progrès successifs accomplis par l'humanité depuis son origine jusqu'à nos jours et à s'assurer que chaque époque se présente avec un grand caractère de supériorité sur sa devancière. A côté de vues hypothétiques sur la durée de notre planète, qui a commencé par la fermentation et qui doit finir par la dissection, il a réuni des aperçus très-curieux sur l'état de l'intelligence humaine à ses divers âges, et aux diverses périodes de l'histoire du globe. Peut-être un jour une main pieuse réunira-t-elle tous ces écrits qui peuvent pécher par la bizarrerie, mais non par l'intérêt et la force de conception.

RÉORGANISATION DE LA SOCIÉTÉ EUROPÉENNE.

1814.

(1er EXTRAIT.)

Toute institution fondée sur une *opinion* ne doit pas durer plus longtemps qu'elle. Luther, en ébranlant dans les esprits ce vieux respect qui faisait la force du clergé, désorganisa l'Europe. La moitié des Européens s'affranchit des chaînes du papisme, c'est-à-dire brisa le seul lien politique qui l'attachât à la grande société.

Aujourd'hui que la France peut se joindre à l'Angleterre, pour être l'appui des principes libéraux, il ne reste plus qu'à unir leurs forces et à les faire agir pour que l'Europe se réorganise.

Cette union est possible, puisque la France est libre ainsi que l'Angleterre ; cette union est nécessaire, car elle peut seule assurer la tranquillité des deux pays, et les sauver des maux qui les menacent ; cette union peut changer l'état de l'Europe, car l'Angleterre et la France sont plus fortes que le reste de l'Europe.

Tout ce que peut celui qui écrit, c'est de montrer ce qui est utile ; l'exécuter n'appartient qu'à ceux qui ont en main la puissance.

Des confédérations particulières, des coalitions opposées d'intérêt, rejetteront l'Europe dans ce triste état de guerre dont on aura vainement cherché de la tirer.

Chacun y a porté sa façon de voir, de raisonner, de juger, et de là vient qu'il n'y a eu encore ni précision dans les solutions, ni généralité dans les résultats.

Le temps est venu où doit cesser cette enfance de la science, et certes il est désirable qu'elle cesse, car des obscurités de la politique naissent les troubles de l'ordre social.

En entendant par constitution un système quelconque d'ordre social tendant au bien commun, la meilleure sera celle dans laquelle les institutions seront organisées et les pouvoirs disposés de telle sorte que chaque question d'intérêt public soit traitée de la manière la plus approfondie et la plus complète.

Or, toute question d'intérêt public, par cela seul qu'elle est une question, doit se résoudre par les mêmes moyens que toutes les autres questions quelconques.

Pour résoudre une question de quelque ordre qu'elle soit, la logique nous offre deux méthodes ou plutôt une seule qui comprend deux opérations : la synthèse et l'analyse. Par l'une on embrasse l'ensemble de la chose examinée, ou l'on examine *à priori* ; par l'autre on la décompose pour l'observer dans ses détails, ou on l'examine *à posteriori*.

Les résultats obtenus par la synthèse doivent être vérifiés par l'analyse, et réciproquement les résultats obtenus par l'analyse doivent être vérifiés par la synthèse ; ou, ce qui est la même chose, une question n'est traitée d'une manière sûre et complète que lorsqu'elle a été examinée successivement *à priori* et *à posteriori*.

Cela posé, je dis que la meilleure constitution est celle dans laquelle chaque question d'intérêt public est toujours examinée successivement *à priori* et *à posteriori*.

Or, dans une société, examiner successivement *à priori* et *à posteriori* les questions d'intérêt public, n'est autre chose que les examiner successivement sous le rapport d'intérêt général et d'intérêt particulier de ceux qui la composent.

Il ne reste donc plus maintenant qu'à chercher par quel artifice on peut organiser une constitution, de telle sorte que toute question d'intérêt public y soit toujours examinée de la manière que je viens de dire.

Pour cela la première disposition nécessaire est d'établir deux pouvoirs distincts et tellement constitués, que l'un soit porté à considérer les choses du point de vue de l'intérêt général de la nation, et l'autre du point de vue de l'intérêt particulier des individus qui en font partie.

J'appelle le premier pouvoir, *pouvoir des intérêts généraux*, et le second, *pouvoir des intérêts particuliers ou locaux*.

Ainsi l'*Europe aurait la meilleure organisation possible*, si toutes les nations qu'elle renferme, étant gouvernées chacune par un parlement, reconnaissaient la suprématie d'un parlement général placé au-dessus de tous gouvernements nationaux et investis du pouvoir de juger leurs différends.

L'établissement du parlement européen s'opérera sans difficulté, dès l'instant où tous les peuples de l'Europe vivront sous le régime parlementaire.

Il suit de là que le parlement européen pourra commencer d'être établi aussitôt que la partie de la population européenne soumise au gouvernement représentatif sera supérieure en force à celle qui restera assujettie à des gouvernements arbitraires.

Or, cet état de l'Europe n'est autre que l'état présent des choses : les Anglais et les Français sont incontestablement supérieurs en force au reste de l'Europe, et les Anglais et les Français ont la forme de gouvernement parlementaire.

Il est donc possible dès à présent de commencer la réorganisation de l'Europe.

Que les Anglais et les Français entrant en société établissent entre eux un parlement commun ; que le but de cette société soit de s'agrandir en attirant à soi les autres peuples ; que par conséquent le gouvernement anglo-français favorise chez toutes les nations les partisans de la constitution représentative ; qu'il les soutienne de tout son pouvoir, afin que les parlements s'établissent chez tous les peuples soumis à des monarchies absolues ; que toute nation, dès l'instant qu'elle aura adopté la forme du gouvernement représentatif, puisse s'unir à la société et députer au parlement commun des membres pris parmi elle, et l'organisation de l'Europe s'achèvera insensiblement sans guerres, sans catastrophes, sans révolutions politiques.

L'union de la France et de l'Angleterre peut réorganiser l'Europe ; cette union, jusqu'ici impossible, est maintenant praticable, puisque la France et l'Angleterre ont les mêmes principes politiques et la même forme de gouvernement. Mais pour que le bien s'opère, suffit-il qu'il soit possible ? Non sans doute, il faut encore qu'on veuille le faire.

L'Angleterre et la France sont menacées l'une et l'autre d'une grande secousse politique ; ni l'une ni l'autre ne peut trouver en soi les moyens de la détourner d'elle.

Le premier ouvrage du parlement anglo-français doit être de hâter la réorganisation de l'Allemagne, en rendant sa révolution moins longue et moins terrible.

La nation allemande, par sa population qui comprend près de la moitié de l'Europe, par sa position centrale, et plus encore par son caractère noble et généreux, est destinée à jouer le premier rôle en Europe, aussitôt qu'elle sera réunie sous un gouvernement libre.

Lorsque le temps sera venu où la société anglo-française se sera accrue par la réunion de l'Allemagne ; où un parlement, commun aux trois nations, aura été établi, la réorganisation du reste de l'Europe deviendra plus prompte et plus facile.

J'ai voulu, dans cet écrit, prouver que l'établissement d'un système politique convenable à l'état des lumières, et la création d'un pouvoir général investi d'une force capable de réprimer l'ambition des peuples et des rois, pouvait seul constituer en Europe un ordre de choses paisible et stable.

L'imagination des poëtes a placé l'âge d'or au berceau de l'espèce humaine parmi l'ignorance et la grossièreté des premiers temps : c'était bien plutôt l'âge de fer qu'il fallait y reléguer. L'âge d'or du genre humain n'est point derrière nous, il est au-devant ; il est dans la perfection de l'ordre social : nos pères ne l'ont point vu, nos enfants y arriveront un jour ; c'est à nous de leur en frayer la route.

(2ᵉ EXTRAIT.)

Profession de foi des fondateurs de la politique positive.

Je crois que la propriété industrielle est celle à laquelle on doit principalement attribuer le droit de voter l'impôt.

Je crois que les possesseurs des propriétés industrielles sont les plus intéressés de tous les sociétaires au maintien de l'ordre général, à la tranquillité politique, ainsi qu'à la bonne administration des deniers publics.

Je crois que les propriétaires industriels sont les seuls sociétaires dont la capacité en administration soit constatée par des preuves positives et publiques.

Je crois que les industriels riches commandant les ouvriers dans leurs travaux journaliers, sont par conséquent les chefs du peuple dont ils font nécessairement partie; d'où il résulte qu'ils sont les chefs directs et naturels de la nation travaillante, qui est la seule à laquelle la morale, la justice et le bon sens permettent d'accorder des droits politiques.

Je crois que l'attribution principale du droit de voter l'impôt aux propriétaires industriels établira dans la société le plus haut degré d'égalité dont elle soit susceptible.

Car les propriétaires industriels jouiront nécessairement du plus haut degré de considération, quand ils seront, plus particulièrement que les autres citoyens, chargés de voter l'impôt. Or, l'expérience a prouvé, que parmi les chefs des premières maisons d'industrie, il se trouvait toujours des hommes qui avaient débuté dans la carrière comme de simples ouvriers. Les citoyens de la dernière classe pourront donc toujours parvenir au premier rang, ce qui ne peut exister dans un ordre social où la propriété territoriale, seule capacité constatée, donne le principal droit de voter l'impôt.

Je crois que les pouvoirs politiques doivent être partagés

en deux classes : les uns ayant pour objet d'administrer les intérêts moraux ; et les autres de régir les intérêts physiques de la société.

Les savants dans les sciences physiques et mathématiques, réunis aux artistes, doivent être chargés de l'instruction publique, ainsi que de tous les travaux qui ont pour objet le perfectionnement de l'intelligence collective et individuelle des membres de la société.

Les cultivateurs, les fabricants et les négociants doivent être principalement chargés de diriger l'administration des intérêts physiques de la société.

Le pouvoir temporel et le pouvoir spirituel doivent être indépendants l'un de l'autre, excepté sous le rapport pécuniaire, à l'égard duquel le pouvoir spirituel doit dépendre du pouvoir temporel.

Les fondateurs de la *morale et de la politique positive*, de même que les premiers chrétiens, auront la violence en horreur. Ils n'agiront sur les esprits que par voie de persuasion et de démonstration.

DE L'INDUSTRIE

1816.

———

La politique est la science de la production.

Avant Smith, l'économie politique, encore dans l'enfance, s'était présentée adroitement comme auxiliaire des gouvernements, et confondue avec la politique ; devenue plus forte par le pouvoir de la vérité, et par l'autorité du sens commun, elle a enfin pris un caractère plus franc et plus décidé ; elle s'est déclarée indépendante de la politique.

Un peu plus de courage encore, un peu plus de philosophie, et bientôt l'économie politique sera portée à sa place véritable ; en commençant, elle s'était appuyée sur la politique, et la politique s'appuiera sur elle, ou plutôt elle sera elle seule toute la politique. Ce moment n'est pas loin.

Voici, ce me semble, les vérités les plus générales, et par conséquent les plus importantes qui s'y trouvent dans un grand jour.

1° La production des choses utiles est le seul but raisonnable et positif que les sociétés politiques puissent se proposer, et conséquemment le principe : *respect à la production et aux producteurs*, est infiniment plus fécond que celui-ci : *respect à la propriété et aux propriétaires*.

2° Que le gouvernement nuit toujours à l'industrie quand il se mêle de ses affaires ; qu'il lui nuit même dans le cas où il fait des efforts pour l'encourager ; d'où il suit que les gouvernements doivent borner leurs soins à préserver l'industrie de toute espèce de troubles et de contrariétés.

3° Que les producteurs de choses utiles étant les seuls hommes utiles dans la société, ils sont les seuls qui doivent concourir à régler sa marche ; qu'étant les seuls qui payent réellement l'impôt, ils sont les seuls qui payent le droit de le voter.

4° Que les hommes ne peuvent jamais diriger leurs forces les unes contre les autres sans nuire à la production ; que les guerres donc, quel qu'en soit l'objet, nuisent à toute l'espèce humaine ; qu'elles nuisent même aux peuples qui restent vainqueurs.

5° Que le désir de la part d'un peuple d'exercer un monopole sur les autres peuples est un désir mal conçu, parce qu'un monopole ne pouvant être acquis et maintenu que par la force, il doit diminuer la somme des productions du même peuple qui en jouit.

6° Que la morale gagne de fait en même temps que l'industrie se perfectionne ; que cette observation est vraie, soit qu'on envisage les rapports de peuple à peuple, ou les relations entre individus ; que par conséquent l'instruction à répandre, les idées à fortifier dans tous les esprits, à rendre partout dominantes, sont celles qui tendent à augmenter dans chacun l'activité à produire, et le respect pour la production d'autrui.

7° Que l'espèce humaine ayant un but et des intérêts communs, chaque homme doit se considérer uniquement, dans les rapports sociaux, comme engagé dans une compagnie de travailleurs.

Il est un ordre d'intérêts senti par tous les hommes, les intérêts qui appartiennent à l'entretien de la vie et au bien-être. Cet ordre d'intérêts est le seul où ils aient à délibérer, à agir en commun, le seul donc autour duquel puisse s'exercer la politique, et qui doive être pris pour mesure unique dans la critique de toutes les institutions et de toutes les choses sociales.

La politique est donc, pour me résumer en deux mots, *la*

science de la production, c'est-à-dire la science qui a pour objet l'ordre de choses le plus favorable à tous les genres de productions.

Un principe est un point de départ. Si ce point de départ que nous venons de reconnaître, et où nous avons été conduit par les faits ; si ce point, dis-je, est réel et bien marqué, la politique dès lors n'est plus dans le vague des conjectures ; elle n'est plus livrée au caprice des circonstances ; son sort n'est plus attaché à celui d'un pouvoir, d'une forme, d'un préjugé ; son terrain est connu ; sa manière est appréciée ; et la science des sociétés a désormais un principe ; elle devient enfin une science positive.

(2e EXTRAIT.)

VUES SUR LA PROPRIÉTÉ ET LA LÉGISLATION.

1818.

Tout par l'industrie, tout pour elle.

MOYEN CONSTITUTIONNEL

D'AUGMENTER LES RICHESSES DE LA FRANCE; D'ACCROITRE SA LIBERTÉ AU DE-
DANS; D'ASSURER SON INDÉPENDANCE A L'ÉGARD DE L'ÉTRANGER, ET DE
PROCURER AUX INDUSTRIELS TOUS LES AVANTAGES POLITIQUES QU'ILS PEU-
VENT DÉSIRER.

MOYEN:

Obtenir une loi qui mette les industriels agricoles, à l'égard de leurs bailleurs de fonds, dans la même position que les industriels fabricants et
commerçants envers les personnes dont ils font valoir les capitaux.

CHAPITRE PREMIER.

CONSIDÉRATIONS GÉNÉRALES SUR L'ÉTAT PRÉSENT DE LA CIVILISATION.

§ Ier. — *De l'état présent de la civilisation.*

Le tempérament, l'éducation, les circonstances, ont tant
d'empire sur la conduite de la vie, que c'est rarement d'après
nos lumières que nous agissons. L'impétuosité du caractère,
la force des habitudes de l'enfance, les choses qui nous en-
tourent, voilà le plus souvent ce qui nous entraine, ce qui
nous gouverne en dépit de nous, malgré les avertissements
de la raison et de l'expérience. Telle est en peu de mots l'histoire des hommes et des nations.

La France, et d'après son impulsion tout le reste de l'Europe,
ont déployé le caractère le plus violemment guerrier, à une

époque où toutes les idées acquises devaient en quelque sorte
rendre les guerres impossibles, à une époque où l'intérêt de
tous, d'accord avec la raison commune, semblait devoir faire
de la philanthropie une doctrine universelle et le principe de
la vie nationale en Europe. Mais c'était à l'école de l'ancienne
barbarie que notre jeunesse avait été formée. Les Grecs et les
Romains, nos maîtres en littérature, étaient devenus aussi, on
ne sait pourquoi, nos maîtres en politique, et de là, en grande
partie, cette contradiction singulière entre les lumières et les
mœurs, entre les idées et la conduite.

Nous sommes revenus aujourd'hui à des idées plus saines,
et rentrés dans une direction plus raisonnable ; prenons garde
cependant de commettre encore une faute semblable à la
première, et qui n'aurait peut-être pas des conséquences
moins funestes [1]. Ce n'est jamais impunément qu'une nation
se méprend, ou plutôt qu'elle se laisse tromper dans le travail
de sa constitution.

La constitution anglaise fut, à juste titre, un objet d'envie
et d'admiration pour nous, tant qu'égarés dans le labyrinthe
de la révolution, ou enchaînés sous les yeux du despotisme,
l'étourdissement de tous les esprits, ou le silence de toutes les
pensées, ne nous permettait de rien voir, de rien produire de
modéré ou de hardi ; en un mot, tant que notre propre civilisation ne pouvait porter ses fruits : mais aujourd'hui que la
révolution s'est calmée, que le despotisme a disparu, qu'allons-
nous faire ? En nous laissant aller, en étourdis, au même enthousiasme, à cette admiration irréfléchie qui ne laisse rien
supposer au delà de la constitution anglaise, peut-être allons-
nous encore nous donner des entraves.

Depuis plus de cent ans que les Anglais ont posé les fonde-
ments de leur liberté, notre civilisation se préparait en silence, et il est impossible de croire que de les copier aujour-
d'hui ce ne soit pas nous reporter d'un siècle en arrière, mal
profiter de notre position, et nous faire esclaves, car l'esprit

---

[1] Les suites de cette erreur seraient sans doute moins violentes, mais à
coup sûr elles seraient plus durables.

humain ne reste pas stationnaire : plus de temps donne nécessairement plus de lumières, plus de lumières donnent plus de besoins, et par conséquent plus de droits : craignons donc de perdre une partie de nos droits, en nous hâtant de lés fonder sur une base trop étroite ; profitons de l'Angleterre, puisqu'elle est devant nous, mais faisons mieux qu'elle, puisque nous sommes plus âgés, et par cette raison-là même que nous l'avons sous les yeux.

Les agitations révolutionnaires, la gêne où nous vivons depuis longtemps, le désir que nous avons d'en être quittes enfin, nous ont fait, avec raison, bénir la charte, comme l'aurore d'un plus beau jour : mais quand nous nous applaudissons, semblables à des voyageurs arrivés au port et qui n'ont plus rien à craindre de la mer, quand nous nous écrions avec transport que la révolution est à jamais finie, nous exprimons bien plutôt un désir qu'une confiance raisonnable, et ce que nous voulons, que ce que nous savons. En effet, cette assurance n'a-t-elle rien de téméraire ? Y avons-nous assez réfléchi ? Sommes-nous sûrs que la question résolue par la charte soit bien la seule question à résoudre, qu'elle soit même la plus importante ? Voilà ce qui me semble porté dans tous les esprits jusqu'au dernier degré de conviction, et ce à quoi pourtant personne n'a encore songé.

Nous attachons trop d'importance à la forme des gouvernements : il semble que toute la politique soit concentrée là, et qu'une fois la division des pouvoirs bien établie, tout soit organisé le mieux du monde.

Il y a en Europe deux peuples qui vivent sous le pouvoir absolu d'un seul ; ce sont les Danois et les Turcs. S'il y a quelque nuance à marquer, c'est qu'en Danemark le despotisme est plus fort qu'en Turquie, puisqu'il y est légal, constitutionnel ; et cependant sous la même forme de gouvernement, quelle différence dans la condition des gouvernés ! il n'y a pas de peuple plus malheureux, plus vexé, plus battu, en un mot plus injustement et plus chèrement administré que le peuple turc ; tandis qu'il n'en est pas un seul chez qui la liberté soit de fait plus étendue qu'en Danemark ; il n'y en a pas un seul, sans en excepter l'Angleterre, chez qui le pouvoir arbitraire se fasse moins sentir, chez qui l'administration soit moins coûteuse. D'où vient cette différence ? Ce n'est pas sans doute de la forme des gouvernements, puisque cette forme est la même de part et d'autre. Il faut donc que la tyrannie ait une autre cause, et cette cause la voici : toutes proportions gardées, le roi de Danemark est le plus pauvre de tous les princes de l'Europe : le Grand-Seigneur est le plus riche de tous, puisqu'il est en Turquie le seul propriétaire, comme le seul maître.

Cet exemple est la preuve que la loi qui constitue les pouvoirs et la forme du gouvernement n'est pas aussi importante, qu'elle n'a pas autant d'influence sur le bonheur des nations que celle qui constitue les propriétés [1] et qui en règle l'exercice. Qu'on n'imagine pas cependant que nous veuillons en conclure que la loi qui établit la division des pouvoirs ne soit pas essentielle ; nous sommes loin de professer une pareille hérésie. Certainement la forme du gouvernement parlementaire est très-préférable à toutes les autres ; mais ce n'est qu'une forme, et la constitution de la propriété est le fond : donc c'est cette constitution qui sert véritablement de base à l'édifice social.

Ainsi, la question la plus importante à résoudre serait, à notre avis, celle de savoir de quelle manière la propriété doit être constituée pour le plus grand bien de la société entière, sous le double rapport de la liberté et de la richesse.

---

[1] Nous ne prétendons pas dire qu'on ne se soit point occupé du droit de propriété dans le cours de la Révolution. Certainement on a discuté ce droit quand on a déclaré les biens du clergé des domaines nationaux, car cette décision a été le résultat d'une discussion sur le droit de propriété du clergé ; mais l'on n'a point discuté d'une manière générale le droit de propriété, en recherchant de quelle manière la propriété devait être constituée pour le plus grand avantage de la nation. Nous prions instamment le lecteur de ne pas perdre de vue que nous avons toujours déclaré que le désordre nous paraît le plus grand de tous les maux, et que le maintien de l'ordre exige, quelque parti qu'on prenne, quelque avantage qui doive en résulter, qu'il ne soit jamais donné d'effet rétroactif à une loi ; car, dans ce cas, les inconvénients seraient toujours au-dessus de l'utilité.

Or, c'est à cette question générale que se rattache la question que nous allons traiter ici.

Tant que les consommateurs se trouveront en force de majorité dans les délibérations où il s'agit de faire leur part, cette part sera toujours très-forte, aussi forte qu'ils la voudront faire; c'est-à-dire, qu'en dépit de vos formes parlementaires, vous serez gouvernés arbitrairement. Dès le moment, au contraire, que les industriels, c'est-à-dire les gens intéressés à la liberté et à l'économie publique, se seront emparés exclusivement du droit de voter l'impôt, alors ils ne donneront que ce qu'ils voudront bien donner, et ils seront véritablement libres d'exercer leurs droits dans toute leur étendue. Et encore une fois, pour arriver là, que faut-il faire? Bien comprendre la nature du droit de propriété, et fonder ce droit de la manière la plus favorable à l'accroissement des richesses et des libertés de l'industrie. Or, c'est la condition que nous avons l'intention de remplir par la mesure législative exposée dans cet écrit, et dont nous livrons l'examen à l'opinion publique, c'est-à-dire industrielle.

La déclaration des droits de l'homme, qu'on a regardée comme la solution du problème de la liberté sociale, n'en était véritablement que l'énoncé. Ce problème est-il résolu? le sera-t-il? Ce qu'il y a de sûr, c'est que ce n'est pas en organisant, en constituant ou en combinant les trois pouvoirs, qu'on pourra y réussir.

§ II. — *Différence entre les droits des industriels agricoles et les droits des industriels fabricants et commerçants, à l'égard de leurs bailleurs de fonds respectifs.*

Les bailleurs de fonds d'une maison de commerce ou d'une manufacture sont appelés commanditaires, expression qui désigne le rôle qu'ils jouent à l'égard du travailleur.

Dans toute entreprise de commerce ou de fabrication, c'est le travailleur qui donne son nom à la maison, ou, si l'on veut, c'est le nom du travailleur qui sert de raison à la maison :

c'est le travailleur, en un mot, qui est l'homme important aux yeux de la loi, ou plutôt c'est le travailleur que la loi a rendu l'homme important.

Dans l'agriculture, le travailleur n'est qu'un subalterne ; ce n'est qu'un fermier qui appelle le propriétaire son maître.

Dans l'industrie commerciale et manufacturière, le travailleur a le droit d'engager, de la manière qu'il trouve convenable pour le bien de l'entreprise qu'il dirige, les capitaux qu'il s'est chargé de faire valoir.

Dans l'industrie agricole, le travailleur n'est qu'un locataire qui ne peut aucunement disposer du capital confié à ses soins ; il est obligé de soumettre ses moindres idées d'amélioration, ses moindres plans agricoles, aux idées et aux plans du propriétaire.

Dans l'agriculture, le bailleur de fonds n'est donc compromis, au plus, que pour une année d'intérêts ; tandis que, dans les deux autres branches de l'industrie, la totalité des fonds confiés par le capitaliste se trouve sans cesse compromise [1].

Le propriétaire d'une terre cultive-t-il lui-même sa propriété ? c'est bien plus à sa qualité de propriétaire, qu'à celle de cultivateur, qu'il doit la considération dont il jouit parmi les industriels de sa classe.

Un négociant est-il propriétaire des fonds qu'il fait valoir ? c'est bien plus sa qualité de négociant, que celle de capitaliste, qui lui procure de la considération dans le commerce.

§ III. — *Cause de la différence existante entre les droits des industriels des deux classes, à l'égard de leurs bailleurs de fonds.*

Les droits des industriels livrés à la fabrication et au commerce ont été établis par un acte passé librement entre les

---

[1] Il est résulté de là que l'industrie commerciale et manufacturière a fait des progrès infiniment plus rapides que l'industrie agricole.

parties, par un contrat auquel on a donné le nom de rachat des communes.

Les droits des propriétaires d'immeubles, qui sont les principaux bailleurs de fonds pour l'industrie agricole, ont eu pour origine la conquête, c'est-à-dire la loi du plus fort.

Les Francs, vainqueurs des Gaulois, avaient déclaré que le sol des Gaules leur appartenait, aussi bien que tous les produits des travaux des Gaulois. Ainsi l'établissement du droit de propriété en France, les limitations de ce droit, la manière de l'exercer, ont été primitivement stipulés par le vainqueur : c'est au moins l'origine la plus ancienne à laquelle puissent remonter les titres des propriétés actuellement existantes.

Le droit de propriété, tel qu'il a été établi à cette époque, a été considérablement modifié depuis ; mais l'esprit de la loi n'ayant pas été changé, la loi se trouve encore, malgré les changements qu'elle a subis, plus avantageuse aux représentants des vainqueurs qui sont leurs descendants ou ceux qui ont acquis d'eux, qu'aux descendants des vaincus qui sont nécessairement les seuls représentants de ces derniers ; car ils n'avaient aucun droit à céder. Or, les ayants cause des vainqueurs sont les propriétaires des terres, et les successeurs des vaincus sont les cultivateurs.

§ IV. — *Moyen de corriger cette différence injuste et funeste.*

Quel est le moyen de procurer à l'industrie un accroissement important de droits politiques ?

Ce moyen serait de procurer aux industriels agricoles, à l'égard de leurs bailleurs de fonds, les mêmes avantages dont jouissent les industriels livrés à la fabrication et au commerce, à l'égard des personnes dont ils font valoir les capitaux.

La loi qui autorisera les industriels agricoles à engager les fonds qui leur seront confiés, doit en même temps rendre les transports des propriétés le moins chers et le plus faciles qu'il soit possible.

La fixité que les lois existantes tendent à donner aux possessions territoriales, dans les mains de leurs possesseurs actuels et de leur lignée, est le plus grand de tous les obstacles à la prospérité de l'industrie française : elle ôte aux hommes capables les motifs d'émulation qui les stimuleraient au travail. Nous reviendrons sur ce sujet dans des chapitres suivants.

L'établissement du droit de propriété et des dispositions pour le faire respecter est incontestablement la seule base qu'il soit possible de donner à une société politique ; elle ne saurait exister, même dans l'état le plus imparfait, si ce droit n'était pas consacré au moins par les usages à défaut de lois.

Il est donc évident que, dans tout pays, la loi fondamentale est celle qui établit les propriétés et les dispositions pour les faire respecter ; mais de ce que cette loi est fondamentale, il ne résulte pas qu'elle ne puisse être modifiée. Ce qui est nécessaire, c'est une loi qui établisse le droit de propriété et non une loi qui l'établisse de telle ou telle manière. C'est de la conservation du droit de propriété que dépend l'existence de la société, mais non de la conservation de la loi qui a primitivement consacré ce droit. Cette loi dépend elle-même d'une loi supérieure et plus générale qu'elle, de cette loi de la nature en vertu de laquelle l'esprit humain fait de continuels progrès, loi dans laquelle toutes les sociétés politiques puisent le droit de modifier et de perfectionner leurs institutions ; loi suprême qui défend d'enchaîner les générations à venir par aucune disposition de quelque nature qu'elle soit.

Ainsi donc ces questions :

Quelles sont les choses susceptibles de devenir des propriétés ?

Par quels moyens les individus peuvent-ils acquérir ces propriétés ?

De quelle manière ont-ils le droit d'en user, lorsqu'ils les ont acquises ?

Sont des questions que les législateurs de tous les pays et de tous les temps ont le droit de traiter toutes les fois qu'ils le jugent convenable; car le droit individuel de propriété ne peut être fondé que sur l'utilité commune et générale de l'exercice de ce droit, utilité qui peut varier selon les temps.

Ainsi une loi qui mette les travailleurs agricoles sur le même pied, à l'égard de leurs bailleurs de fonds, que les commerçants et les manufacturiers vis-à-vis des leurs; qui permette, par conséquent, aux premiers d'engager les capitaux qui leur sont confiés de la même manière que les seconds y sont autorisés, cette loi, disons-nous, peut être faite et doit être faite, si elle est jugée utile.

La loi des élections a été un effet du progrès des lumières, la loi dont nous parlons, et que nous désirons voir proposer, est devenue aussi nécessaire que celle-là. La société ne peut sortir de l'état de souffrance où elle se trouve que par cette disposition législative bien plus importante que la charte [1] elle-même ne l'a été, ainsi que nous le prouverons plus bas.

§ V. — *Moyen de déterminer les législateurs à rendre cette loi.*

L'opinion publique a été nommée, à juste titre, la reine du monde; elle est la force morale la plus grande qui existe, celle à laquelle toutes les autres forces humaines sont obligées de céder dès le moment qu'elle prononce clairement. Si donc on peut déterminer l'opinion publique à prescrire aux législateurs de rendre la loi dont nous venons de parler, il est bien certain que cette loi sera rendue.

Il ne s'agit donc plus que d'éclairer l'opinion à cet égard.

Or, il n'est pas douteux que l'industrie n'ait de grands

---

[1] Nous disons ici la charte, comme nous dirions toutes les constitutions données à la France depuis le commencement de la Révolution, comme nous dirions celle de l'Angleterre, et, en général, toutes les constitutions qui n'ont réglé que les formes du gouvernement, sans s'occuper de constituer la propriété.

moyens en ce genre. De toutes les classes de la société, les industriels sont ceux qui ont entre eux les rapports les plus actifs et les plus continus, soit par écrit, soit verbalement; de plus, cette classe jouit de l'avantage d'être, en quelque façon, organisée par le fait de l'influence graduelle que les maisons exercent les unes sur les autres, suivant leur degré d'importance dans les affaires. Enfin, elle se trouve dans une situation telle que si une douzaine des premières maisons industrielles de Paris sentaient bien l'utilité pour elles de la mesure que nous proposons, leur opinion deviendrait en peu de temps commune à toute la classe commerçante. En effet, la première maison de banque de la capitale se trouve liée, au moyen de quelques échelons intermédiaires, avec les porte-balles et les moindres marchands des campagnes. Or, cette opinion, une fois devenue commune à toute la classe des commerçants, ne trouverait assurément pas d'opposants parmi les agriculteurs, puisque c'est pour eux que l'avantage serait le plus direct et le plus évident.

Quelles sont les forces morales ou physiques qui pourraient, en France, s'opposer à l'adoption d'une mesure qui aurait pour elle l'approbation des vingt millions d'hommes dont se compose la classe industrielle?

§ VI. — *Importance politique que cette loi donnerait à l'industrie.*

La loi la plus importante de toutes est, sans contredit, celle qui règle le budget; car l'argent est au corps politique ce que le sang est au corps humain. Toute partie du corps où le sang cesse de circuler languit et ne tarde pas à mourir; de même, toute fonction administrative qui cesse d'être payée cesse promptement d'exister. Ainsi la loi des finances est la loi générale; elle est celle dont toutes les autres dérivent ou doivent dériver. S'il en est autrement, c'est que les comptes rendus ne sont pas exacts, ou que la stipulation des dépenses n'est pas assez détaillée.

Qui fait la loi des finances en France comme en Angle-terre? Est-ce le parlement?

Non; un seul des trois pouvoirs est chargé de cette fonc-tion capitale, exclusivement aux deux autres : c'est la chambre des communes.

Il s'ensuit que la chambre des communes possède réelle-ment à elle seule tout le pouvoir politique. Si jusqu'à ce jour elle n'a point fait usage de cet immense pouvoir ni en France ni en Angleterre, c'est que jusqu'à ce jour, tant en Angleterre qu'en France, elle s'est trouvée composée, au moins pour la très-majeure partie, de personnes vouées aux intérêts du gouvernement; que ces personnes ont par cette raison suivi la direction qu'elles ont reçue du gouvernement, et qu'elles ont voté le budget selon ses désirs; de là il est résulté que le pouvoir de la chambre des communes passe dans l'opinion pour très-inférieur à celui du gouvernement, tandis qu'il est au contraire très-supérieur aux deux autres pouvoirs parle-mentaires.

D'après ce que nous venons de dire et qu'on ne peut révo-quer en doute, il est évident que si la mesure que nous pro-posons procure à l'industrie le moyen de composer en totalité la chambre des communes de membres pris dans son sein, cette mesure accroîtra immensément l'importance politique de l'industrie des communes, et la nantira du pouvoir poli-tique suprême, sauf à elle ensuite à en faire l'usage le plus convenable : ce qu'il y a de certain, c'est qu'elle n'abandon-nera plus ce pouvoir à la discrétion de la cour, ainsi que doivent le faire les députés d'aujourd'hui, qui sont pour la plupart comtes, marquis ou fonctionnaires publics.

Il ne s'agit donc plus que d'examiner si la mesure est bonne et doit atteindre le but que nous indiquons. Or, il est clair qu'elle l'atteindra, si elle doit donner à l'industrie, comme il est évident, une grande majorité dans les élections.

Quelle est la condition nécessaire pour avoir droit à élire des députés?

C'est de payer une certaine quantité d'impôts directs. D'après cela, si c'étaient les industriels qui payassent la totalité, ou au moins la très-majeure partie de l'impôt direct, ils se trouveraient nécessairement en très-grande majorité dans les élections.

Or, dans l'industrie commerciale et manufacturière, ce sont les travailleurs qui payent l'impôt prélevé sur cette partie des produits nationaux. La mesure que nous proposons consisterait à assimiler les industriels agricoles aux industriels commerciaux; à faire, par conséquent, que les entreprises qu'ils dirigent le fussent sous leurs noms, et que, par conséquent aussi, tous les impôts directs mis sur l'agriculture se trouvassent payés par eux, au lieu de l'être, comme aujourd'hui, par les propriétaires.

Le résultat de cette mesure serait donc que l'industrie payerait la très-grande majorité de l'impôt direct; car ce qui n'est pas impôt territorial, ou impôt sur l'industrie commerciale et manufacturière, ne forme qu'une très-petite partie de l'impôt direct.

Or, l'industrie, se trouvant par là en majorité dans les élections, ne tarderait pas à se donner la majorité dans la chambre des communes, et cette chambre possédant le grand pouvoir politique, ainsi que nous venons de l'établir, l'industrie se verrait bientôt maîtresse de donner à la nation l'organisation sociale qu'elle voudrait. Cette organisation serait nécessairement la plus favorable possible à l'industrie, en d'autres mots, au régime industriel. Ainsi, par suite de la mesure que nous proposons, le régime industriel se trouverait naturellement établi, et les fainéants seraient enfin rangés au-dessous des travailleurs.

Nous aurions alors complétement atteint le but de tous nos vœux, le terme de tous nos efforts et notre épigraphe : *Tout par l'industrie, tout pour elle*, aurait été à la fois la prédiction et le signal de cette heureuse révolution.

— ——

CHAPITRE II.

MOYENS D'EXÉCUTION.

§ Iᵉʳ.

Trois mesures législatives bien distinctes, et que nous allons examiner séparément, doivent être adoptées pour établir provisoirement, et aussi immédiatement que possible, l'ordre de choses le plus favorable à la production, sauf aux pouvoirs parlementaires à se concerter ensuite pour lui donner pour base la loi qui constituera la propriété dans l'intérêt des producteurs.

§ II. *Premier projet de loi.*

Faire une loi qui charge ceux qui cultivent les terres de payer la part d'impôt foncier à laquelle elles sont taxées, en motivant cette loi sur le principe que celui qui, par son travail, rend la propriété productive, étant celui qui remplit les devoirs imposés par l'intérêt public au propriétaire, il est celui qui doit jouir des droits politiques qui résultent de la possession de la propriété, et qui sont accordés à ceux qui supportent les charges imposées directement sur ces produits.

Il est facile de prouver à tout homme impartial que cette seule loi rétablirait l'ordre dans les finances ; peu de mots suffiront pour établir clairement cette démonstration.

Tout le monde sent qu'on pourrait réduire infiniment les dépenses de l'État, sans nuire au service public, et que l'ordre serait facile à rétablir dans les finances, si les économies praticables étaient effectuées.

Or, nous demandons :

1° *Pourquoi les économies qui pourraient être faites n'ont pas encore été obtenues ?*

La raison est que la très-grande majorité de la chambre

des députés est plus intéressée au maintien et même à l'accroissement de l'impôt qu'à sa diminution, parce que la portion du revenu de la très-grande majorité des députés provenant des appointements et des gratifications qu'ils touchent,
est plus considérable que celle qu'ils tirent de leurs propriétés.

Nous avons fait, avec le plus d'exactitude qu'il nous a été
possible, l'aperçu comparatif des revenus que les députés de
la présente session tirent de leurs propriétés et des sommes
que leur produisent annuellement les appointements des
places qu'ils occupent, et ces dernières sommes nous ont
paru être à peu près doubles des premières; en ajoutant à
cet aperçu celui relatif à la fortune des enfants de ces députés, il se trouve que la somme touchée par les députés et
par leur famille, sur le trésor royal, est à peu près triple de
celles qu'ils tirent de leurs propriétés. Donc leur intérêt à
empêcher que la recette du trésor royal diminue, est infiniment plus grand que celui qui les porte à réduire l'impôt,
puisqu'en diminuant l'impôt, ils tarissent la principale branche de leurs revenus.

Nous demandons ensuite comment on pourrait composer
la chambre des députés, de manière que, d'une part, elle
fût intéressée au maintien de l'ordre, et que, d'une autre, elle
se trouvât poussée par l'intérêt particulier de ses membres
à réduire l'impôt le plus qu'il serait possible?

Et à cette seconde demande nous répondons, que la loi que
nous proposons nous paraît propre à atteindre ce but de la
manière la plus prompte et la plus complète qu'on puisse
désirer.

Car les industriels sont la classe de la société qui est la
plus intéressée au maintien de l'ordre. Le désordre vient-il
du dehors? la guerre a-t-elle lieu? les fermiers du pays, qui
en deviient le théâtre, sont entièrement ruinés; leurs gran-
ges sont pillées, leurs bestiaux sont mangés; tandis que les
propriétaires en sont quittes pour la perte de quelques années
de revenu. Dans les villes, les magasins des marchands sont
vidés; et la fortune qu'ils possèdent leur est enlevée en to-

talité; tandis que les propriétaires de maisons en sont quittes pour la perte de quelques loyers, à moins du cas d'incendie; et dans ce malheur extrême, il leur reste au moins le terrain sur lequel leurs maisons étaient construites. Les insurrections populaires, les désordres intérieurs, produisent les mêmes effets.

En second lieu, les industriels forment la seule classe de la société qui soit intéressée, sous tous les rapports, à réduire l'impôt, et qui ne puisse retirer aucun avantage de son augmentation, puisque leurs occupations ne leur laissant pas le temps de remplir les emplois publics lucratifs, jamais la dépense du trésor public ne peut tourner directement à leur profit.

Nous nous croyons donc suffisamment autorisés à conclure que l'adoption du projet de loi que nous avons présenté en tête de ce paragraphe, aurait pour effet certain de rétablir promptement l'ordre dans nos finances.

§ III. — *Second projet de loi.*

Ce second projet de loi a pour objet de régler les conditions auxquelles les propriétaires de terre pourront confier à des mains étrangères la culture de leurs propriétés.

Il existe en ce moment, en Angleterre, un grand nombre d'accords volontaires entre les propriétaires de terre et des entrepreneurs de culture, dont la condition principale est celle que nous allons exposer.

La terre, qui est l'objet de l'accord en question, est contradictoirement estimée par les parties, à l'époque de la mise en possession du cultivateur; elle est également estimée à l'époque de l'expiration de la société, et le cultivateur partage, avec le propriétaire, les bénéfices dans le cas d'amélioration du capital, et supporte la moitié des pertes dans le cas de sa détérioration.

Les conventions de cette espèce sont évidemment avantageuses, d'une part, aux propriétaires, puisqu'elles tendent à augmenter la valeur de leurs propriétés, et, de l'autre, à la nation, puisqu'elles donnent pour résultat un accroissement de produits nationaux, et par conséquent une addition de richesses nationales.

La première disposition de la loi que nous proposons, aurait pour objet de stipuler que tous les baux qui seraient passés à l'avenir entre les propriétaires de terre et les fermiers, ne seraient obligatoires, pour les parties, que dans le cas où ils contiendraient la convention exposée ci-dessus.

Une seconde disposition de cette loi autoriserait le cultivateur à requérir le propriétaire d'emprunter les sommes qui seraient utiles pour faire les améliorations dont la propriété serait susceptible en hypothéquant, à cet effet, cette propriété, et à lui confier l'administration des capitaux résultant de ces emprunts.

Par une troisième disposition, cette loi stipulerait que, dans le cas où le propriétaire refuserait son consentement aux emprunts demandés par l'industriel agricole qu'il se serait associé, des arbitres seraient chargés de régler le différend et de décider si l'emprunt est utile ; cas dans lequel le propriétaire serait obligé d'y consentir.

Et nous nous croyons autorisé à conclure que cette loi aurait pour résultat un prompt accroissement de la fortune des propriétaires de terres, et par conséquent une augmentation du capital territorial de la nation.

§ IV. — Troisième projet de loi.

Cette troisième loi aurait pour objet de mobiliser les propriétés territoriales:

Il aurait été impossible à la France de se procurer les ressources énormes qui lui ont été nécessaires dans les circonstances présentes, pour garantir son territoire de l'occupation entière des troupes étrangères, si sa dette publique n'avait pas été mobilisée.

La mobilisation des propriétés territoriales est le seul

moyen à la disposition de la nation, de procurer à l'industrie les capitaux dont elle a besoin pour se couvrir des pertes incalculables qu'elle a essuyées, et pour se trouver en état de supporter les charges qui lui sont encore imposées.

L'expérience a prouvé que la mobilisation des propriétés territoriales était une mesure très-praticable ; car elle s'est effectuée, sans obstacle et sans inconvénient, dans une partie des États du roi de Prusse.

Cette mesure n'a pas procuré au pays dans lequel elle a été adoptée tous les avantages qui auraient pu en résulter, parce qu'elle n'a point été calculée dans l'intérêt de l'agriculture et des agriculteurs ; mais en combinant (ainsi que nous l'avons conçu) la loi qui l'établira avec les deux autres lois dont nous avons présenté les projets avant de proposer cette dernière, elle donnera certainement des résultats très-utiles. Tout homme habitué à réfléchir sur les affaires de cette espèce sentira facilement que cette mesure, ainsi combinée, doit procurer un grand et prompt accroissement des produits territoriaux (qui sont les plus importants de tous), une grande et prompte amélioration dans le sort des cultivateurs, qui forment la classe la plus nombreuse de la nation.

§ V. — *Conclusion de chapitre.*

Si le Parlement rend les trois lois que nous proposons :

La France sera préservée du déluge de maux dont elle est menacée ;

Les esprits sortiront promptement de l'espèce d'apathie dans laquelle les a plongés la perspective malheureuse qui se présente à eux, et à laquelle ils ne voient point de remède ;

Les Français deviendront ardents dans la direction industrielle, et l'industrie française, c'est-à-dire la nation française, prospérera avec une rapidité qui étonnera l'univers, qui l'étonnera elle-même ; car les trois lois que nous proposons lui procureront tous les moyens de prospérité qu'elle peut désirer.

La première de ces lois l'investira des pouvoirs politiques nécessaires pour établir l'économie désirable dans l'administration des affaires publiques, et pour supprimer toutes les dépenses qui ne sont utiles ni pour le maintien de l'ordre, ni pour la prospérité de la nation.

La seconde et la troisième procureront à la France tous les capitaux nécessaires pour mettre en activité les forces physiques et morales des citoyens, et elles placeront ces capitaux dans les mains des industriels, seuls capables de les faire fructifier.

CHAPITRE III.

§ Ier. *Ce que coûte aujourd'hui l'administration de la justice.*

Le payement de plus de huit mille juges qu'il y a en France [1] n'est qu'une extrêmement petite partie des sommes dépensées par le public pour faire juger les discussions d'intérêts qui s'élèvent entre les citoyens.

Si on ajoute aux appointements des juges et aux frais du ministère de la justice, l'argent qui est gagné tous les ans par les avocats, par les procureurs, par les greffiers, par les huissiers, par les secrétaires des avocats, par les copistes des procédures, enfin par cette foule d'agents dont le métier est de suivre les affaires auprès des tribunaux, etc., etc., on verra que les sommes dépensées annuellement par les Français pour faire juger leurs procès montent à plusieurs centaines de millions.

Ce n'est pas tout. La mauvaise administration de la justice

---

[1] Les personnes qui voudront prendre la peine de faire, dans l'*Almanach royal*, le relevé des juges attachés aux différents tribunaux, acquerront la preuve que nous n'exagérons point en disant qu'il y a plus de huit mille juges en France.

cause encore des pertes d'un autre genre qui ne sont pas moins importantes.

Les trois ou quatre cent mille légistes, apprentis légistes, ou servants de légistes qu'il y a en France, sont autant d'hommes qui ne produisent rien et sont par conséquent à charge à l'industrie qui les nourrit, les loge, les vêtit gratuitement; et ce n'est pas seulement de l'action physiquement et moralement utile qui pourrait être exercée par ces quatre cent mille individus que la nation se trouve privée, elle a encore à regretter le mauvais emploi, l'emploi peu productif de tous les capitaux qui leur appartiennent. Or ces capitaux sont un objet extrêmement important; ils montent en France à plusieurs milliards.

§ II. — *Comparaison des tribunaux civils et des tribunaux de commerce.*

Les tribunaux civils et les tribunaux de commerce diffèrent essentiellement entre eux, et dans leur composition, et dans leur manière de procéder à l'examen des affaires, comme aussi à l'égard de l'esprit dont les juges qui les composent sont animés.

Les tribunaux de commerce considérant presque toutes les affaires, principalement quant au fond, et accessoirement quant à la forme, ils ont toujours pour objet de concilier les parties et de terminer les différends, de la manière la plus prompte et la moins coûteuse. La dépense causée par ces tribunaux, soit à la charge du trésor public, soit à la charge des parties, est fort modique; les juges ne sont point payés; ils exercent tous une autre profession que celle de juger; ils sont tous en activité de commerce ou retirés du commerce.

Les juges des tribunaux civils sont tous payés, plus ou moins chèrement. Le chancelier, qui est leur chef, a un traitement énorme. Ces juges envisagent presque toujours les discussions qui leur sont soumises, principalement sous le rapport des formes, accessoirement sous le rapport du fond. Ils laissent les avocats se livrer, tant qu'ils veulent, à leur loquacité, et discuter, aussi longuement qu'il leur plaît, toutes les questions accessoires, même les plus minutieuses. On dirait qu'ils s'entendent tous, juges, avocats, procureurs, pour rendre les procès éternels et ruineux; mais, en effet, ne sont-ils pas tous animés du même esprit de corps, depuis le dernier clerc jusqu'au chancelier?

Les juges des tribunaux civils ne font et n'ont fait, dans leur vie, d'autre métier que celui de juger ou plaider : leur grand intérêt est dans le plus grand nombre de procès; ils n'ont que ce moyen d'accroître ou de conserver leur importance sociale. Cet esprit et cette disposition sont absolument contraires à l'esprit et à la disposition des juges qui composent les tribunaux de commerce; tous ayant ou ayant eu d'autres occupations; tous possédant ou ayant possédé d'autres moyens d'acquérir de la considération et des richesses.

Une chose importante à observer, c'est qu'il existe une espèce de lutte entre ces deux ordres de tribunaux, et que le plus souvent, dans cette lutte, ce sont les tribunaux civils qui, malheureusement, ont le dessus.

Les tribunaux de commerce renvoient au jugement d'arbitres, nommés par les parties, la décision d'une grande quantité d'affaires. Qu'arrive-t-il? Toutes les fois qu'après un jugement arbitral prononcé, la partie condamnée veut faire casser ce jugement, quelque juste qu'il soit, elle trouve une multitude d'avocats prêts à plaider d'une manière conforme à ses désirs, et des tribunaux civils tout disposés à casser un arbitrage où ils voient un empiètement sur leurs droits. En un mot, presque tous les jugements par arbitres dont on appelle aux tribunaux civils sont annulés, et une affaire sur le fond de laquelle le sens commun avait porté son jugement est remise en discussion et presque toujours jugée définitivement dans le sens contraire[1].

---

[1] Les mêmes observations sont applicables aux tribunaux criminels.

Les tribunaux criminels peuvent être organisés à l'instar des tribunaux

Une fois que les propriétés territoriales seraient devenues des propriétés industrielles, toutes les affaires d'intérêt civil ressortiraient naturellement des tribunaux de commerce; d'où il résulterait, comme il est facile de le conclure, que toutes les affaires, au lieu de coûter des sommes énormes pour être très-mal jugées, seraient très-bien jugées à très-peu de frais.

CHAPITRE IV

A L'APPUI DES PRÉCÉDENTS.

§ I. — *Importance politique des légistes en France.*

Le gouvernement des affaires de la nation française est divisé en sept ministères ou départements. Or, de ces sept ministères, il y en a dans ce moment cinq de remplis par les légistes.

Dans le conseil d'État, les légistes se trouvent en grande majorité.

Dans la chambre des députés, l'opinion des légistes est bien certainement l'opinion prépondérante.

Dans les élections, les légistes ont un ascendant tel, que si

civils ou dans le même esprit que les tribunaux de commerce : dans le premier cas, ils sont très-longs à juger les affaires, fort minutieux dans le choix des motifs qui déterminent leurs jugements, et très-sévères dans leur manière de juger; dans le second, ils jugent rondement, promptement, et ne se laissent guider que par le sens commun : dans le premier cas, ils sont très-dispendieux; dans le second, ils ne coûtent rien.

Les tribunaux criminels, en France, étaient organisés avant la Révolution, à la manière des tribunaux civils; aujourd'hui ils sont composés comme les tribunaux de commerce. Les jurés sont des arbitres, chargés de prononcer entre la partie publique et le prévenu.

Nota. Une chose digne de remarque, c'est l'aversion que tous les gens de loi montrent pour l'institution du jury, les efforts qu'ils ont déjà faits pour la renverser, et ceux qu'ils font dans toutes les affaires criminelles pour *amener les jurés à considérer les objets de la manière fausse dont ils sont habitués à les envisager* leur opinion n'était pas influencée par le gouvernement, dont ils se regardent comme des servants et des agents, les nominations seraient en totalité de leur choix. Nous ferons cependant observer que, depuis la loi des élections, on doit excepter de ce que nous venons de dire les villes de commerce; mais cette exception n'est pas très-importante, puisqu'il n'y a guère plus d'un huitième de la population qui se livre à des travaux d'industrie commerciale et manufacturière.

Les légistes qui sont consultés par les habitants de la campagne pour toutes leurs affaires particulières, usent du crédit que cela leur donne sur eux pour diriger leur opinion politique. Les marchands et les fabricants qui habitent la campagne, et qui sont en très-petit nombre (presque tout le commerce se faisant dans les villes où la plupart des manufactures sont également établies), sont les seuls dont l'esprit se trouve dans un état d'indépendance politique à l'égard des légistes.

Si on examine dans toutes les sociétés particulières, dont la réunion forme ce qu'on appelle la bonne compagnie, les jugements qui sont portés sur chacune des questions politiques qui fixent successivement l'attention publique, si on remonte jusqu'à l'origine de ces jugements, jusqu'à leur formation primitive, on verra qu'ils sont presque tous sortis du cabinet de quelque avocat ou de quelque notaire.

Il est possible de mesurer d'une manière exacte l'importance politique des légistes comparativement à celle des autres corporations; elle est des sept huitièmes, c'est-à-dire que les légistes exercent à eux seuls les sept huitièmes de toute l'influence politique, et voici ce qui le prouve.

Sur la masse des propriétés possédées par la nation française, que nous supposons s'élever à quarante milliards, pour pouvoir exprimer en nombre rond la proportion que nous avons à établir, il y a trente-cinq milliards de propriétés immobilières et cinq milliards seulement de celles réputées mobilières [1]. Or les légistes sont les seuls en état de donner

---

[1] L'expression propriété mobilière et immobilière pourrait induire en

des conseils utiles sur les moyens d'acquérir solidement des propriétés immobilières, les seuls qui puissent indiquer les moyens de les défendre quand elles sont attaquées, vu l'épouvantable complication des dispositions législatives relativement à l'établissement des droits de propriété, ce qui exige qu'on en fasse une étude particulière.

Du moment donc où il est manifeste que les légistes dirigent à eux seuls les sept huitièmes des actions sociales, il s'ensuit incontestablement qu'armés ainsi du puisssant levier de l'intérêt, ils sont en France les régulateurs de l'opinion publique pour tous les objets qui concernent la politique.

L'influence qu'ils exercent sous ce rapport est une véritable calamité publique, puisque, indépendamment de tous les inconvénients que nous avons déjà prouvé en être le résultat, il en résulte encore un bien plus grand et plus général, c'est que les légistes tendent toujours à empêcher l'activité des industriels agricoles de se développer, en s'efforçant de rendre la condition du bailleur de fonds meilleure que celle du travailleur.

§ II. — *Services rendus par les légistes.*

Quoi qu'il en soit de ce que nous venons de dire sur les légistes et des dangers que nous voyons à les laisser jouir de l'influence qu'ils exercent, on doit aussi les considérer sous un autre point de vue et envisager la question sous toutes ses faces ; disons donc notre pensée tout entière et retournons franchement la médaille.

erreur ceux qui ne se sont point occupés de ces matières. Il serait naturel de croire que tous les objets qui ne peuvent pas se transporter sont des propriétés immobilières, et que tous ceux qui peuvent se transporter sont des propriétés mobilières. Or cela n'est pas toujours vrai. Souvent l'expression n'a pas pour but de désigner la nature des objets, mais la manière dont on peut transporter la propriété de ces objets.

Nota. En Allemagne et en Angleterre les légistes n'ont peut-être pas autant d'importance qu'en France, mais la science qu'ils professent en a beaucoup plus, puisque l'étude du droit fait partie de l'instruction donnée à toutes les personnes dont l'éducation est soignée.

Si nous avons improuvé l'institution des tribunaux civils, si nous avons trouvé l'esprit des légistes peu libéral, c'est que nous avons comparé les tribunaux civils avec les tribunaux de commerce et l'esprit politique des légistes avec celui des industriels : mais si nous comparons les tribunaux civils et l'esprit actuel des légistes à la justice telle qu'elle fut administrée par les Francs vainqueurs, après leur établissement complet dans les Gaules, et à la morale de ces juges primitifs, ensuite et successivement avec leurs cours féodales, royales et seigneuriales qui se sont établies, avec les parlements enfin, nous trouvons les tribunaux civils qui existent aujourd'hui des institutions très-libérales et les légistes actuels dirigés par les principes d'une très-bonne morale ; nous trouverons que c'est au corps des légistes que nous sommes principalement redevables de la destruction du despotisme militaire ; ce sont les légistes qui ont soustrait les contestations qui s'élèvent entre les citoyens à des jugements arbitraires ; ce sont eux qui ont établi l'entière liberté des plaidoiries , et certes ils ont mérité par ces travaux une place honorable dans l'histoire des progrès de l'esprit humain.

En résumé, nous pensons que l'institution de l'ordre judiciaire a été fort utile, mais qu'aujourd'hui elle est nuisible, qu'elle retarde les progrès de la civilisation, et que cette institution peut et doit être remplacée dans toutes ses parties par des tribunaux industriels qui ne sont autre chose que des arbitrages, seule jurisprudence nécessaire quand il n'existera plus d'autres propriétés que des propriétés industrielles ; ce qui serait la conséquence naturelle de la mesure que nous proposons.

Enfin, nous pensons qu'il reste encore aux légistes un grand service à rendre à la société, c'est de mettre en évidence les inconvénients de cette même mesure, s'ils trouvent qu'il en peut résulter quelques-uns ; cette controverse ne saurait manquer d'exciter les publicistes à perfectionner l'idée dont nous présentons le premier aperçu.

Si la mesure dont il s'agit est réellement bonne, et qu'elle donne les moyens de supprimer presque tous les frais de justice, si, **par** conséquent, elle est très-nuisible aux légistes (en tant que légistes), puisqu'elle anéantirait la profession qui les fait vivre et qui leur procure une grande considération, une discussion s'élèvera naturellement entre eux et nous, c'est-à-dire entre les légistes et les industriels, d'une part sur l'utilité, de l'autre sur les inconvénients de cette mesure, dans l'intérêt national.

Cette discussion sera utile sous deux rapports : le premier, qu'elle mettra en évidence la supériorité des principes de l'économie politique sur ceux du droit civil; car il ne suffit pas qu'une vérité soit prouvée, il faut encore qu'elle soit discutée, ce qui ne saurait avoir lieu utilement que lorsqu'il y a, comme ici, des intérêts majeurs en opposition; le second, qu'elle fera connaître toutes les précautions à prendre pour éviter, le plus possible, les divers inconvénients qui existent presque toujours pendant que s'opèrent les changements les plus avantageux dans les lois et dans les usages.

Le peuple anglais travaille depuis plus de cent cinquante ans à se procurer la liberté et à l'établir d'une manière solide; tout le surplus de la nation des vieux Européens, tous ceux qui habitent le continent, s'occupent depuis trente ans de la même recherche, et le moyen naturel, celui de reconstituer la propriété, ne s'est présenté à aucun d'eux.

Les intérêts des industriels sont évidemment en opposition avec ceux des militaires et des légistes leurs agents; et les industriels, au lieu de charger les publicistes libéraux de discuter leurs intérêts contre les légistes, ont jusqu'à présent constamment chargé ces mêmes légistes du soin de faire valoir leurs droits; tant il est vrai, pour les nations comme pour les individus, que l'idée la plus simple et la meilleure est malheureusement celle qui se présente la dernière à leur intelligence !

—

CHAPITRE V.

COUP D'ŒIL SUR L'HISTOIRE DES TRIBUNAUX.

Il est dans la nature de l'homme d'aimer à connaître le pourquoi des choses qui fixent son attention : nous croyons donc faire une chose agréable à ceux de nos lecteurs qui ne se sont point occupés de cette recherche, en leur indiquant la cause de la différence essentielle que nous avons établie entre les tribunaux civils et les tribunaux de commerce.

Le caractère que l'homme a reçu de la nature peut être modifié ; mais il ne saurait être complétement changé, dénaturé. Il en est de même des institutions ; elles peuvent être modifiées ; mais il n'est pas possible de leur donner un esprit contraire à celui qu'elles ont reçu de leurs fondateurs ; elles agissent, tant qu'elles existent, avec plus ou moins d'énergie, d'après l'impulsion et dans la direction qu'ils leur ont données.

Ainsi, en remontant jusqu'à l'origine d'une institution, en observant l'esprit qui lui a été donné lors de sa fondation, on est sûr de découvrir la raison de la conduite qu'elle tient, de la marche qu'elle suit et des effets qu'elle produit.

Nous allons donc remonter à l'origine des tribunaux civils et à celle des tribunaux de commerce ; nous donnerons aussi un coup d'œil aux principales modifications que ces institutions ont subies depuis leur formation.

§ Ier. — *Origine de ces tribunaux.*

Toutes les lois que les Gaulois avaient pu établir ont été anéanties par les Francs quand ils ont fait la conquête des Gaules. Ces vainqueurs ne se sont pas bornés à prendre toutes les propriétés des vaincus, ils ont renouvelé les lois constitutives ou protectrices de la propriété, et comme ils sont restés jusqu'à ce jour en possession de leurs conquêtes, le pouvoir judiciaire actuel est naturellement celui qu'ils ont établi ou laissé subsister; en un mot, celui qui leur convenait et qui leur convient encore.

Ils avaient établi un tarif d'après lequel tous les délits criminels étaient rachetables. Ainsi le meurtre d'un Franc par un Franc, d'un vilain par un Franc, d'un Franc par un vilain, d'un vilain par un vilain, avait son prix; les blessures avaient leur prix suivant leur gravité; et comme une grande partie de ces amendes tournait au profit des chieftains, entre lesquels le sol des Gaules avait été partagé pour en jouir à titre de bénéfices militaires, tous avaient soin d'exploiter eux-mêmes ce droit de rendre la justice..

Au reste, à cette époque, il ne pouvait guère exister de délits civils, parce qu'il n'existait, pour ainsi dire, qu'une seule espèce de propriété, celle des terres, à laquelle étaient attachés les habitants et tout ce qu'ils pouvaient posséder. Or ces propriétés se trouvant toutes entre les mains des militaires toujours armés, donnaient lieu naturellement à des guerres, et non à des procès. Il est vrai néanmoins que le germe du pouvoir exercé aujourd'hui par les tribunaux civils a été implanté par les Francs lorsqu'ils se sont attribué le droit de juger tous les procès, et par conséquent de déléguer, à qui bon leur semblerait, le soin de remplir pour eux les fonctions de juge.

§ II. — *Première modification de cette institution.*

Le sol de la France avait été partagé, après la conquête, en bénéfices militaires, et les bénéficiers qui en jouissaient seulement pendant leur vie rendaient la justice.

Quand la féodalité s'établit, ces bénéfices devinrent héréditaires et susceptibles d'être possédés par les femmes; le droit de rendre la justice y resta toujours attaché.

Plusieurs causes contribuèrent à cette époque, et dans les temps qui la suivirent, à rendre l'administration de la justice beaucoup plus compliquée.

Les tribunaux ecclésiastiques s'établirent, et il en résulta des questions sur la compétence.

Des lois sur les affranchissements accrurent le nombre des propriétaires, et la quantité des objets considérés comme propriétés particulières.

La découverte du Code de Justinien fit admettre plusieurs principes de droit; et l'adoption de ce droit romain, qui fut consigné dans les universités, fonda une science du droit, jusque-là inconnue.

La complication qui résulta de ces différentes causes dans l'administration de la justice, détermina tous les seigneurs justiciers à s'adjoindre pour conseillers des légistes; ils prirent aussi dans cette dernière classe les baillis qu'ils chargeaient du soin de rendre la justice pendant leur absence.

Enfin, à cette époque, il commença à exister des tribunaux qui étaient tout à la fois civils et criminels.

§ III. — *Seconde modification*.

Le pouvoir du roi et celui des grands vassaux avaient été en lutte continuelle depuis l'époque de la conquète, et les deux partis avaient eu alternativement l'avantage. Louis XI assura la supériorité au pouvoir royal par des moyens atroces, mais ce n'est pas ici le lieu d'examiner les moyens, nous n'avons à considérer que leurs résultats.

Depuis Louis XI jusqu'à Louis XIV, les tribunaux civils royaux ont regardé comme le principal objet de leur institution d'envahir les justices seigneuriales et d'accroître le pouvoir de leur maître. Les procès des particuliers étaient leur moindre affaire, et les jugements à rendre la moins honorable de leurs fonctions.

C'est à la fin de cette époque que le corps des avocats s'est établi. Ils ont d'abord été appelés conseillers; ils eurent aussi le titre d'avocats du roi, c'est-à-dire qu'ils furent chargés à la fois des intérêts du roi et de ceux des particuliers.

Nous ne prétendons pas que les tribunaux suprêmes ou parlementaires aient toujours donné gain de cause au roi; nous nous plaisons à reconnaître de leur part un grand nom-

bre de jugements favorables à la nation et même quelques
traits d'héroïsme, mais nous persistons à dire que les légistes,
depuis l'origine, se sont crus principalement chargés de conserver entre les mains du roi les pouvoirs acquis par les Francs
sur les Gaulois.

§ IV. — *Troisième modification.*

Depuis que les États généraux avaient cessé de s'assembler
et que l'accroissement énorme du pouvoir royal annonçait
qu'il n'en serait plus jamais question, l'esprit des tribunaux
s'était un peu amélioré; ils avaient acquis une sorte d'indépendance, parce qu'ils s'étaient mis à se considérer comme
une commission permanente chargée de représenter les États
généraux. Mais, d'un autre côté, cette amélioration était bien
compensée par cette espèce de despotisme qu'ils exerçaient
à l'égard des individus et qui résultait naturellement de la
permanence de leurs fonctions.

§ V. — *État actuel de l'Institution.*

Nous avons déjà dit ce que nous pensons des tribunaux civils actuels : il ne nous reste à ajouter que ce qui résulte, pour
les juges qui composent actuellement ces tribunaux, de l'esprit qu'ils ont reçu de leurs devanciers et qui est évidemment un esprit de domination, parce que l'institution a été
formée par les Francs et imposée aux Gaulois par leurs vainqueurs.

L'esprit de civilisation est cependant celui qui devrait ani-
mer les tribunaux; l'ambition de jouer un rôle politique,
c'est-à-dire de dominer, est celui qui les possède, et il faut
que cet esprit de domination soit bien fort dans le corps des
légistes; car depuis l'époque où les États généraux ont cessé
de s'assembler, jusqu'à la révolution, on les a vus, peu dé-
licats sur les moyens, chercher à se donner de l'importance

politique, en affectant de représenter les États généraux, et, à ce titre, entraver, autant qu'ils le pouvaient, la marche du gouvernement.

Aujourd'hui que les établissements politiques ne leur permettent d'espérer aucun rôle important, et qu'ils ne peuvent plus remuer pour le peuple, ou plutôt au nom du peuple, ils se montrent voués au rétablissement de l'ancien régime, ce qui est assez clair pour ceux qui ont fait quelque attention à leurs jugements dans les affaires d'opinion politique, et ce ne sont pas seulement les juges des tribunaux civils qui sont, en général, animés d'un esprit contraire aux intérêts de la nation, mais le corps entier des légistes.

§ VI. — *Origine des tribunaux de commerce.*

Les marchands et les artisans qui habitaient les villes, rachetèrent leur liberté et déterminèrent l'affranchissement général des communes, par suite de l'impulsion qu'ils avaient donnée. Or, à cette époque, les seigneurs, qui faisaient leur principale résidence dans leurs châteaux-forts, chargeaient des baillis de surveiller leurs intérêts dans les villes, et de juger les procès qui s'élevaient entre les habitants, c'est-à-dire d'exploiter en leur nom cette branche de leurs revenus, la seule alors qui leur procurât quelque argent comptant ; le surplus leur était payé en nature.

De tous les droits que les villes rachetèrent, le plus précieux pour elles était d'administrer elles-mêmes la justice. Des municipalités se formèrent et furent chargées de ce soin. Les membres en étaient nommés par les citoyens, et pour un temps limité. Ils ne remplissaient véritablement que des fonctions d'arbitres, et ne furent jamais animés d'un autre esprit. Toute leur affaire était de concilier les intérêts et de chercher la justice.

Telle fut l'origine et la nature des tribunaux de commerce, qui d'abord n'étaient autre chose que les municipalités.

Il est essentiel d'observer que les attributions des municipalités, par rapport aux pouvoirs judiciaires, étaient beaucoup plus étendues que ne le sont aujourd'hui celles des tribunaux de commerce.

§ VII. — *Modification de l'institution.*

L'industrie, devenue libre dans les villes, prit un essor prodigieux et changea bientôt la face de la société. De nouvelles jouissances produisirent en foule de nouveaux besoins. Il fallut habiter les villes pour être plus à portée des richesses industrielles rendues nécessaires par la vanité et par l'habitude. Les seigneurs quittèrent leurs châteaux; ils rendirent la liberté à leurs vassaux agricoles; ils vinrent habiter les villes, où leurs forts ne furent bientôt plus pour eux que des maisons de plaisance où ils allaient passer les beaux jours de l'année.

La présence habituelle des princes et des seigneurs dans les villes diminua l'importance des corps municipaux, dont ils envahirent une partie des droits, de manière que leurs attributions judiciaires, d'abord fort étendues et qui comprenaient une grande partie de celles des tribunaux civils actuels, furent réduites à juger les cas de simple police et les contestations relatives aux objets d'industrie. L'administration de la police est restée aux anciennes municipalités; quant aux contestations industrielles, elles ont passé aux tribunaux de commerce établis postérieurement.

§ VIII. — *Esprit actuel de l'institution.*

L'esprit actuel des tribunaux de commerce est conforme à celui des municipalités dont ils tirent leur origine; c'est un esprit de conciliation. Les juges de ces tribunaux se considèrent comme des arbitres chargés de prononcer sur des contestations qui surviennent entre leurs égaux; et la direction politique de leur opinion est nécessairement l'aversion pour les pouvoirs arbitraires et la tendance à l'égalité, autant qu'elle est conciliable avec le respect des propriétés; esprit bien opposé à celui des légistes.

§ IX. — *Résumé de toutes les considérations présentées dans ce chapitre.*

Toutes les affaires peuvent et doivent être jugées arbitralement, même les affaires criminelles, qui en paraissent le moins susceptibles.

Toutes les personnes qui exercent les fonctions de juge peuvent se livrer à d'autres occupations; car ces fonctions doivent être passagères pour conserver aux juges le caractère d'arbitre.

Or, ce bien général serait produit par la mesure proposée, puisque alors il n'existerait plus que des propriétés industrielles, puisque toutes les contestations civiles seraient justiciables des tribunaux industriels, qui jugent arbitralement.

CHAPITRE VI.

COUP D'ŒIL SUR L'HISTOIRE POLITIQUE DE L'INDUSTRIE.

§ Ier. — *Observations préliminaires.*

Toute combinaison politique, toute institution, pour être vraiment bonne, doit satisfaire à deux conditions : 1° d'être utile à la société, c'est-à-dire de procurer à la société des avantages positifs; 2° d'être en harmonie avec l'état présent de la société, d'être appropriée aux idées et aux choses existantes, d'être successivement préparée, en un mot, de venir à propos. Cette seconde condition, quoique beaucoup moins connue que la première, est néanmoins tout aussi indispensable. C'est par elle seule que les institutions deviennent admissibles, car il n'y a de possible, ou au moins de durable, que ce qui n'est ni au-dessous, ni au-dessus de l'état actuel de la société, que ce qui n'est point intempestif. C'est là ce qui fonde la principale utilité des considérations historiques, car ce n'est que par l'observation philosophique du passé que l'on peut acquérir une connaissance exacte des vrais éléments du présent.

La condition que nous venons d'établir prescrit donc à celui qui propose une nouvelle mesure politique l'obligation de démontrer, sous peine de n'avoir rempli que la moitié de sa tâche, que cette mesure est en harmonie avec l'état actuel de la société, ou, pour plus de précision, qu'elle est amenée par le passé et réclamée par le présent. C'est pour satisfaire, autant qu'il est en nous à cette observation générale, que nous croyons nécessaire de présenter quelques considérations supplémentaires.

Les considérations que nous avons exposées dans les chapitres précédents, ainsi que celles du même genre qui se trouveront dans la suite de cet écrit, ont pour but de prouver que la mesure que nous proposons doit procurer un grand accroissement dans la recette nationale et une grande diminution dans la dépense; d'où il résulte que cette mesure est utile.

Les considérations que nous allons présenter sont d'un autre ordre.

Elles ont pour but de faire voir à la classe industrielle, c'est-à-dire à la nation, que la position où elle est graduellement parvenue doit l'inviter naturellement à adopter la mesure proposée; que ses progrès passés et ses besoins actuels s'unissent pour l'y déterminer; en d'autres termes, que l'adoption de cette mesure est le pas que l'ordre naturel des choses réserve à l'industrie dans le dix-neuvième siècle, et que ce pas est le seul qui reste à faire à l'industrie pour se saisir de la direction de la société, terme constant vers lequel ont tendu tous les progrès que la classe industrielle a faits depuis son origine.

§II. — *Progrès politiques de l'industrie.*

Pour éclaircir les idées politiques des industriels, pour connaître ce qu'il convient aujourd'hui à l'industrie d'entreprendre pour son perfectionnement social, il est nécessaire de rechercher à quel point l'industrie se trouve en ce moment de sa carrière politique : or c'est ce qui ne peut se faire que par un coup d'œil jeté sur le passé, par une récapitulation sommaire des pas successifs que l'industrie a faits jusqu'à présent.

Si l'on remonte dans l'histoire de l'industrie jusqu'à l'époque des Grecs et des Romains, on trouve que, chez ces peuples, la classe industrielle était complétement esclave de la classe militaire.

L'esclavage de l'industrie continua sous les guerriers du Nord qui détruisirent l'empire romain, et qui s'établirent dans l'occident de l'Europe à la place des anciens maîtres ou vainqueurs.

Cette révolution qui paraît, au premier abord, n'avoir consisté pour l'industrie que dans un simple changement de maître, fut cependant pour elle de la plus grande importance, à raison des suites heureuses de ce changement de domination.

L'esclavage de la classe industrielle changea de nature et devint l'esclavage de la glèbe, ce qui était une grande amélioration. En outre, les vainqueurs s'étant répandus dans la campagne, les industriels, qui étaient établis dans les villes, ne furent plus soumis à l'inspection immédiate et continue des maîtres, ce qui leur fut encore très-favorable.

Ainsi, pour ces deux motifs, la conquête de l'empire romain, par les peuples du nord de l'Europe, produisit le premier perfectionnement notable qui ait eu lieu dans le sort de l'industrie.

Le second progrès de la classe industrielle consista dans son affranchissement.

Les avantages de la destruction que l'empire romain procura, comme nous venons de le voir, à l'industrie, lui ayant permis de prendre un certain développement, elle parvint graduellement au point de pouvoir racheter sa liberté. Ce rachat est le plus important de tous les pas que l'industrie ait faits et de tous ceux qu'elle fera par la suite. C'était le point le plus capital pour elle; c'est le commencement de son existence politique que nous allons voir se développer.

Ce pas important est désigné ordinairement sous le nom d'affranchissement des communes ; et c'est à bon droit qu'on se sert de cette expression, car les communes et l'industrie sont une seule et même chose : les communes, à leur origine, étant composées, en totalité, d'artisans et de négociants qui s'étaient établis dans les villes. C'est là un fait très-essentiel à remarquer et qu'il ne faut jamais perdre de vue, pour se faire une idée juste de ce que nous devons entendre aujourd'hui par les communes.

Après que les industriels eurent racheté leur liberté, leur sort se trouva amélioré, sous ce rapport que chacun d'eux fut soustrait à l'arbitraire direct du seigneur dont il dépendait avant le rachat, et ce fut certainement un grand adoucissement pour eux. Mais ces rachetés n'en restèrent pas moins en masse dans la dépendance des prêtres, des nobles et des militaires; ils n'en étaient pas moins obligés de leur donner une grande partie des produits de leurs travaux, et de supporter les fréquentes avanies auxquelles ils étaient exposés de leur part. Voici de quelle manière l'industrie fut délivrée de cette seconde espèce d'arbitraire.

Les privilégiés qui composaient exclusivement la totalité du parlement, et qui n'avaient aucune intention de partager les pouvoirs qu'ils exerçaient, imaginèrent d'appeler les députés des communes, c'est-à-dire de l'industrie, pour leur faire rendre compte de ce qu'ils possédaient, afin d'en tirer, en mettant de l'ordre dans la perception, plus qu'on ne pouvait en obtenir par la voie des avanies. Telle est la véritable origine des communes parlementaires, lesquelles n'ont aucun rapport avec les assemblées de soldats au Champ de Mai, qui ont existé en France à des époques plus rapprochées de sa conquête [1].

L'établissement de cet usage doit être regardé comme ayant été extrêmement favorable à la classe industrielle, puisqu'il est le principe de tous les succès politiques qu'elle a obtenus depuis. Cependant, dans les commencements, les communes, c'est-à-dire encore une fois l'industrie, regardaient comme une charge très-désagréable l'obligation où elles étaient d'envoyer des députés au parlement, parce que ces députés n'y jouissaient d'aucuns droits, et que leur mission se bornait à déclarer à combien se montaient les richesses de leurs commettants. Mais les choses n'en restèrent pas là et ne pouvaient en rester là. L'industrie, malgré les avanies et les vexations de tout genre que la classe militaire et féodale faisait peser sur elle, vint à bout de s'enrichir à force de travail, de patience et d'économie. Elle acquit de l'importance et de la considération, parce qu'elle devint plus nombreuse; parce que des mariages entre les industriels et les militaires associèrent d'intérêts beaucoup d'individus de la classe militaire à beaucoup de membres des communes. Par ces raisons, par beaucoup d'autres, et surtout par celle que l'industrie sut faire sentir aux militaires, qu'il lui était possible de tirer d'elle beaucoup plus d'argent, tout en lui faisant payer moins : en un mot, par la capacité financière que l'industrie montra et qu'elle présenta aux militaires, comme pouvant leur être utile, elle obtint de ces derniers que les communes auraient voix délibérative dans le parlement.

Ce grand pas fait par l'industrie mérite bien de fixer l'attention, car c'est en quelque sorte le commencement d'une nouvelle ère pour l'espèce humaine. De ce moment, la loi du plus fort a cessé d'être la loi unique ; ou plutôt la force et la ruse ont cessé d'être les seuls éléments qui aient concouru

---

[1] On nous reprochera certainement de confondre dans notre récapitulation ce qui s'est passé en France et ce qui s'est passé en Angleterre. A cela nous répondrons que ce n'est point une *question nationale*, mais bien une *question européenne* que nous traitons.

à la formation de la loi : l'intérêt général aussi a commencé à être consulté.

Le pas que l'industrie a fait, après celui dont nous venons de parler, le dernier qu'elle ait fait jusqu'à ce jour, sous le rapport purement politique, est postérieur à la révolution anglaise. Il s'agit de l'usage qui s'est introduit, que la chambre des communes votât le budget seule, entièrement seule, et exclusivement à tout autre pouvoir. La grande révolution des Européens aurait été terminée dès cette époque, le régime industriel et pacifique aurait donc été établi dans ce moment, si, d'une part les communes d'Angleterre n'avaient été représentées que par des membres de l'industrie, et si, de l'autre, l'industrie anglaise avait senti que, par la nature des choses, elle se trouverait plus intimement liée d'intérêt avec les industriels des autres pays, qu'avec les Anglais appartenant à la classe militaire ou féodale.

Mais à cette époque la féodalité ayant encore une très-grande force, et l'industrie étant peu éclairée sur ses intérêts et sur la marche qu'elle devait suivre, elle se laissa dominer par l'esprit féodal, qui est essentiellement un esprit de conquête.

L'ordre naturel des choses, la marche de la civilisation, ont réservé la gloire de terminer la grande révolution européenne à l'industrie française, qui, pour avoir fait le pas dont nous parlons plus tard que l'industrie anglaise, ne l'a fait que plus complet et plus décisif, ayant obtenu ce succès à une époque à laquelle la féodalité n'a plus de force et où l'industrie peut aisément s'éclairer sur ses intérêts et suivre une marche bien calculée.

Nous terminerons là notre récapitulation du passé politique de l'industrie. Donnons maintenant un coup d'œil aux succès civils qu'elle a obtenus depuis que la chambre des communes s'est trouvée nantie du droit exclusif de voter l'impôt.

L'importance que l'industrie s'est acquise depuis cette époque est incalculable. Elle a tout envahi ; elle s'est emparée de tout. En perfectionnant ses produits, elle a habitué les hommes à des jouissances qui sont devenues pour eux des besoins. Mais c'est surtout le gouvernement qui est devenu tributaire de l'industrie ; c'est surtout lui qui est entré dans sa dépendance. Le gouvernement veut-il faire la guerre ; se procurer des tueurs n'est pas son principal souci ; c'est à l'industrie qu'il s'adresse, d'abord pour avoir de l'argent, et ensuite pour se procurer tous les objets dont il a besoin, et qu'il achète d'elle avec l'argent qu'il a obtenu d'elle. C'est elle qui lui fournit des canons, des fusils, de la poudre, des habits, etc., etc., etc. L'industrie s'est emparée de tout, même de la guerre.

Par un effet heureux et nécessaire des perfectionnements de l'art militaire, la guerre s'est mise de plus en plus dans la dépendance de l'industrie, tellement qu'aujourd'hui la véritable force militaire est passée entre les mains des industriels. Ce ne sont plus les armées qui constituent la force militaire d'un pays, c'est l'industrie. Les armées d'aujourd'hui (et par armée, entendez la collection des guerriers, depuis le simple soldat jusqu'au chef le plus éminent) ; les armées, disons-nous, ne remplissent plus que des fonctions subalternes ; car leur mérite ne consiste qu'à employer les produits de l'industrie ; l'armée qui en est le mieux pourvue est toujours celle qui obtient l'avantage, à moins d'une incapacité absolue de la part des généraux. Et la révolution française a bien prouvé que cette capacité du général n'est pas si rare à trouver, ni si difficile à acquérir : on peut même observer que la capacité militaire, du moins pour les corps qui font aujourd'hui la principale force des armées, et desquels dépend en grande partie le succès des batailles, est un produit de l'industrie théorique.

L'industrie s'est également emparée des finances : aujourd'hui, en France et en Angleterre, c'est elle qui fait des avances pour les besoins du service public, et c'est dans ses mains que se versent les produits de l'impôt.

Il résulte de cet aperçu de la marche et des progrès de l'industrie :

1º Que, sous le rapport politique, la classe industrielle, esclave à son origine, a graduellement relevé et agrandi son existence sociale, et qu'enfin elle est aujourd'hui en position de prendre le pouvoir général, puisque la chambre des communes, étant nantie du droit exclusif de voter l'impôt, possède par cela même le grand pouvoir social, celui dont tous les autres dépendent, et que par conséquent, si le grand pouvoir politique n'est point encore entre les mains de l'industrie, cela tient uniquement à ce que la chambre des communes n'est point encore composée en majorité, comme elle devrait l'être, des membres des communes, c'est-à-dire de l'industrie.

2º Que, sous le rapport civil, la force réelle réside aujourd'hui dans l'industrie, et que la classe féodale s'est placée, relativement à tous ses besoins, dans la dépendance de l'industrie.

§ III. — *De ce qui a retardé, jusqu'à présent, la marche de l'industrie.*

Si la marche de l'industrie a été jusqu'à présent fort lente, si même aujourd'hui l'industrie, malgré ses nombreux et importants succès, se trouve encore, de fait, n'avoir qu'une existence subalterne, et si la société est encore gouvernée, en grande partie, par la classe féodale, ou du moins par l'esprit féodal (ce qui revient à peu près au même), la raison en est que jusqu'à présent les communes n'ont pas eu de principes qui leur fussent propres ; qu'elles n'ont fait de progrès et obtenu de succès que par une sorte d'instinct pratique et de routine.

Par principes de l'industrie, nous entendons ici la connaissance de la manière dont l'industrie userait du pouvoir. Cette connaissance, qui n'est autre chose qu'un plan politique conçu dans des vues propres à l'industrie, et combiné dans ses intérêts, a jusqu'à présent manqué à l'industrie. Or il est bien clair que cette connaissance est indispensable à l'industrie, pour que le pouvoir général puisse passer entre ses mains, et que tant que les principes lui ont manqué, l'industrie n'a pu jouer qu'un rôle subalterne.

La classe militaire ou féodale a des principes qui lui sont propres, et c'est pour cela qu'elle a conservé le pouvoir général. Mais, faute de principes à elle, l'industrie n'a fait jusqu'à présent et ne fait encore qu'exercer une action critique à l'égard des combinaisons féodales ; elle n'a pas pu prendre à son tour l'initiative et donner l'impulsion.

Tous ses principes se réduisent au désir vague d'être bien gouvernée, c'est-à-dire d'être gouvernée d'une manière conforme à ses intérêts ; mais il est évident que ce désir, sans la connaissance des moyens de gouverner dans les intérêts de l'industrie, ne peut la conduire à rien qu'à une action critique.

Les principes qui ont si longtemps manqué aux communes ont enfin été produits par l'immortel Smith ; car ces principes ne sont autre chose que les vérités générales qui résultent de la science de l'économie politique.

Depuis plus de quarante ans, des hommes du plus grand mérite font de ces principes leur occupation unique : d'une part, ils disposent le travail, et de l'autre ils préparent la raison publique à accueillir favorablement cette importante innovation ; ils la préparent à entendre délibérer sur les affaires de l'État, absolument de la même manière que sur celles de l'intérêt d'un particulier ; a considérer une association nationale comme une entreprise industrielle qui a pour objet de procurer à chaque membre de la société, en proportion de sa mise, le plus d'aisance et de bien-être possible. On ne peut qu'admirer la sagacité que les savants économistes ont déployée dans ce travail, et la persévérance avec laquelle ils nous ont frayé une route entièrement nouvelle vers le bonheur et la liberté.

Smith, après avoir observé les procédés employés dans les différentes entreprises industrielles, rassemble ses observations ; il en forme un corps ; il généralise ses idées ; il établit des principes, et il crée une science basée sur l'art d'acquérir des richesses ; de même Aristote avait fait une Poétique, d'après ses observations sur les ouvrages des poëtes qui l'avaient précédé.

Une circonstance très-piquante à remarquer, c'est que le livre de Smith fut accueilli avec empressement par tous les gouvernements. Heureux aveuglement des gouvernants qui ont toujours compté sur la force des baïonnettes ! Admirable sagacité de ceux qui tendent à se soustraire à l'action de la force, et qui ont pour but d'en ôter aux gouvernements l'usage abusif !

Le livre de Smith était la critique la plus forte, la plus directe, la plus complète qui ait jamais été faite du régime féodal : chacune de ses pages contenait la démonstration que les communes ou l'industrie étaient dévorées par ce régime qui ne leur était utile sous aucun rapport; que les gouvernements, tels qu'ils étaient établis, tendaient continuellement à ruiner les peuples, puisqu'ils ne faisaient jamais que consommer; tandis que l'unique moyen de s'enrichir était de produire.

Son ouvrage peut être considéré comme une collection de réfutations détaillées de toutes les opérations des gouvernements, et par conséquent, il peut être envisagé, dans son ensemble, comme une démonstration de la nécessité pour les peuples de changer les principes et la nature de leurs gouvernements, s'ils voulaient cesser de vivre dans la misère, et s'ils voulaient jouir de la paix et des fruits de leurs travaux.

Cet ouvrage contenait en même temps la preuve qu'une nation, pour acquérir de l'aisance, devait procéder de la même manière que les manufacturiers, que les marchands, que toutes les personnes exerçant une industrie quelconque, et que, par conséquent, le budget d'une nation qui voulait devenir libre et riche devait être formée d'après les mêmes principes que le budget particulier d'une maison quelconque d'industrie; que le seul but sensé que pouvait avoir une nation était de produire le plus possible avec les moindres frais possibles d'administration.

M. Say remanie les idées de Smith; il les classe d'une

manière plus méthodique ; il donne, plus que l'inventeur ne l'avait fait, le caractère de doctrine à son travail ; il ajoute des considérations nouvelles à celles que Smith avait produites, et il intitule son ouvrage : *Traité d'économie politique*.

Dans M. Say, la critique de la conduite des gouvernements actuels prend un caractère plus clair ; la comparaison entre les principes de l'administration militaire et ceux de l'administration industrielle est établie d'une manière plus directe.

Smith avait insinué bien modestement dans le monde la science qu'il avait créée ; il l'avait présentée comme un moyen pour les gouvernements de s'enrichir ; il ne l'annonçait que comme une science secondaire, comme une auxiliaire, une dépendance de la politique.

M. Say fait un pas de plus que Smith sous le rapport philosophique ; il établit, en tête de son ouvrage, que l'économie politique est distincte et indépendante de la politique ; il dit que cette science a une base à elle, base tout à fait différente de celle sur laquelle repose la science qui a pour objet d'organiser les nations.

Toujours même aveuglement de la part des gouvernements les plus despotiques ; ils s'empressent de faire traduire l'ouvrage de M. Say, et de fonder des chaires d'économie politique, c'est-à-dire des chaires où l'on démontre que le gouvernement féodal et militaire (qui est, plus ou moins, celui de tous les peuples de l'Europe) est un gouvernement en arrière de l'état des lumières, ruineux pour les peuples, et qui ne leur est utile sous aucun rapport ; où l'on démontre que le budget conçu dans les vues et dans les intérêts de ce gouvernement est une absurdité ; que le budget d'une nation doit être formé de la même manière que celui d'une société ayant fait une entreprise d'industrie ; qu'une nation doit nécessairement s'organiser pour un de ces deux buts, celui de voler ou celui de produire, c'est-à-dire qu'elle doit avoir le caractère militaire, ou le caractère industriel, sous peine de n'être qu'une association bâtarde, si elle ne se prononce pas franchement dans l'un de ces deux sens.

Au point où en est le travail qui doit donner à l'industrie les principes destinés à lui servir de règle, il ne reste plus qu'une chose à faire pour atteindre le but : c'est que la connaissance de l'économie politique se propage généralement parmi les industriels. On a peine à concevoir, ce qui n'est pourtant que trop vrai, qu'une science aussi utile, aussi nécessaire à l'industrie que celle de l'économie politique; qu'une science qui est la science propre de l'industrie, soit cependant, de toutes les sciences existantes, celle qui est de beaucoup la moins répandue.

§ IV, — *Du pas que l'industrie doit faire aujourd'hui.*

D'après ce que nous venons d'établir, l'industrie possède aujourd'hui la force réelle, et de plus elle possède les principes qui lui manquaient, ou du moins il lui est très-facile de les acquérir, puisqu'ils existent.

Si tel est, comme nous le pensons, le point véritable où en est aujourd'hui l'industrie de sa carrière politique, d'où vient que la direction de la société n'est point encore passée entre ses mains? D'où vient que le régime industriel ne s'établit pas, et que le régime féodal et militaire subsiste encore? Cela vient premièrement de ce que les principes industriels ne sont pas encore assez généralement connus, et ne peuvent par conséquent avoir acquis le crédit qui doit faire leur confiance et leur force; et, en second lieu, de ce que la force réelle et les principes ne suffisent pas, comme on pourrait le croire de prime-abord, pour que l'industrie se constitue à la tête de la société; il lui faut encore un moyen, et un moyen légal de faire passer le pouvoir entre ses mains. C'est faute de connaître ce moyen que lorsque l'industrie a voulu faire des tentatives pour se saisir du pouvoir, elle n'a employé et n'a pu employer que l'insurrection. Or, l'insurrection est d'abord le plus insuffisant de tous les moyens, et ensuite ce moyen est absolument contraire aux intérêts de l'industrie, car pour elle tout emploi de la force est un mal, et c'est sur l'industrie que pèsent le plus les désordres populaires, parce que les propriétés industrielles sont, de toutes les propriétés, les plus faciles à détruire.

Ainsi, après le problème résolu par Smith, de la production, des principes propres à guider la marche de l'industrie, le problème qui se présentait naturellement à résoudre, dans l'intérêt des progrès de l'industrie, était celui-ci : — Trouver un moyen légal pour que le grand pouvoir politique passe entre les mains de l'industrie.

Il ne faut ni de grandes forces d'intelligence, ni beaucoup de travail pour imaginer un moyen insurrectionnel; mais, pour trouver un moyen légal, la question présente beaucoup plus de difficultés. C'est à résoudre cette question que nous nous sommes attachés, persuadés que cette solution est la seule chose aujourd'hui qui manque à l'industrie, le seul pas qui reste à faire pour déterminer l'établissement du régime industriel qui est le seul but de tous les efforts que les nations civilisés ont faites depuis plus de six siècles, et le terme de la grande révolution européenne qui se prépare depuis si longtemps.

Nous croyons fermement avoir trouvé cette solution, et nous pensons que la mesure proposée atteint justement le but; car cette mesure devant avoir inévitablement pour effet, au bout d'un certain temps, de composer la chambre des communes en totalité, ou du moins en très-grande majorité, de membres des communes, c'est-à-dire de l'industrie; et d'une autre part la chambre des communes possédant le grand pouvoir politique, puisqu'elle a le droit exclusif de voter le budget, il s'ensuit que la mesure proposée doit faire passer le grand pouvoir politique dans les mains de l'industrie, et cela d'une manière tout à fait légale, entièrement conforme à la constitution existante, et, de plus, sans aucun changement brusque, puisque cette mesure, par sa nature même, ne peut produire son effet que graduellement.

Par ces considérations, nous sommes pleinement convaincus que l'adoption de la mesure est le pas que l'industrie doit faire aujourd'hui, et que, par conséquent, cette adoption aura lieu tôt ou tard, conformément à cette loi générale, confirmée par toutes les observations historiques, que rien ne peut arrêter, d'une manière durable, les progrès de la civilisation.

CHAPITRE VII.

CONDUITE DES LÉGISTES PENDANT LE COURS DE LA RÉVOLUTION FRANÇAISE, COMPARÉE AVEC CELLE DES INDUSTRIELS.

§ Ier. — *Conduite des légistes*.

Après avoir, dans les deux chapitres précédents, mis le lecteur à portée de suivre rapidement l'historique des tribunaux et celui de l'industrie, il nous semble que nous laisserions imparfaits les rapprochements qu'il importe d'établir si nous ne les terminions point par la comparaison de la conduite des légistes et de celle des industriels pendant le cours de la révolution française.

Quelle a donc été la conduite des légistes? D'abord ce sont les Girondins qui ont renversé l'ancien gouvernement; ce sont eux qui ont établi la république; ce sont eux qui ont empêché la réorganisation de la monarchie; et ce parti, connu sous le nom de Girondins, avait pour chefs Guadet, Vergniaud et Gensonné, tous trois légistes, tous trois avocats.

L'ancien gouvernement ayant été renversé, ce fut Robespierre qui s'empara du pouvoir; et qu'était Robespierre? encore un légiste; ses principaux lieutenants étaient aussi des légistes. On vit des comités de salut public et de sûreté générale tout peuplés de légistes. Il est constant que ce sont les légistes qui ont gouverné la France pendant l'époque la plus orageuse et la plus affligeante de la révolution.

C'étaient eux également qui administraient les assemblées

de département, celles des districts, celles des cités, appelés municipalités; toutes étaient dirigées par eux.

Ils ne se bornèrent point alors à s'emparer des pouvoirs législatif, administratif et exécutif; mais ils parvinrent aussi à diriger l'impulsion populaire. Ils fournirent des chefs aux Jacobins; ils créèrent un club des Cordeliers; ils composèrent enfin presque exclusivement tous les bureaux des différentes sociétés populaires de ces temps malheureux.

Ainsi, du moment où il faut bien reconnaître que le régime de la terreur a été inventé par les légistes, devenus maîtres de tout, et fondé par eux sur les ruines de l'ancien ordre de choses qu'ils avaient détruit, il faut bien les reconnaître aussi pour les instigateurs, les régulateurs, et même, jusqu'à un certain point, les exécuteurs de tant d'atrocités, qui ont signalé leur sinistre invention.

Toujours guidés par le même esprit de corps, celui de la domination, ils ne se démentent dans aucune de nos grandes crises politiques. Il leur faut du pouvoir à tel prix que ce soit, et pour en obtenir le plus possible, nouveaux protées, ils savent prendre toutes les formes selon les circonstances.

Bonaparte survient et s'empare, à son tour, de la suprême autorité. Aussitôt ce même corps de légistes qui, la veille encore, pour ainsi dire, professait le républicanisme le plus forcené, qui venait presque d'inventer cette phrase à jamais mémorable, écrite en gros caractères, sur tous les murs, sur tous les édifices publics : *Unité, indivisibilité de la république; liberté, égalité, fraternité ou la mort*, fut un des premiers à se courber devant l'idole. C'était à qui d'entre eux montrerait le plus de zèle, le plus d'empressement pour servir et consolider la nouvelle puissance. Cambacérès a créé le rôle de lieutenant civil d'un despote militaire. A cette époque, les discours de toutes les cours de justice, de tous les tribunaux, ont prouvé que le despotisme convenait infiniment à l'esprit de notre législature. Rien de si curieux en ce genre qu'un opuscule qui parut lors de la chute de Napoléon, sous le titre d'*Oraison funèbre d'un grand homme*, par une société de gens de lettres : on l'avait composée de tous les passages adulateurs, de toutes les maximes spécieuses et erronées sortis de la bouche ou de la plume de ces êtres versatiles, qui n'hésitent jamais à tout sacrifier à leur intérêt personnel; et comme chaque phrase portait le nom de son auteur, il était facile de se convaincre que la meilleure part de l'ouvrage appartenait encore aux légistes.

Cependant Bonaparte est renversé par l'effet d'une réaction militaire; l'ancien gouvernement est rétabli, et le corps des légistes change de langage; mais il ne s'en montre pas moins ardent pour servir le pouvoir, et pour restreindre les libertés du peuple; sa manière d'interpréter la charte est constamment antilibérale.

La révolution a fourni au corps des légistes l'occasion de faire connaître l'esprit dont il est animé : c'est une soif infatigable du pouvoir, au point que le posséder en subalternes devient l'objet de leurs désirs et de leurs efforts, quand ils ne peuvent pas êtres maîtres absolus; et l'on cessera de s'en étonner, si l'on fait réflexion que des empereurs romains, les plus grands despotes qui aient jamais existé, sont les inventeurs de la science professée par les légistes, ainsi que des principes de droit dont ils se chargent de faire les applications.

§ II. — *Conduite des industriels.*

Les industriels n'ont joué aucun rôle actif pendant le cours de la révolution : ils n'ont rien gouverné, rien administré des affaires publiques; ils n'ont aucunement tenté de s'emparer du pouvoir; aucun des actes arbitraires qui ont rendu cette époque horriblement mémorable, n'a été commis par eux : c'est à eux, au contraire, que ces sortes d'actes ont fait le plus de mal. Les industriels ont, dans cet intervalle, perdu leurs capitaux deux fois : la loi du maximum les leur enleva une première fois; vint ensuite, sous Bonaparte, la loi qui fit brûler les marchandises anglaises et ruina une seconde fois l'industrie.

Les industriels n'ayant point cherché à s'emparer du pouvoir, lorsque l'ancien gouvernement succomba, ont montré le même éloignement à devenir les instruments des divers pouvoirs qui se sont succédé depuis.

L'esprit politique que les industriels ont laissé voir dès l'origine de leur corporation, c'est-à-dire depuis l'affranchissement des communes, celui qu'ils ont manifesté pendant tout le cours de la révolution, celui enfin qu'ils professent encore aujourd'hui et d'après lequel ils agissent, est une combinaison où ils se proposent constamment pour but, 1° d'éviter toute secousse politique, et par conséquent de ne point changer la forme de gouvernement quelconque qui se trouve établie ; 2° de limiter le pouvoir et de le restreindre le plus possible ; 3° de diminuer les dépenses du gouvernement et tout mauvais emploi de l'impôt.

Il se trouve aujourd'hui, par l'effet de la loi des élections, quelques industriels importants dans la chambre des députés. Qu'on examine avec soin toutes les opinions qui ont été émises par eux, et l'on verra qu'ils ont eu constamment pour objet d'obtenir, de concilier et de combiner le plus de tranquillité, de liberté et d'économie possible.

§ III. — *Conséquences de cette comparaison.*

Il résulte évidemment de cette comparaison :

1° Que les gouvernants, ainsi que les gouvernés, ont intérêt à accroître l'importance politique des industriels, puisque, d'une part, ceux-ci sont toujours disposés à maintenir le gouvernement existant, et que, de l'autre, ils travaillent sans cesse à restreindre le pouvoir et à diminuer l'impôt.

2° Qu'il est également de l'intérêt des gouvernants et des gouvernés de diminuer l'influence politique des légistes, puisque, d'un côté, cette corporation est ambitieuse, révolutionnaire, toujours prête à renverser ou à envahir le pouvoir ; et que, d'un autre, quand elle ne peut pas s'emparer du pouvoir, ou qu'elle est obligée de l'abandonner, elle se montre toujours prête à servir ceux qui le possèdent contre les intérêts du peuple ; enfin que, dans l'un et l'autre cas, elle travaille à diminuer les libertés de la nation, comme à donner de l'accroissement aux charges qui pèsent sur elle.

CHAPITRE VIII.

RÉSUMÉ DE CE PREMIER CAHIER.

La seule classe de la société dans laquelle nous désirons voir s'accroître l'ambition et le courage politique, la seule où cette ambition puisse être utile, où ce courage soit nécessaire, est, en général, la classe des industriels ; car leurs intérêts particuliers sont parfaitement d'accord avec l'intérêt commun, par la seule force des choses. C'est dans le sentiment de cette vérité que nous avons hautement embrassé la cause des industriels, la regardant comme le centre réel et le foyer de la civilisation.

Tout ce que nous avons dit jusqu'ici sur la conduite que les industriels devaient tenir peut se résumer en un mot, en un simple principe du sens commun.

Fuyez tout mélange, toute communauté avec les hommes dont l'intérêt est, par sa nature, ennemi du vôtre.

Liez-vous avec les hommes qui ont avec vous un même intérêt et fortifiez-en le nombre par tous les moyens qui vous appartiennent. Or, nous vous en proposons un bien simple et bien puissant, dont le succès ne dépend que de vous ; sachez seulement vous entendre et vouloir.

Les intérêts des cultivateurs sont les mêmes que les vôtres ; ils sont industriels ; liez-vous à eux et emparez-vous d'un si puissant renfort. Ce point emporté, votre cause est gagnée sans retour.

Que faut-il pour cela ? Obtenir une loi qui les autorise à engager les propriétés foncières, comme le banquier engage la propriété mobilière confiée à sa probité, à sa prudence et à son intérêt.

Les intérêts des propriétaires de terres, non cultivateurs, sont composés aux vôtres et se confondent avec ceux de la noblesse; craignez donc cette alliance, et laissez au moins distinct ce qui doit être ennemi.

Les nobles, les propriétaires de terres, non cultivateurs, sont en possession du droit qui ne devrait appartenir qu'à vous seuls, car vous seuls, servez nécessairement l'intérêt commun, en servant le vôtre; étant donc nantis de ce droit, ils se garderont bien de le mettre en question; ce que nous proposons serait un coup mortel pour eux, et ils ne manqueront pas de lutter contre, de toute leur force, eux et la tourbe des légistes, leurs organes fidèles. Songez donc à vous défendre contre des phrases de plaideurs, par le langage de la raison, et contre une morale hypocrite, par les répliques invincibles d'une morale vraie et hardie, celle du sens commun.

Pour nous, plus ils seront nombreux dans les rangs de nos ennemis, plus nous nous applaudirons du succès; et leur acharnement à décrier nos travaux doit être à vos yeux la mesure de la bonté de nos conseils.

Mais, au lieu de les attendre, empressez-vous de les attaquer vous-mêmes et de les poursuivre. Ils auront leurs avocats; vous, appelez les vôtres. D'un côté, les gens de loi, de l'autre, les économistes[1], et nous verrons de quel parti seront le bon sens et la victoire.

Nous n'insisterons pas davantage sur ce moyen général d'engager utilement le combat entre l'industrie et ce qui n'est pas elle; nous l'avons assez rebattu dans nos écrits pré-

---

[1] Nous employons le mot économistes pour désigner ceux qui cultivent l'économie politique, parce que cette longue dénomination distrait de l'idée. Au surplus, les économistes ayant été les véritables fondateurs de l'économie politique, cette science nous paraît devoir porter léur nom. Consacrons le souvenir des importants services qu'ils ont rendus; les erreurs qu'ils ont commises sont aujourd'hui sans inconvénient, puisqu'on les a totalement perdues de vue.

cédents; nous ajouterons seulement qu'une souscriptiou, même peu considérable, de quelques maisons importantes, suffirait pour donner la première impulsion et commencer la grande œuvre industrielle, l'œuvre essentiellement libérale. Quelques prix livrés à l'émulation glorieuse des écrivains, une bagatelle[1] de cinquante mille francs seraient peut-être le capital de la plus grande entreprise, de la plus heureuse révolution qui puisse jamais s'opérer pour le bonheur de la France et du monde.

(3ᶜ EXTRAIT.)

Note sur les États-Unis.

La féodalité n'a plus de tête dans l'Amérique septentrionale; mais elle y a encore un corps très-robuste. Le corps serait très-capable de repousser une tête, dans les circonstances dont nous allons parler, si, avant que ces circonstances ne se produisent, le corps n'était pas totalement extirpé !

En disant que la féodalité n'a plus de tête dans les États-Unis d'Amérique, nous voulons exprimer un fait bien connu, c'est que tous les citoyens de l'Union sont égaux aux yeux de la loi, qu'aucun d'eux ne jouit d'aucun titre, d'aucun privilège, d'aucun droit de naissance.

Quand nous disons que la féodalité possède encore un corps très-robuste en Amérique, nous voulons désigner l'état de chose suivant : Les Américains ne se sont point encore donné un code de lois civiles ayant pour objet de favoriser le plus

---

[1] Nous croyons devoir justifier cette qualification de bagatelle, donnée ici à une somme de cinquante mille francs. Cette expression, qui étonnera peut-être quelques personnes, paraîtra juste à ceux qui verront assez loin pour s'apercevoir que le résultat de la discussion sera, d'une part, de verser trente milliards de fonds dans les affaires, et de l'autre, de décharger l'industrie d'une grande partie des impôts qu'elle paye en ce moment. L'expression de bagatelle paraîtra encore plus juste à ceux qui, voyant encore plus loin, s'apercevront que l'établissement complet du régime industriel et pacifique serait une suite naturelle de cette discussion.

possible la production. Les lois civiles en vigueur chez eux sont celles qu'ils ont apportées d'Angleterre, et ces lois, toutes imbues de féodalité, ont été faites dans l'intérêt des nobles, dans celui des propriétaires territoriaux oisifs, et surtout dans l'intérêt de ceux qui rendent la justice; d'où il résulte que les légistes ont en Amérique, encore aujourd'hui, une importance beaucoup trop grande; d'où il résulte que les formes de la justice tendent à prolonger inutilement les procès; d'où il résulte que les frais de procédure sont très-considérables. En un mot, la propriété n'est pas constituée en Amérique d'une manière plus philosophique, plus conforme à l'intérêt public, qu'en Angleterre, et l'Amérique est dévorée par les gens de loi.

Nous disons que ce corps féodal, qui existe encore dans les États-Unis, et qui a les légistes pour organes, repousserait une tête dans les circonstances suivantes, en cas que cette espèce de ver intestinal ne fût pas extirpé avant la production des circonstances en question, lesquelles sont inévitables.

La population doit s'accroître dans ce pays, et elle s'augmente en effet avec une très-grande rapidité. Quand elle sera parvenue au même degré qu'en Europe, les propriétaires de terre cesseront d'être industriels; ils cesseront de cultiver leurs terres, ils deviendront des rentiers, et ils trouveront dans le Code civil toutes les dispositions nécessaires, sous les rapports réglementaires, pour rétablir la noblesse, c'est-à-dire les droits de naissance, les priviléges, en un mot le régime gouvernemental dans lequel les travailleurs se trouvent sous la direction des désœuvrés.

Le seul moyen que les Américains puissent employer pour se mettre à l'abri du danger que nous venons d'indiquer, consiste à produire un nouveau Code civil dont toutes les dispositions aient pour objet de favoriser le plus possible les travaux de l'utilité la plus positive et la plus directe, un Code civil enfin dans lequel les propriétaires de capitaux non territoriaux, ou, si vous l'aimez mieux, les propriétaires mobiliers soient beaucoup plus favorisés que les propriétaires territoriaux.

Nous aurions pu vous parler aussi de l'importance que les généraux américains obtiennent beaucoup trop facilement dans le gouvernement du pays, ce qui forme une pierre d'attente pour faciliter la reconstruction de la féodalité.

Ce sont les Européens qui termineront la crise politique qui agite en ce moment la race caucasique. Les Américains sentent beaucoup moins vivement et péniblement cette crise. Aussi ont-ils beaucoup moins d'intérêt à la terminer, ils ont aussi infiniment moins de moyens de la faire cesser.

Les Européens, avant les Américains, concevront le système industriel; ils organiseront la théorie de ce système, ils en commenceront l'exécution pratique.

La grande difficulté en politique, c'est de faire vivre un très-grand nombre d'hommes sur un petit territoire. C'est de donner à un grand nombre d'hommes d'autres occupations que celles de l'agriculture; c'est d'empêcher une population considérable, dont l'existence n'est jamais assurée pour longtemps et qui souffre souvent de la faim, de troubler la tranquillité publique. On ne peut triompher de cette grande difficulté, qu'en perfectionnnant l'organisation sociale; cette difficulté, qui existe à un très-haut degré en Europe, stimule puissamment les Européens à travailler au perfectionnement de la science politique, tandis que les Américains ne sont excités à l'étude de la politique par aucun stimulant de ce genre, leur population étant encore très-peu importante en comparaison de l'immense étendue de leur territoire.

D'un autre côté, le seul moyen qui existe d'établir le régime industriel, consiste à réorganiser le système des sciences, celui de l'éducation publique, celui de la théologie, celui des lois, celui des finances, dans l'intérêt de la production, et pour cela il faut des savants, des théologiens, des artistes, des légistes, des financiers.

Or il existe, en Europe, surabondance d'hommes occupés des travaux intellectuels de tous genres, tandis qu'en Amérique il y a encore disette de savants et d'artistes. Les peuples neufs sont plus ambitieux de richesses que de savoir. Ils ne sont pas en état de sentir que ce sont les sciences positives qui procurent aux hommes les moyens d'acquérir les plus grandes richesses.

Les Américains ne sont encore que des enfants en politique, ce sont des enfants gâtés par l'avantage dont ils jouissent de posséder un territoire qui est immense proportionnément à leur population.

Les Américains n'ont ni le pouvoir ni la volonté de terminer la crise dont il s'agit ; ils ont même intérêt à prolonger les troubles qui existent en Europe ; les efforts faits par les différents partis, dans cette lutte, tournant toujours à leur profit, en faisant émigrer chez eux ceux qui se trouvent compromis par leurs opinions et par leurs tentatives sur le vieux continent.

(4ᵉ EXTRAIT.)

Lettres aux Américains.

Ce qui avait passé jusqu'à présent pour des rêves, ce qui avait été relégué dans la classe des fictions, s'est donc enfin réalisé. On a vu les fondateurs de votre liberté user des pouvoirs dont ils se trouvaient investis, pour établir, avec toute la solidité possible et dans sa mesure exacte, la liberté individuelle. On a vu la liberté publique et particulière se constituer en même temps ; on a vu marcher de front la prospérité nationale et l'amélioration du sort individuel des membres composant la nouvelle société ; on a vu enfin, dans cette société, la population, et les richesses, et les lumières s'accroître journellement et avec une rapidité jusqu'alors sans exemple. Je remarquai donc :

1º Que, dans ce pays, la tolérance était portée au plus haut degré ; qu'elle y était absolument illimitée, puisque aucune religion n'y était dominante, puisque aucune n'y était protégée d'une manière particulière, puisque aucun dogme religieux n'y était réputé dogme de l'État ; puisqu'il existait dans ces contrées une multitude de religions distinctes, puisque toutes celles qui se présentaient étaient également admises ; puisque chacun était libre d'en inventer de nouvelles et de chercher à faire des prosélytes ; puisque entre toutes ces religions, quelles qu'elles fussent, toute espèce de controverse était permise.

2° Qu'il n'existait aucun corps privilégié, point de noblesse, nul reste de féodalité, puisque la féodalité n'y avait jamais existé [1] ; que la nation, enfin, n'était point divisée en castes ; qu'elle formait un corps politique composé de parties homogènes.

3° Qu'il n'y avait dans le pays aucune famille qui se trouvât en possession, depuis plusieurs générations, des principaux emplois publics ; que, par conséquent, personne n'y considérait l'occupation de gouverner comme son patrimoine ; et qu'enfin l'opinion était disposée à se déclarer ouvertement contre tout citoyen, quel qu'il fût, qui oserait prétendre à un droit exclusif de remplir les charges de l'État.

4° Que le caractère de l'un des premiers fondateurs des colonies anglaises dans le nouveau monde, le célèbre Penn, était le caractère dominant de la nation américaine ; que cette nation se montrait en général essentiellement pacifique, industrieuse et économe.

J'ai conclu de ses observations que les Américains établiraient chez eux un régime infiniment plus libéral et plus démocratique que celui sous lequel vivaient les peuples européens ; que leur esprit national ne serait point l'esprit militaire ; que, dans la constitution qu'ils se donneraient, dans toutes les lois, tous les règlements qu'ils feraient, ils s'attacheraient à protéger l'agriculture, le commerce et tous les genres d'industrie ; que le but constant de leur législation serait de garantir à tous les citoyens indistinctement, et même à tous les étrangers, leur liberté individuelle et la jouissance entière de leurs propriétés, de quelque nature qu'elles fussent ; que l'opinion publique, ainsi que les lois, ne considéreraient les fonctions militaires que comme des occupations

____
[1] Elle existait au Canada.

passagères, accidentelles, auxquelles tous les citoyens sont obligés de se livrer quand les circonstances l'exigent, mais qui ne sont point de nature à devenir la profession particulière et unique d'une partie importante de la population, et qui doivent encore être moins considérées comme donnant à ceux qui les exercent des droits aux premières magistratures.

J'en ai conclu que, sous d'autres rapports non moins importants, les Américains s'éloigneraient dans leur marche de la direction suivie en Europe.

Le plus grand homme d'État, en Europe, celui, du moins, qui passe pour le plus habile, qu'on estime, qu'on avance, qu'on élève le plus, c'est toujours celui qui trouve un moyen d'augmenter les revenus de l'impôt, sans trop faire crier les imposés. Je sentis qu'en Amérique le plus grand homme d'État serait celui qui trouverait le moyen de diminuer le plus possible les charges du peuple sans faire souffrir le service public. Le peuple ou les gouvernés de l'ancien monde se sont soumis à l'opinion, qu'il fallait, pour le bien général, que les fonctionnaires publics fussent chèrement payés, de gros salaires étant supposés nécessaires pour la représentation ; je sentis que les Américains penseraient tout autrement, et que les fonctionnaires publics auraient d'autant plus de part à leur estime, qu'ils étaleraient moins de luxe, qu'ils seraient d'un abord plus facile et plus simples dans leurs mœurs.

J'ai pensé, enfin, qu'il y aurait cette différence dans les principes fondamentaux de l'organisation sociale, entre l'ancien et le nouveau continent, que, en Amérique, occuper les emplois publics serait regardé comme une charge onéreuse, acceptée par devoir et par soumission à la volonté générale, tandis qu'au contraire, en Europe, avoir part au gouvernement c'était exercer un droit, un droit se transmettant par héritage, un droit tenant lieu de patrimoine, parce qu'il donnait la richesse.

LE POLITIQUE.

1818.

Conditions nécessaires pour l'établissement solide de la liberté en France.

La nation française ne jouira pas de la liberté, tant qu'elle conservera le désir de dominer les autres nations.

Car le seul moyen qu'un peuple puisse employer pour établir sa domination sur les autres peuples, et pour la maintenir, est celui d'avoir une armée qui soit nombreuse, permanente et soldée.

Car il faut que cette armée soit animée de l'esprit le plus militaire possible, c'est-à-dire qu'elle soit exaltée au plus haut degré dans cette direction : ce qui ne peut avoir lieu qu'à la condition que le premier degré de considération sociale soit accordée aux militaires.

Car, pour que les militaires jouissent du premier degré de considération sociale, il faut que les chefs de l'État soient militaires, ce qui constitue le régime militaire, qui est le plus opposé de tous au régime de la liberté.

Car, pour que l'armée soldée soit utile à la nation qui l'entretient, c'est-à-dire pour qu'elle puisse exercer une grande action sur l'extérieur, il faut qu'elle soit très-subordonnée à ses chefs, et l'effet de sa subordination, dans le cas où ses chefs sont en même temps les chefs de l'État, est de placer dans les mains du gouvernement un pouvoir arbitraire dont il use nécessairement pour soumettre la nation à ses caprices, et pour la priver par conséquent de sa liberté.

La première mesure à prendre pour établir la liberté est donc de licencier l'armée soldée.

Réponse à une première objection.

Mais, nous dira-t-on, *si vous licenciez votre armée permanente, vos frontières se trouveront à découvert ; elles seront ouvertes à l'étranger qui pénétrera chez vous* quand il voudra, *et qui envahira votre territoire toutes les fois qu'il lui en prendra fantaisie.*

A cela nous repondrons :

La nation française a dissous son armée de ligne, à l'instant même où elle a été attaquée et au plus fort de la crise politique qu'elle a éprouvée pour la réforme de son régime social. Ce ne sont point des Français, militaires par état, qui ont chassé les armées prussiennes et autrichiennes ; ce sont des soldats citoyens, des soldats qui n'avaient jamais porté les armes, des soldats qui devaient quitter la carrière militaire, après avoir fait évacuer notre territoire ; qui composaient notre armée au camp de la Lune, et qui ont remporté la victoire de Jemmapes.

La nation espagnole n'avait point de troupes réglées quand elle a entrepris de faire évacuer son territoire par les armées qui s'en étaient emparées et qui en occupaient tous les points militaires importants, et cependant la nation a complétement réussi dans cette entreprise.

L'Allemagne avait des armées soldées très-nombreuses, très-bien exercées, très-bien disciplinées et qui jouissaient d'une grande réputation militaire, cela n'a point empêché la nation allemande d'être conquise par des armées étrangères, qui l'ont dominée pendant plusieurs années de suite, et qui n'ont été chassées de son territoire que par la landewhr et la landsturm, c'est-à-dire par la classe non militaire de la nation allemande.

L'expérience a donc prouvé par trois faits très-importants et très-récents, que les armées permanentes et soldées étaient très-propres à la guerre offensive, mais qu'elles ne valaient rien pour la guerre défensive. Ce sont des citoyens et non des soldats qui ont défendu la ville de Saragosse.

Le raisonnement vient à l'appui de l'expérience.

Celui qui se fait soldat pour résister à l'étranger n'est mû que par le désir de conserver ce qu'il a acquis par son travail ; mais le désir de la conservation est tellement vif chez lui, qu'il ne développe pas moins de courage pour conserver ce qu'il possède et pour recouvrer la tranquillité, que le soldat par métier, pour acquérir, aux dépens de l'étranger, de la gloire et des richesses.

Nous concluons donc du raisonnement comme de l'expérience, qu'une nation qui n'ambitionne point de dominer les peuples étrangers, n'a aucun besoin d'armée permanente et soldée, et qu'une armée de ligne régulière ne peut être pour elle qu'une charge ; puisque, quelque quantité de troupes de ce genre qu'elle entretienne, les citoyens livrés à des travaux pacifiques se trouvent forcés de prendre les armes, dans le cas d'envahissement de leur territoire.

———

Depuis le rachat des communes en France, il s'est créé de nouvelles propriétés.

L'agriculteur a acquis des chevaux, de nombreux bestiaux, des instruments aratoires de tous genres pour exploiter la terre qui lui appartient, ou celle dont il n'est que le fermier. Cette propriété acquise par ses sueurs ne lui donne-t-elle pas des droits égaux à ceux de la terre transmise par héritage ? Cet agriculteur n'offre-t-il pas des garanties à l'ordre social ? N'est-il pas plus que le propriétaire foncier intéressé à ce que le *sol ne tremble pas* ?

Les guerres civiles, les invasions étrangères ne sont-elles pas plus funestes pour lui que pour le possesseur de la terre ? Si le sol tremble, il ne s'anéantit pas pour celui-ci ; mais ce tremblement engloutit la propriété du cultivateur : ses chevaux sont enlevés ; ses bestiaux, ses grains, ses fourrages sont dévorés, le soc de sa charrue est converti en instrument de destruction ; sa vie même est menacée : il ne peut abandonner sa propriété ; tandis que le possesseur de la terre jouit, au sein des villes, de plus de protection et de sûreté que l'agriculteur n'en trouve au milieu de ses champs ravagés.

Ce tableau, que chacun de nous a eu le malheur d'avoir récemment sous les yeux, n'est-il pas plus fidèle?

Lequel du cultivateur ou du propriétaire foncier a le plus d'intérêt que le *sol ne tremble pas?*

Depuis l'extension donnée au commerce, par la facilité des communications par terre et par mer entre tous les peuples du globe, les commerçants ne sont pas les *propriétaires* les moins importants. Les marchandises de tous les points de l'univers rassemblées dans leurs magasins, les navires qui les ont portées, tout cela forme de riches et intéressantes propriétés.

Bien plus que le possesseur de terres, le commerçant redoute que le *sol tremble;* une sédition, une guerre maritime ou continentale exposent les propriétés commerciales au pillage, et alors le négociant ne perd pas seulement ce qu'il a, il reste débiteur de ses engagements, il lui faut payer ses lettres de change, et la ruine de sa fortune est encore celle de son crédit, de son honneur même. Que le *sol tremble*, et il est menacé dans ce que les hommes ont de plus cher au monde : la fortune et l'honneur.

Que si l'on répond que l'on peut transporter son commerce hors de sa patrie, nous demanderons s'il peut aussi transporter ses acheteurs, ses établissements, ses relations de négoce ; si l'on est obligé d'en reconnaître l'impossibilité, il faudra bien avouer que le propriétaire commercial a un intérêt bien plus pressant que le propriétaire foncier à ce que le *sol ne tremble pas.*

Et ce manufacturier qui, appelant à son secours la mécanique, la chimie et tous les arts, est parvenu à créer et à fournir à son pays les denrées, les vêtements, les objets de tout genre, qui rendraient sa nation tributaire de celles étrangères, que le *sol tremble*, et ses ingénieuses mécaniques sont brisées, et leurs produits pillés, dissipés en un moment.

Il en est ainsi de toutes les propriétés nées de l'industrie :

leur sûreté est toute entière dans la paix, dans l'ordre, comme leur succès dans la prospérité publique.

Pourquoi donc un genre de propriété qui par sa nature redoute plus que tout autre les malheurs de la patrie, qui se réjouit et profite de son bonheur, aurait-il moins de droits que la propriété foncière qui, sans y être indifférente, y est moins intimement liée?

Puisque les besoins de la civilisation ont donné naissance à ces diverses propriétés, il est juste, il est conforme à l'intérêt public de leur donner des droits égaux du moins à ceux de la propriété foncière.

———

J'observe que tout fonctionnaire public est plus intéressé à l'augmentation de l'impôt qu'à sa diminution; car la diminution de l'impôt force le gouvernement à réduire les appointements, tandis que son accroissement lui donne les moyens de les augmenter.

Il résulte évidemment de là qu'il est de l'intérêt de la nation que les fonctionnaires publics ne soient point éligibles à la chambre des députés.

J'observe ensuite que les propriétaires, dont les capitaux ne sont point engagés dans des entreprises industrielles, peuvent être séduits par la promesse d'une place du gouvernement, et qu'en général les places de ce genre sont l'objet des désirs des propriétaires inoccupés, parce que ces places sont pour eux un moyen d'accroître leur considération et leur aisance.

J'observe enfin que les propriétaires dont les capitaux sont engagés dans des entreprises industrielles, ayant plus à perdre qu'à gagner en acceptant des places du gouvernement, parce que les devoirs de ces places les forceraient à négliger leurs affaires, ils sont de tous les citoyens les plus propres à faire de bons députés des communes; attendu, d'une part, que l'impôt ne peut être pour eux qu'une charge, et, d'une autre part, qu'ils ont l'habitude de traiter les affaires et de les conduire de la manière la plus économique.

Je conclus :

Une loi sur les élections qui exclurait de la chambre des députés tout citoyen qui ne se trouverait pas engagé de sa personne et de ses capitaux dans des entreprises industrielles, serait la meilleure loi des élections qu'il fût possible de faire.

Les industriels sont, en dernière analyse, les seuls libéraux naturels, les seuls véritables et solides. Certes, nous ne prétendons pas qu'il n'y ait actuellement parmi les propriétaires non producteurs, parmi les militaires, parmi les légistes, et même parmi les fonctionnaires publics, des personnes animées des intentions les plus libérales ; et, d'un autre côté, nous prétendons encore bien moins que tous les industriels, ou seulement la plupart d'entre eux, sentent aujourd'hui assez vivement combien leurs intérêts sont identiques avec la cause nationale. Mais ce ne sont pas les hommes que nous considérons en politique, ce sont les choses ; c'est-à-dire les intérêts qui sont de leur nature fixes, positifs, indestructibles, et non des intérêts temporaires, accidentels, variables, aussi bien que des sentiments qui ne le sont pas moins quand ils n'ont pas pour base des intérêts.

Ainsi, toutes les fois qu'un propriétaire oisif, un militaire, un légiste, un fonctionnaire public se trouve être libéral (et, encore une fois, nous avouons qu'il y en a beaucoup aujourd'hui dans ce cas), nous pensons que cette disposition ne provient que d'un intérêt purement de circonstance, ou d'un sentiment très-louable sans doute, mais qui fait exception : de même qu'il peut exister et qu'il existe effectivement des libéraux parmi les ci-devant privilégiés, quoique ce ne soit point là qu'il faille les chercher. La classe industrielle est la seule vraiment libérale par sa nature, c'est-à-dire par sa position et par ses intérêts, car les industriels sont les seuls qui soient directement et constamment intéressés à la liberté, à la paix, à l'économie ; les seuls qui ne puissent jamais profiter de l'arbitraire, de la guerre et du gaspillage ; les seuls enfin qui supportent toujours ces trois grands fléaux, tant qu'ils durent, et sans pouvoir les rejeter sur personne.

D'un autre côté, nous remarquons qu'une cause quelconque ne peut faire de progrès assurés, continus et rapides, qu'autant que les véritables intéressés s'en occupent directement. Or, depuis 1789 jusqu'à présent, les industriels ont presque toujours laissé stipuler leurs intérêts et conduire leurs affaires politiques par des hommes qui n'étaient point leurs pairs, et principalement par des nobles et des gens de loi. C'est à des nobles et à des gens de loi que les industriels doivent les améliorations que la Révolution française a apportées à leur existence politique, améliorations auxquelles l'industrie n'a pris d'autre part que de les sanctionner de son vœu.

Ce défaut d'énergie et d'activité des industriels pour leurs intérêts sociaux, cette défiance qu'ils ont de leurs forces et de leur capacité politique, provient des habitudes de subalternité qu'ils ont contractées sous la longue domination des nobles et des militaires. Sans doute, puisque cette domination est presque entièrement et pour jamais détruite, les habitudes qu'elle a engendrées doivent nécessairement disparaître peu à peu, par la seule marche des choses. Mais tous ceux qui désirent le perfectionnement de l'ordre social, et qui savent en quoi il doit consister aujourd'hui, doivent appeler de tous leurs vœux, et provoquer de tous leurs efforts l'heureux jour où ces habitudes seront complétement effacées, et où les industriels auront enfin, relativement à leurs intérêts politiques, toute l'énergie, toute l'élévation de pensées, toute la confiance qui conviennent à leur nouvelle position sociale. La liberté, la paix et l'économie ne seront solidement établies que du moment où le *principal pouvoir politique* passera dans les mains des *industriels;* or, si ce passage n'est point encore effectué, les industriels ne doivent s'en prendre qu'à eux-mêmes, à leur manque de fermeté et d'activité politique, car il n'y a plus aujourd'hui d'obstacle réel qui puisse retarder la marche de la civilisation, du moins en France.

ORGANISATEUR.

1819.

____

(1er EXTRAIT.)

Parabole.

 Nous supposons que la France perde subitement ses cinquante premiers physiciens, ses cinquante premiers chimistes, ses cinquante premiers physiologistes, ses cinquante
premiers mathématiciens, ses cinquante premiers poëtes, ses
cinquante premiers peintres, ses cinquante premiers sculpteurs, ses cinquante premiers musiciens, ses cinquante premiers littérateurs ;

 Ses cinquante premiers mécaniciens, ses cinquante premiers ingénieurs civils et militaires, ses cinquante premiers
artilleurs, ses cinquante premiers architectes, ses cinquante
premiers médecins, ses cinquante premiers chirurgiens, ses
cinquante premiers pharmaciens, ses cinquante premiers
marins, ses cinquante premiers horlogers ;

 Ses cinquante premiers banquiers, ses deux cents premiers
négociants, ses six cents premiers cultivateurs, ses cinquante
premiers maîtres de forges, ses cinquante premiers fabricants d'armes, ses cinquante premiers tanneurs, ses cinquante premiers teinturiers, ses cinquante premiers mineurs,
ses cinquante premiers fabricants de drap, ses cinquante
premiers fabricants de coton, ses cinquante premiers fabricants de soieries, ses cinquante premiers fabricants de toile,
ses cinquante premiers fabricants de quincaillerie, ses cin-

quante premiers fabricants de faïence et de porcelaine, ses cinquante premiers fabricants de cristaux et de verrerie, ses cinquante premiers armateurs, ses cinquante premières maisons de roulage, ses cinquante premiers imprimeurs, ses cinquante premiers graveurs, ses cinquante premiers orfévres et autres travailleurs en métaux ;

Ses cinquante premiers maçons, ses cinquante premiers charpentiers, ses cinquante premiers menuisiers, ses cinquante premiers maréchaux, ses cinquante premiers serruriers, ses cinquante premiers couteliers, ses cinquante premiers fondeurs, et les cent autres personnes de divers états non désignés, les plus capables dans les sciences, dans les beaux-arts et dans les arts et métiers, faisant en tout les trois mille premiers savants, artistes et artisans de France [1].

Comme ces hommes sont les Français les plus essentiellement producteurs, ceux qui donnent les produits les plus importants, ceux qui dirigent les travaux les plus utiles à la nation, et qui la rendent productive dans les sciences, dans les beaux-arts et dans les arts et métiers, ils sont réellement la fleur de la société française ; ils sont de tous les Français les plus utiles à leur pays, ceux qui lui procurent le plus de gloire, qui hâtent le plus sa civilisation ainsi que sa prospérité : la nation deviendrait un corps sans âme à l'instant où elle les perdrait ; elle tomberait immédiatement dans un état d'infériorité vis-à-vis des nations dont elle est aujourd'hui la rivale, et elle continuerait à rester subalterne à leur égard tant qu'elle n'aurait pas réparé cette perte, tant qu'il ne lui aurait pas repoussé une tête. Il faudrait à la France au moins une génération entière pour réparer ce malheur ; car les hommes qui se distinguent dans les travaux d'une utilité positive sont de véritables anomalies, et la nature n'est pas prodigue d'anomalies, surtout de celles de cette espèce.

Passons à une autre supposition. Admettons que la France

---

[1] On ne désigne ordinairement par artisans que les simples ouvriers. Pour éviter les circonlocutions, nous entendons par cette expression tous ceux qui s'occupent de produits matériels, savoir : les cultivateurs, les fabricants, les commerçants, les banquiers et tous les commis ou ouvriers qu'ils emploient.

conserve tous les hommes de génie qu'elle possède dans les sciences, dans les beaux-arts et dans les arts et métiers, mais qu'elle ait le malheur de perdre le même jour, Monsieur, frère du roi, monseigneur le duc d'Angoulême, monseigneur le duc de Berry, monseigneur le duc d'Orléans, monseigneur le duc de Bourbon, madame la duchesse d'Angoulême, madame la duchesse de Berry, madame la duchesse d'Orléans, madame la duchesse de Bourbon, et mademoiselle de Condé;

Qu'elle perde en même temps tous les grands officiers de la couronne, tous les ministres d'État, avec ou sans département, tous les conseillers d'État, tous les maîtres des requêtes, tous ses maréchaux, tous ses cardinaux, archevêques, évêques, grands vicaires et chanoines, tous les préfets et sous-préfets, tous les employés dans les ministères, tous les juges, et, en sus de cela, les dix mille propriétaires les plus riches parmi ceux qui vivent noblement.

Cet accident affligerait certainement les Français, parce qu'ils sont bons, parce qu'ils ne sauraient voir avec indifférence la disparition subite d'un aussi grand nombre de leurs compatriotes. Mais cette perte des trente mille individus réputés les plus importants de l'État ne leur causerait de chagrin que sous un rapport purement septimental, car il n'en résulterait aucun mal politique pour l'État.

D'abord, par la raison qu'il serait très-facile de remplir les places qui seraient devenues vacantes : il existe un grand nombre de Français en état d'exercer les fonctions de frère du Roi aussi bien que Monsieur ; beaucoup sont capables d'occuper des places de princes tout aussi convenablement que Mgr le duc d'Angoulême, que Mgr le duc d'Orléans, que Mgr le duc de Bourbon; beaucoup de Françaises seraient aussi bonnes princesses que madame la duchesse d'Angoulême, que madame la duchesse de Berry, que mesdames d'Orléans, de Bourbon et de Condé.

Les antichambres du château sont pleines de courtisans prêts à occuper les places de grands officiers de la couronne ; l'armée possède une grande quantité de militaires aussi bons capitaines que nos maréchaux actuels. Que de commis valent nos ministres d'État ! Que d'administrateurs plus en état de bien gérer les affaires des départements que les préfets et sous-préfets présentement en activité ! Que d'avocats aussi bons jurisconsultes que nos juges ! Que de curés aussi capables que nos cardinaux, que nos archevêques, que nos évêques, que nos grands vicaires et que nos chanoines ! Quant aux dix mille propriétaires vivant noblement, leurs héritiers n'auraient besoin d'aucun apprentissage pour faire les honneurs de leurs salons aussi bien qu'eux.

La prospérité de la France ne peut avoir lieu que par l'effet et en résultat des progrès des sciences, des beaux-arts et des arts et métiers : or, les princes, les grands officiers de la couronne, les évêques, les maréchaux de France, les préfets et les propriétaires oisifs, ne travaillent point directement aux progrès des sciences, des beaux-arts et des arts et métiers ; loin d'y contribuer, ils ne peuvent qu'y nuire, puisqu'ils s'efforcent de prolonger la prépondérance exercée jusqu'à ce jour par les théories conjecturales sur les connaissances positives : ils nuisent nécessairement à la prospérité de la nation en privant, comme ils le font, les savants, les artistes et les artisans, du premier degré de considération qui leur appartient légitimement ; ils y nuisent, puisqu'ils emploient leurs moyens pécuniaires d'une manière qui n'est pas directement utile aux sciences, aux arts, et aux arts et métiers ; ils y nuisent, puisqu'ils prélèvent annuellement, sur les impôts payés par la nation, une somme de trois à quatre cents millions sous le titre d'appointements, de pensions, de gratifications, d'indemnités, etc., pour le payement de leurs travaux, qui lui sont inutiles.

Ces suppositions mettent en évidence le fait le plus important de la politique actuelle ; elles placent à un point de vue d'où l'on découvre ce fait dans toute son étendue et d'un seul coup d'œil. Elles prouvent clairement, quoique d'une manière indirecte, que l'organisation sociale est peu perfectionnée, que les hommes se laissent encore exploiter par la violence et par la ruse ; et que l'espèce humaine, politiquement parlant, est encore plongée dans l'immoralité :

Puisque les savants, les artistes et les artisans, qui sont les seuls hommes dont les travaux sont d'une utilité positive à la société, et qui ne lui coûtent presque rien, sont subalternisés par les princes et par les autres gouvernants, qui ne sont que des routiniers plus ou moins incapables ;

Puisque les dispensateurs de la considération et des autres récompenses nationales ne doivent, en général, la prépondérance dont ils jouissent qu'au hasard de la naissance, qu'à la flatterie, qu'à l'intrigue, ou à d'autres actions peu estimables ;

Puisque ceux qui sont chargés d'administrer les affaires publiques se partagent entre eux, tous les ans, la moitié de l'impôt, et qu'ils n'emploient pas un tiers des contributions, dont ils ne s'emparent pas personnellement, d'une manière qui soit utile aux administrés.

Ces suppositions font voir que la société actuelle est véritablement le monde renversé :

Puisque la nation a admis pour principe fondamental que les pauvres devaient être généreux à l'égard des riches, et qu'en conséquence les moins aisés se privent journellement d'une partie de leur nécessaire pour augmenter le superflu des gros propriétaires ;

Puisque les plus grands coupables, les voleurs généraux, ceux qui pressurent la totalité des citoyens, et qui leur enlèvent trois ou quatre cents millions par an, se trouvent chargés de faire punir les petits délits contre la société ;

Puisque l'ignorance, la superstition, la paresse et le goût des plaisirs dispendieux forment l'apanage des chefs suprêmes de la société, et que les gens capables, économes et laborieux, ne sont employés qu'en subalternes et comme des instruments ;

Puisque, en un mot, dans tous les genres d'occupation, ce sont des hommes incapables qui se trouvent chargés du soin de diriger les gens capables ; que ce sont, sous le rapport de la moralité, les hommes les plus immoraux qui sont appelés à former les citoyens à la vertu et que, sous le rapport de la justice distributive, ce sont les grands coupables qui sont préposés pour punir les fautes des petits délinquants.

13.

(2ᵉ EXTRAIT.)

Conception d'un parlement industriel.

Il sera formé une première chambre qui portera le nom de chambre d'*invention*.

Cette chambre sera composée de trois cents membres ; elle sera divisée en trois sections qui pourront s'assembler séparément, mais dont les travaux n'auront le caractère officiel que dans le cas où elles auront délibéré en commun.

Chaque section pourra provoquer l'assemblée des trois sections réunies.

La première section sera composée de deux cents ingénieurs civils ; la seconde de cinquante poëtes ou autres inventeurs en littérature ; et la troisième de vingt-cinq peintres, de quinze sculpteurs ou architectes et de dix musiciens.

Cette chambre s'occupera des travaux suivants :

Elle présentera, à l'expiration de la première année de sa formation, un projet de travaux publics à entreprendre pour accroître les richesses de la France et pour améliorer le sort de ses habitants sous tous les rapports d'utilité et d'agréments ; elle donnera ensuite tous les ans son avis sur les additions à faire à son plan primitif et sur les améliorations dont il lui paraîtra susceptible.

Les dessèchements, défrichements, les percements de routes, les ouvertures de canaux, seront considérés comme la partie la plus importante de ce projet ; les routes et les canaux à faire ne devront pas être conçus seulement comme des moyens de faciliter les transports, leur construction devra être combinée de manière à les rendre le plus agréables possible aux voyageurs [1]. Cette chambre présentera un au-

---

[1] Cinquante milliers d'arpents de terre (et plus si cela est jugé convenable) seront choisis parmi les sites les plus pittoresques, que les chemins ou les canaux traverseront. Ces terrains seront consacrés à servir de lieu de ré-

tre travail qui consistera dans un projet de fêtes publiques.

Ces fêtes seront de deux espèces ; les fêtes d'*espérance* et les fêtes de *souvenir*.

Ces fêtes seront célébrées successivement dans la capitale, dans les chefs-lieux de département et dans les chefs-lieux de canton afin que les orateurs capables (qui ne seront jamais très-nombreux) puissent répandre les bienfaits de leur éloquence.

Dans les fêtes d'*espérance*, les orateurs exposeront au peuple les projets de travaux qui auront été arrêtés par le parlement, et ils stimuleront les citoyens à travailler avec ardeur en leur faisant sentir combien leur sort se trouvera amélioré quand ils auront exécuté ces projets.

Dans les fêtes consacrées aux *souvenirs*, les orateurs s'attacheront à faire connaître au peuple combien sa position est préférable à celle dans laquelle ses ancêtres se sont trouvés.

pos pour les voyageurs, et de séjour de plaisir pour les habitants du voisinage.

Chacun de ces jardins contiendra un musée des produits naturels, ainsi que des produits industriels des contrées environnantes ; ils renfermeront aussi des habitations pour les artistes qui voudront s'y arrêter, et il y sera toujours entretenu un certain nombre de musiciens, destinés à enflammer les habitants du canton de la passion dont les circonstances exigeront le développement, pour le plus grand bien de la nation.

La totalité du sol français doit devenir un superbe parc à l'anglaise, embelli par tout ce que les beaux-arts peuvent ajouter aux beautés de la nature. Depuis longtemps le luxe est concentré dans le palais des rois, dans les habitations des princes, dans les hôtels et les châteaux de quelques hommes puissants. Cette concentration est très-nuisible aux intérêts généraux de la société, parce qu'elle tend à établir deux degrés de civilisation distincts, deux classes d'hommes différentes, celle des personnes dont l'intelligence est développée par la vue habituelle des productions des beaux-arts, et celle des hommes dont les facultés d'imagination ne reçoivent aucun développement ; les travaux matériels, dont ils sont occupés, ne stimulant point leur intelligence.

Les circonstances actuelles sont favorables pour rendre le luxe national. Le luxe deviendra utile et moral quand ce sera la nation entière qui en jouira. C'est à notre siècle qu'étaient réservés l'honneur et l'avantage d'employer d'une manière directe, dans les combinaisons politiques, les progrès des sciences exactes, et ceux faits dans les beaux-arts, depuis la brillante époque de leur régénération.

Le noyau de la chambre d'invention sera composé : 1°. des quatre-vingt-six ingénieurs en chef des ponts et chaussées dans les départements ; 2° de quarante membres de l'Académie de France ; 3° des peintres, des sculpteurs et des musiciens qui sont de l'Institut.

Chaque membre de cette chambre jouira d'un traitement annuel de dix mille francs.

Il sera mis tous les ans à la disposition de cette chambre une somme de douze millions qu'elle emploiera en encouragements pour les inventions qu'elle jugera utiles. La première section disposera de huit millions, et les deux autres de deux millions chacune.

Le noyau de cette chambre procédera de lui-même à se compléter.

La chambre se constituera elle-même, c'est-à-dire elle fixera elle-même les conditions qui devront être remplies pour être électeur, ainsi que celles qui seront exigées des candidats. Ses membres ne pourront pas être nommés pour plus de cinq années, mais ils seront indéfiniment rééligibles et la chambre pourra adopter le mode de remplacement qu'elle voudra.

Cette chambre pourra s'associer cent membres nationaux et cinquante étrangers. Les associés auront le droit de siéger à la chambre ; ils y auront voix consultative.

Il sera formé une seconde chambre qui prendra le nom de chambre d'*examen*.

Cette chambre se composera de trois cents membres, dont cent physiciens occupés de la physique des corps organisés, cent physiciens occupés de la physique des corps bruts et cent mathématiciens.

Cette chambre sera chargée de trois espèces de travaux.

Elle examinera tous les projets présentés par la première chambre, et elle dira son opinion détaillée et motivée sur chacun de ces projets.

Elle fera un projet d'éducation publique générale ; ce plan sera divisé en trois degrés d'enseignement, correspondant à trois degrés d'aisance différents des citoyens. Il aura pour objet de rendre les jeunes gens les plus capables possible de concevoir, de diriger et d'exécuter des travaux utiles.

Attendu que tout citoyen est le maître de professer la religion qu'il veut, et par conséquent qu'il peut faire élever ses enfants dans celle qu'il préfère, il ne devra être nullement question de religion dans le plan d'éducation que cette chambre présentera.

Quand le projet aura été admis par les deux autres chambres, celle d'*examen* sera chargée de son exécution, et elle conservera la surveillance de l'instruction publique.

Le troisième travail dont cette chambre devra s'occuper sera un projet de fêtes publiques de l'espèce suivante :

Fêtes des hommes, fêtes des femmes, fêtes des garçons, fêtes des filles, fêtes des pères et mères, fêtes des enfants, fêtes des chefs d'ateliers, fêtes des ouvriers.

Dans chacune de ces fêtes, des orateurs nommés par la chambre d'examen feront un discours sur les devoirs sociaux de ceux en l'honneur de qui la fête sera célébrée.

Chaque membre de cette chambre jouira d'un traitement annuel de dix mille francs.

Il sera mis, tous les ans, à la disposition de cette chambre, une somme de ving-cinq millions qui sera employée par elle aux dépenses qu'exigeront les écoles publiques, et aux encouragements à donner pour hâter les progrès des sciences physiques et mathématiques.

La chambre d'*examen* se constituera en remplissant les mêmes conditions que la chambre d'*invention*.

Ce sera la classe des sciences physiques et mathématiques de l'Institut qui fournira le noyau de cette chambre.

La chambre d'examen pourra s'associer cent membres nationaux et cinquante étrangers, qui auront voix consultative.

La chambre des communes se reconstituera quand les deux premières seront formées ; elle prendra alors le nom de chambre d'*exécution*.

Cette chambre aura soin que, dans sa nouvelle composition, chaque branche de l'industrie soit représentée, et qu'elle ait un nombre de députés proportionné à son importance.

Les membres de la chambre d'exécution ne jouiront d'aucun traitement, attendu qu'ils doivent tous être riches, ne pouvant être choisis que parmi les principaux chefs des maisons d'industrie.

La chambre d'exécution sera chargée de diriger l'exécution de tous les projets arrêtés ; elle sera chargée d'établir l'impôt et de le faire percevoir.

Les trois chambres réunies formeront le parlement nouveau, lequel sera investi du pouvoir souverain, tant constitutionnel que législatif.

Chacune des trois chambres aura le droit de convoquer le parlement.

La chambre d'exécution pourra appeler l'attention des deux autres sur les objets qu'elle jugera convenables.

Ainsi tout projet sera présenté par la première chambre, examiné par la seconde, et ne sera définitivement adopté que par la troisième.

S'il arrivait jamais qu'un projet présenté par la première chambre fût rejeté par la seconde, pour éviter toute perte de temps, il serait renvoyé à la première, sans avoir passé par la troisième.

Tous les Français (particulièrement les jurisconsultes), seront invités à présenter un nouveau système de lois civiles et un nouveau système de lois criminelles en rapport avec le nouveau système politique. La propriété devra être reconstituée et fondée sur des bases qui peuvent la rendre plus favorable à la production.

Tous les projets présentés au parlement seront publiés aux frais de la nation [1]. Le parlement choisira le projet de code civil et le projet de code criminel qui lui paraîtront les meilleurs ; il accordera une récompense importante à leurs auteurs, et il les admettra dans les chambres lors de la discussion des codes qu'ils auront présentés en leur donnant voix consultative dans cette discussion.

---

[1] Les projets ne seront point imprimés en totalité ; il en sera seulement publié des extraits, et ces extraits ne pourront pas contenir plus d'une feuille d'impression.

Tous les Français (particulièrement les ingénieurs militaires) seront invités à présenter un projet de défense générale du territoire. Ce projet devra être conçu de manière à exiger le moins de troupes permanentes possibles. Les auteurs de ces travaux ne devront pas perdre de vue que tous les moyens employés pour la défense de notre territoire deviendront inutiles, et qu'ils devront être abandonnés dès l'instant que les peuples voisins auront adopté le même système de politique que la nation française.

Il ne sera accordé aucune récompense nationale à l'auteur du projet qui sera préféré.

Il sera fait un emprunt de deux milliards, avec fonds d'amortissement, pour indemniser les personnes aux intérêts pécuniaires desquelles l'établissement du nouveau système politique aura causé quelque dommage.

Une récompense nationale sera accordée à l'auteur de l'ouvrage qui remplira le mieux les trois conditions suivantes :

1° Démontrer la supériorité du nouveau système politique sur l'ancien.

2° Établir le meilleur mode de répartition de l'indemnité de deux milliards accordée à ceux dont les intérêts auront été lésés par l'établissement du nouveau système.

3° Prouver que la somme de deux milliards, accordée en indemnité aux personnes intéressées à s'opposer à l'établissement du nouveau système, est extrêmement peu considérable, en comparaison des avantages que l'établissement paisible du régime libéral procurera à la nation.

(3ᵉ EXTRAIT.)

Du rôle de l'autorité dans les sociétés modernes.

Nous avons essayé de faire sentir la nécessité pour la société de se donner un but positif d'organisation autre que le but vague du bonheur. Maintenant que nous avons fixé ce but, nous pouvons nous faire de cette nécessité une idée plus exacte. Il suffit pour cela de comparer ce que doit être le système social dans les deux suppositions d'un but vague, et du but positif que nous avons déterminé. Le parallèle fera ressortir, sous un nouveau point de vue, l'importance du principe que nous avons posé.

Qu'on se représente une nombreuse caravane disant à ses conducteurs : *Menez-nous où nous serons le mieux*. Dès ce moment les conducteurs sont tout, la caravane n'est rien ; elle ne marche plus qu'en aveugle ; car pour qu'un voyage de cette nature puisse avoir lieu, seulement pendant vingt-quatre heures, il faut que la caravane accorde à ses chefs une confiance illimitée, une obéissance tout à fait passive. Elle est donc entièrement à la merci de leur mauvaise foi et de leur ignorance. Elle ne peut se réserver d'autre droit que celui de déclarer que tel désert où on l'aura menée ne lui convient pas, et qu'il faut la conduire ailleurs. Mais ce droit ne peut guère lui servir qu'à faire, à ses dépens, une série d'expériences qui lui seront toujours inutiles tant qu'elle laissera à ses guides à déterminer le but du voyage.

Supposons, au contraire, que la caravane dise à ses conducteurs : *Vous savez le chemin de La Mecque, menez-nous-y*. Dans ce nouvel état de choses, les conducteurs ne sont plus des chefs, ils ne sont que des guides ; leurs fonctions, quoique très-importantes, ne sont que subalternes. Chaque voyageur conserve le droit de faire, toutes les fois qu'il le juge convenable, des observations critiques sur la route que l'on tient, et de proposer, suivant ses lumières, les modifications qu'il croit utiles. Comme la discussion ne peut jamais rouler que sur une question très-positive et très-jugeable, (nous éloignons-nous ou nous rapprochons-nous de La Mecque?), ce n'est plus à la volonté des guides que la caravane obéit (en la supposant un peu éclairée), c'est *à sa propre conviction*, résultant des démonstrations qui lui ont été présentées.

La première supposition est l'image de la société, enjoignant vaguement à ceux qui la dirigent de faire son bonheur ; la seconde correspond à la société organisée pour travailler

à accroître la prospérité par les sciences, par les beaux-arts
et les arts et métiers. On peut même dire que l'énorme différence qui existe entre les deux états de la caravane, ne
donne qu'une idée imparfaite de celle qu'il y a entre ces deux
systèmes sociaux. Leur opposition nous semble fidèlement
rendue par ce peu de mots : Dans l'ancien système, la société
est essentiellement gouvernée par des hommes; dans le nouveau, elle n'est plus gouvernée que par des principes. Nous
avons déjà suffisamment établi plus haut la première partie
de cette assertion; occupons-nous de la seconde.

Dans une société organisée pour le but positif de travailler à sa prospérité par les sciences, les beaux-arts
et les arts et métiers, l'acte politique le plus important,
celui qui consiste à fixer la direction dans laquelle la société
doit marcher, n'appartient plus aux hommes investis des
fonctions sociales, il est exercé par le corps social lui-même;
c'est de cette manière que la Société, prise collectivement,
peut réellement exercer la souveraineté qui ne consiste point
alors dans une opinion arbitraire érigée en loi par la masse,
mais dans un principe dérivé de la nature même des choses,
et dont les hommes n'ont fait que reconnaître la justesse
et proclamer la nécessité. Dans un tel état de choses, les citoyens chargés des différentes fonctions sociales, même des
plus élevées, ne remplissent, sous un certain point de vue,
que des rôles subalternes, puisque leurs fonctions, de quelque importance qu'elles soient, ne consistent plus qu'à marcher dans une direction qui n'a pas été choisie par eux. De
plus, le but et l'objet d'une telle organisation sont si clairs,
si déterminés, qu'il n'y a plus de place pour l'arbitraire des
hommes, ni même pour celui des lois, parce que l'un et l'autre
ne peuvent s'exercer que dans le vague qui est, pour ainsi
dire, leur élément naturel. L'action de gouverner est nulle
alors, ou presque nulle, en tant que signifiant action de commander. Toutes les questions qui doivent s'agiter dans un
pareil système politique : quelles sont les entreprises pour
lesquelles la société peut accroître sa prospérité actuelle, à
l'aide des connaissances qu'elle possède présentement dans

les sciences, dans les beaux-arts et dans les arts et métiers ?
quelles sont les mesures à prendre pour répandre ces connaissances et pour les perfectionner autant que possible ?
enfin, par quels moyens ces différentes entreprises peuvent-
elles s'exécuter avec le moins de frais, et dans le moins de
temps possible ? ces questions, disons-nous, et toutes celles
qu'elles peuvent engendrer, sont éminemment positives et
jugeables ; les décisions ne peuvent être que le résultat de
démonstrations scientifiques, absolument indépendantes de
toute volonté humaine, et susceptibles d'être discutées par
tous ceux qui auront le degré d'instruction suffisant pour les
entendre. En outre, par cela seul que, dans un tel système,
toutes les fonctions sociales ont un caractère positif et un
objet bien déterminé, la capacité nécessaire pour le remplir
est si évidente, si facile à constater, qu'il ne saurait y avoir
jamais d'indécision à ce sujet ; et que chaque citoyen doit
tendre naturellement à se renfermer dans le rôle auquel il
est le plus propre. Et, de même alors que toute question d'intérêt social sera nécessairement décidée aussi bien qu'elle
peut l'être avec les connaissances actuellement acquises, de
même toutes les fonctions sociales seront nécessairement
confiées aux hommes les plus capables [1] de les remplir conformément au but général de l'association. Ainsi, dans cet
ordre de choses, on verra disparaître à la fois les trois principaux inconvénients du système politique actuel, l'arbitraire,
l'incapacité et l'intrigue.

Si, dans l'exposé sommaire que nous avons fait du but que
doit prendre désormais l'organisation sociale, nous n'avons

[1] Il existe bien dans ce moment un principe en circulation, consistant en
ce que les places doivent être confiées aux hommes les plus capables ; mais
ce principe n'a rien de commun avec celui que nous essayons d'établir. La
capacité dont ceux qui appuient ce principe soutiennent les droits, est la
capacité pour la force et pour la ruse. Or, non-seulement ce n'est point de
celle-là qu'il est ici question ; mais nous sommes de plus intimement persuadés qu'il serait très-fâcheux que cette capacité fût investie des pouvoirs politiques existants, puisque le résultat nécessaire de cet événement serait de
prolonger, au delà de son terme naturel, la durée d'un système social dé-
fectueux. L'incapacité actuelle est très-préférable à cette capacité-là.

pas compris le maintien de l'ordre, c'est parce que le maintien de l'ordre est bien une condition fondamentale pour que la société puisse se livrer à une entreprise quelconque, mais ne saurait être regardé comme le but de la société. L'opinion que le système politique doit avoir uniquement et exclusivement pour objet de maintenir l'ordre, opinion conçue et accréditée par des hommes très-estimables, est fondée sur ce que, dans l'état actuel des choses, les gouvernements n'ont, en effet, d'autre utilité réelle que d'assurer plus ou moins bien la tranquillité et la sécurité de tous les travaux particuliers. On a reconnu que presque toutes les mesures par lesquelles ils ont prétendu influer sur la prospérité sociale n'ont eu d'autre résultat effectif que de lui faire tort; et, de ce fait, on a conclu l'adage que ce que les gouvernements peuvent faire de mieux pour le bonheur de la société, c'est de ne pas s'en mêler. Mais cette manière de voir, qui est juste quand on ne la considère que par rapport au système politique existant, est évidemment fausse quand on l'adopte dans un sens absolu; elle ne peut subsister ainsi qu'autant qu'on ne s'est pas élevé à l'idée d'un autre système politique.

Les fonctions qui ont principalement pour objet le maintien de l'ordre ne seront donc plus classées, dans la nouvelle organisation sociale, que suivant leur rang naturel, c'est-à-dire comme des fonctions subalternes et de police; car il est évident qu'elles ne peuvent être fonctions principales qu'autant que l'association n'a pas de but; du moment qu'elle en a un quelconque, même vicieux, elles deviennent secondaires. Or, observons maintenant que cette portion de l'action sociale est la seule, dans le nouveau système, qui exige un certain degré de commandement des hommes à l'égard les uns des autres, puisque tout le reste, comme nous l'avons expliqué, est l'action des principes. Il suit de là que l'action de gouverner proprement dite sera restreinte alors le plus possible. Les hommes jouiront, par conséquent, dans cet ordre de choses, du plus haut degré de liberté qui soit compatible avec l'état de société. Il faut même remarquer que cette fonction de maintenir l'ordre peut alors aisément devenir, presqu'en totalité, une charge commune à tous les citoyens, soit pour contenir les perturbateurs, soit pour décider les contestations. Ainsi, la portion de pouvoir qu'il suffira d'accorder aux hommes chargés spécialement de cet objet pourra être excessivement faible, et sera d'autant moins redoutable pour la liberté, que ces hommes ne seront classés que comme subalternes. Il faut un très-grand appareil de gouvernement pour maintenir l'ordre, lorsque le système politique ne tend point clairement à la prospérité sociale, parce qu'alors on est obligé de considérer la masse comme ennemie de l'ordre établi. Mais lorsque chacun aperçoit nettement le but d'amélioration vers lequel on marche et les pas successifs qui en rapprochent, la masse de la population exerce une force passive qui suffit presque seule pour contenir une minorité antisociale.

Nous ne pouvons mieux représenter l'opposition qui doit exister entre les deux systèmes, sous le rapport que nous venons de considérer, qu'en employant la comparaison suivante que nous puisons dans des faits réels et connus :

L'École polytechnique est l'établissement d'instruction de l'ordre le plus élevé qui ait jamais été organisé. Lorsqu'il fut question de la créer, ses fondateurs s'occupèrent, d'une part, de former un plan d'instruction propre à faire acquérir à la masse des élèves le plus de connaissances, et les connaissances les plus importantes dans le moins de temps possible ; et, d'une autre part, de faire accepter aux hommes les plus capables les fonctions de l'enseignement. Ces deux conditions une fois remplies, ils regardèrent leur tâche comme terminée ; l'établissement était fondé. Considérant néanmoins que la nature de cet établissement donnait lieu à quelques affaires administratives, ils répartirent cette besogne secondaire entre les différents professeurs qui se réunissaient quelquefois en conseil d'administration. Enfin, persuadés qu'il était nécessaire de maintenir un certain ordre dans cette nombreuse réunion de jeunes gens pour qu'ils retirassent de l'enseignement tout le fruit possible, ils chargèrent de ce soin un fonctionnaire estimable, qui n'avait point assez de capacité pour être professeur, et qui ne se classait lui-même que comme un subalterne. On sait combien l'établissement prospéra.

Bonaparte survient, il trouve cette organisation beaucoup trop simple, et pour y mettre un peu du sien, il veut lui donner ce qu'il appelle de la dignité et de l'importance. Que fait-il? Il superpose à l'établissement un gouverneur pris parmi ses courtisans, un sous-gouverneur colonel, et un directeur, ayant chacun quelques sous-ordres et chargés uniquement à eux tous du maintien de la discipline; il supprime le conseil d'administration, et il met à la place un administrateur en chef, assisté de plusieurs employés de différents grades. C'est toute cette collection de gens inutiles et de gens incapables qui figure en première ligne, qui est regardée comme l'âme de l'institution, qui obtient le premier degré de considération, qui éclipse les professeurs. L'ordre primitif et naturel est totalement interverti : la partie subalterne de l'établissement en devient la tête, et les fonctions vraiment importantes ne sont plus classées qu'en seconde ligne. Il n'est pas nécessaire d'ajouter que cette nouvelle organisation, qui subsiste encore, est infiniment plus dispendieuse que l'ancienne, et que ce sont précisément les fonctionnaires les plus inutiles et les plus incapables qui coûtent le plus cher.

La comparaison que nous venons d'établir, agrandie, étendue par la pensée à toutes les parties de l'ordre social, fera évaluer à sa juste valeur la supériorité du nouveau système politique sur l'ancien.

Nous nous flattons d'avoir prouvé suffisamment par ce qui précède, que la seule chose vraiment importante qui puisse être faite aujourd'hui pour le perfectionnement de l'état social, consiste à déterminer l'opinion publique à prononcer fortement son vœu pour l'organisation d'un système politique ayant pour objet de travailler à la prospérité sociale par les sciences, les beaux-arts et les arts et métiers.

OPINIONS LITTÉRAIRES, PHILOSOPHIQUES ET INDUSTRIELLES.

1824.

De l'état de l'administration chez les peuples de l'antiquité, et de ses progrès chez les peuples du moyen âge.

La supériorité du système d'organisation sociale théologique et féodale sur les régimes politiques qui avaient été adoptés par les peuples de l'antiquité est évidente, et cependant ce fait n'a point encore fixé l'attention des bons esprits, aucun philosophe ne l'a encore franchement proclamé; l'école est encore dominée par les idées philosophiques et politiques qui ont été produites dans l'antiquité, les professeurs de philosophie ne parlent qu'avec la plus grande exaltation et avec le plus saint respect des législateurs Minos, Lycurgue et Solon; ils ne disent pas un seul mot de Charlemagne, d'Alfred ni de Grégoire VII. Les systèmes politiques des Lacédémoniens, des Athéniens et des Romains sont pour eux des objets d'admiration, et le système d'organisation sociale qui s'est formé dans le moyen âge et qui a uni par des liens politiques toute l'immense population européenne, ne leur paraît qu'une conception mesquine, qui ne mérite pas la plus légère attention.

Nous allons expliquer en peu de mots la cause de cette erreur. Toutes les opérations de l'esprit humain se réduisent à des comparaisons : ainsi, dire qu'une chose est bonne ou qu'elle est mauvaise, c'est dire qu'elle est meilleure ou pire que celle à laquelle on la compare. Quand les philosophes modernes ont vu que le système théologique et féodal avait atteint les extrêmes limites de son perfectionnement, qu'il ne pouvait plus subir les modifications nécessaires pour le mettre en rapport avec les progrès de la civilisation, et qu'il était devenu indispensable de le renverser, ils se sont mis à le critiquer : or, pour prouver qu'il était mauvais, ils avaient besoin d'un terme de comparaison ; ils n'avaient pas le moyen de concevoir un système supérieur, puisque ce système ne pouvait être conçu qu'après le renversement de celui qui existait alors ; ils ont pris le parti de le comparer au système antérieur des Grecs et des Romains ; et, pour atteindre leur but, ils ont établi la comparaison entre ce que le système des peuples de l'antiquité avait eu de bon, et ce que le système théologique et féodal avait de pire.

Maintenant qu'on peut concevoir un système d'organisation sociale, supérieur au système théologique et féodal, on peut sans inconvénient établir la supériorité de ce dernier système sur celui des peuples de l'antiquité ; c'est ce que nous allons faire.

Pour rendre clair et facile à juger ce que nous allons dire à ce sujet, nous commencerons par énoncer les principales conditions qui doivent être remplies par un système d'organisation sociale ; cela fait, il ne s'agira plus que de comparer les régimes politiques des peuples de l'antiquité avec celui qui s'est établi chez les Européens, à l'époque du moyen âge.

Nous ne ferons cette comparaison qu'entre le système politique, suivi par les Grecs et les Romains, et le système d'organisation sociale qui s'est établi au moyen âge, par la raison que l'école accorde sans aucune hésitation la supériorité à ces deux peuples, dans tous les genres, et particulièrement en politique, sur toutes les peuplades qui leur ont été contemporaines.

La meilleure organisation sociale est celle qui rend la condition des hommes composant la majorité de la société, la plus heureuse possible, en lui procurant le plus de moyens et de facilités pour satisfaire ses premiers besoins.

C'est celle dans laquelle les hommes qui possèdent le plus de mérite, et dont la valeur intrinsèque est la plus grande, ont le plus de facilité à parvenir au premier rang, quelle que soit la position dans laquelle le hasard de la [naissance les ait placés.

C'est encore celle qui réunit, dans une même société, la population la plus nombreuse et qui lui procure les plus grands moyens de résistance contre l'étranger.

Enfin, c'est celle qui donne pour résultat des travaux qu'elle protége, les découvertes les plus importantes et les plus grands progrès en civilisation et en lumière.

Comparons maintenant sous ces quatre rapports différents les sociétés grecques et romaines avec celle qui s'est formée en Europe dans le moyen âge.

Première comparaison. Chez les Grecs et chez les Romains, l'esclave appartenait au maître, qui avait sur lui le droit de vie et de mort.

Aucune loi, aucune institution, aucun principe de morale publique, aucune opinion religieuse ne protégeait l'esclave, et n'avait pour but de limiter le pouvoir arbitraire du maître à son égard.

Sous le régime théologique et féodal, l'esclave était attaché à la glèbe; ce n'était plus que d'une manière indirecte qu'il appartenait au propriétaire du sol qui l'avait vu naître. La loi du rachat des crimes donnait une valeur à la vie d'un esclave, à chacun de ses membres, à toutes les parties de son corps : ses yeux, ses oreilles avaient un prix déterminé, de manière que le maître qui avait tué un des esclaves, ou qui l'avait mutilé, était obligé d'indemniser ses enfants dans la proportion fixée par le tarif.

La morale généralement admise, ainsi que la religion, protégeaient l'esclave contre l'abus du pouvoir arbitraire de son maître; la morale chrétienne prescrivait à tous les hommes de se regarder comme frères; elle recommandait à chacun de se conduire vis-à-vis de son prochain, comme il désirerait voir son prochain se conduire à son égard ; et la religion chrétienne enseignait que tous les hommes, sans aucune exception, sont égaux aux yeux de Dieu.

Chez les Grecs et chez les Romains, les maîtres étaient toujours armés, journellement réunis sur la place publique ; ils habitaient presqu'en totalité l'enceinte des villes, qui étaient toutes fortifiées, tandis que le plus grand nombre des esclaves étaient répandus dans les campagnes, où ils exécutaient les travaux de la culture. Il s'ensuivait que les maîtres n'étaient point contenus par la crainte des insurrections, puisqu'elles étaient presque absolument impossibles. Sous le régime théologique et féodal, au contraire, c'étaient principalement les artisans qui habitaient les villes ; les maîtres avaient leur domicile à la campagne, de sorte qu'ils se trouvaient isolés au milieu de leurs esclaves, d'où il résultait qu'ils étaient jusqu'à un certain point contenus par la crainte d'une vengeance de leur part, vengeance dont l'exécution était possible, et qui ava[it] lieu quelquefois quand les esclaves étaient exaspérés par de trop mauvais traitements.

Les jeunes Lacédémoniens allaient fréquemment à la chasse aux ilotes, et il ne résultait jamais pour eux aucun inconvénient des plaisirs barbares qu'ils se procuraient de cette manière. De pareils excès ne sont point arrivés sous le régime théologique et féodal.

Ainsi le sort des hommes composant la très-grande majorité de la société a été beaucoup moins malheureux sous le régime théologique et féodal qu'il ne l'avait été sous le régime d'organisation en vigueur chez les Grecs et chez les Romains.

Deuxième comparaison. Chez les Grecs et chez les Romains, ce sont les patriciens qui ont habituellement et presque exclusivement dirigé les affaires publiques ; ce sont eux qui ont occupé les emplois les plus importants du pouvoir spirituel ainsi que du pouvoir temporel. Les sénateurs étaient patriciens, les grands-prêtres, les aruspices et les augures étaient également patriciens. Les magistratures occupées par les plébéiens n'étaient que d'un ordre inférieur, et ne les fai-

saient point participer à l'action directrice. Elles leur procuraient seulement quelques moyens de s'opposer au pouvoir
arbitraire qui était confié aux patriciens ; jamais les plébéiens n'ont obtenu le premier degré d'importance que par
des insurrections, et jamais l'importance qu'ils ont obtenue
par ces insurrections ne s'est consolidée.

Dans l'habitude de la vie, les plébéiens se trouvaient presque dans un état de domesticité à l'égard des patriciens ;
d'après les usages de ce temps-là, ils se constituaient les
clients des patriciens les plus importants, et, en cette qualité, ils les suivaient dans les rues et faisaient antichambre
dans leurs maisons.

Les avantages les plus essentiels dont les plébéiens jouissaient à l'égard des esclaves, consistaient en ce que les premiers choisissaient à leur gré le maître auquel ils s'atta-
chaient, que la loi les protégeait contre tout mauvais traitement
physique, et qu'il leur était assez facile de se coaliser entre
eux pour effectuer d'importantes insurrections.

En un mot, tout homme qui examinera sans préjugé les
dispositions principales de l'organisation sociale des Grecs et
des Romains, reconnaîtra qu'elles étaient toutes à l'avantage
des patriciens, qui formaient une aristocratie héréditaire ; il
reconnaîtra que le pouvoir de diriger les intérêts généraux de
la société fut constamment la propriété des patriciens, et que
cette hérédité pour eux des pouvoirs politiques était fortement cimentée par la disposition législative qui accordait le
droit de vie et de mort sur leurs enfants. Cette disposition
empêchait les jeunes gens de se livrer aux idées généreuses
ayant pour but l'établissement de l'égalité, puisqu'elle les
mettait sous la dépendance absolue des vieillards, qui sont
infiniment moins susceptibles que les jeunes gens de passions
nobles et élevées.

Enfin, si on observe attentivement les obstacles qui s'op-
posaient à ce que les hommes de mérite parvinssent au premier rang, quand ils n'étaient pas patriciens, on sera forcé
de convenir qu'en général l'organisation sociale des Grecs et
des Romains condamnait à l'obscurité les hommes nés dans

la classe la plus nombreuse de la nation, quelle que fût leur valeur intrinsèque relativement à celle des patriciens.

Le système théologique et féodal s'est fondé sur des principes très-différents, et, sous certains rapports, tout à fait opposés à ceux qui avaient servi de base au système politique des Grecs et des Romains.

Chez les Grecs et les Romains, le pouvoir spirituel était subordonné au pouvoir temporel, auquel il servait humblement d'auxiliaire.

Chez les Européens du moyen âge l'influence du pouvoir spirituel était prépondérante, ce pouvoir spirituel était général; les pouvoirs temporels n'avaient qu'une autorité locale.

Chez les Grecs et les Romains le pouvoir spirituel était exclusivement dirigé par les patriciens.

Chez les Européens du moyen âge, ce furent les plébéiens qui dirigèrent habituellement le pouvoir spirituel pendant tout le temps que le système théologique et féodal fut dans sa vigueur.

Ce furent, en un mot, les patriciens qui dirigèrent les intérêts des Grecs et des Romains, tandis que ce furent les plébéiens qui se placèrent en tête de la société européenne, et qui lui servirent de guides pendant toute la durée du moyen âge.

C'est au clergé, composé essentiellement de plébéiens, qui a été constamment dirigé par eux-mêmes, dans le petit nombre de cas où les papes ont été pris dans les rangs des patriciens, que l'espèce humaine doit les progrès faits par la civilisation, depuis Hildebrand jusqu'au seizième siècle; or, ces progrès ont été immenses, et ils ont placé l'esprit humain à une hauteur beaucoup plus grande que celle où il s'était élevé à l'époque la plus brillante des sociétés grecque et romaine.

C'est le clergé catholique qui a déterminé tous les défrichements qui se sont effectués dans les Gaules, dans la Germanie, et dans tout le nord de l'Europe; c'est lui qui a dirigé et personnellement exécuté les premières opérations de ce genre.

C'est le clergé qui a rendu les Européens susceptibles de faire des progrès en intelligence, par le soin qu'il a eu pendant tout le moyen âge d'entretenir dans toutes les parties de l'Europe des écoles où l'on enseignait à lire et à écrire.

C'est le clergé qui a conservé tous les monuments de science, de littérature et de beaux-arts qu'avaient produits les Grecs et les Romains, et qui avaient survécu aux ravages des barbares.

C'est encore le clergé qui a mis un frein à l'humeur guerroyante des chefs du pouvoir temporel, en établissant *la trêve de Dieu.*

C'est lui qui a commencé à faciliter les communications en suscitant la construction des ponts et des chemins par des indulgences qu'il accordait à ceux qui se livraient à ce genre de travaux.

C'est lui qui a introduit en législation les formes conservatrices des intérêts particuliers dans les procès civils et criminels.

Enfin c'est lui qui a exclusivement cultivé les sciences et les autres travaux intellectuels, depuis Hildebrand jusqu'à Luther.

On objectera peut-être à l'éloge que nous venons de faire de la disposition fondamentale qui a placé la haute direction des intérêts de la société dans les mains des prêtres, que chez les Égyptiens le pouvoir spirituel avait eu la prépondérance sur le pouvoir temporel, et qu'il avait été aussi dirigé par les plébéiens de cette époque.

A cela nous répondons que la belle combinaison du système théologique et féodal a consisté en ce que le clergé était le lien politique qui unissait toutes les nations européennes, et que le pouvoir spirituel se trouvait renfermé dans les limites qu'il ne peut point franchir sans qu'il en résulte les plus grands inconvénients pour la société; il avait la direction des intérêts communs à tous les peuples européens, mais il ne gouvernait directement aucun d'eux, tandis que les prêtres égyptiens avaient entièrement absorbé le pouvoir temporel, et soumis toute la population d'Égypte à un régime monacal et à une complète apathie morale.

Nous conclurons de cette seconde comparaison, que nous ne croyons pas devoir pousser plus loin, que les hommes de mérite, quelle que fût leur naissance, ont eu beaucoup plus de facilité à s'élever au premier rang chez les Européens du moyen âge, qu'ils n'en avaient eu chez les Grecs et les Romains.

Troisième comparaison. La nation romaine a été infiniment plus nombreuse que ne l'avait été aucune des nations grecques, et cependant jamais elle n'a compté dans la même génération cent mille citoyens.

Le territoire national des Romains a été beaucoup plus étendu que ne l'avait été celui d'aucun peuple grec, cependant jamais sa dimension n'a égalé celle de la Normandie.

Les Romains appelaient *barbares* tout ce qui n'était pas romain, et ils disaient : *pour les barbares les fers ou la mort.* Le même principe antiphilanthropique avait été précédemment adopté par les Grecs, qui considéraient les étrangers comme des ennemis et qui les regardaient comme de bonne prise, eux et tout ce qui leur appartenait, quand ils pouvaient s'en emparer.

Les Grecs et les Romains, s'étant constitués ennemis du genre humain, ont dû finir par être conquis par lui, et anéantis comme société politique. Car, malgré toute leur supériorité en capacité militaire et en développement d'intelligence, ils n'étaient pas aussi forts que le surplus de l'espèce humaine, qu'ils avaient liguée contre eux en se déclarant ennemis de tous les étrangers : leur perte était d'autant plus certaine, qu'ils s'affaiblissaient nécessairement à mesure qu'ils étendaient leurs conquêtes.

Enfin, en résultat du vice radical de l'organisation sociale que les Grecs et les Romains avaient adoptée, leur société politique a été complétement anéantie.

Le contraire est arrivée aux Européens du moyen âge, dès le moment qu'ils ont eu adopté le système d'organisation sociale théologique et féodale : leur société politique s'est trouvée composée de plus de soixante millions d'individus, et toute la partie centrale et occidentale de l'Europe leur a appartenu à titre de possession sociale.

Cette société s'est ensuite continuellement augmentée, sous le rapport de la dimension de son territoire, ainsi qu'à l'égard de l'accroissement du nombre des sociétaires.

Elle a d'abord été vivement attaquée par les Sarrasins et par les Saxons, mais elle a converti les Saxons qui se sont unis à elle; quant aux Sarrasins, elle les a vigoureusement chassés de la France, elle les a relégués dans le sud de l'Espagne; elle a porté ensuite la guerre dans leur propre pays, et elle les a fait renoncer, par ce moyen, à toute nouvelle tentative de conquête en Europe.

Cette société a également repoussé d'abord, ensuite converti et réuni à elle les peuples du Nord, qui l'avaient longtemps tourmentée par des incursions sur ses côtes.

Enfin cette société est parvenue, depuis plusieurs siècles, à un point de supériorité telle, à l'égard de tout le surplus de l'espèce humaine, qu'elle n'a plus rien à craindre de la part de l'étranger.

C'est au principe institué par la religion chrétienne, *tous les hommes doivent se regarder comme frères*, que les Européens du moyen âge ont dû l'avantage dont ils ont joui, de voir l'importance de leur société politique s'accroître continuellement, de la voir devenir plus nombreuse qu'aucune de celles qui avaient existé avant elle, de la voir enfin parvenir à un degré de solidité tel, qu'elle avait cessé, dès le quinzième siècle, d'avoir rien à craindre de l'étranger.

Il est donc évident, en résultat de cette troisième comparaison, que la société théologique et féodale, instituée dans le moyen âge, a possédé une organisation politique supérieure à celle qui avait été adoptée par les Grecs et les Romains, puisque cette société a été beaucoup plus nombreuse, qu'elle a possédé de plus grands moyens de résistance à l'égard de l'étranger que toutes celles qui l'avaient précédée, et qu'elle a fini par devenir prépondérante à l'égard de tout le reste de l'espèce humaine.

Quatrième comparaison. Ce sont les peuples de l'antiquité qui ont inventé les langues, l'écriture et la numération. Ce sont eux qui ont fabriqué les premiers instruments au moyen desquels l'espèce humaine a pu commencer de grands travaux.

Ce sont les peuples de l'antiquité qui ont créé les beaux-arts ; ils les ont portés au plus haut degré de perfection qu'ils aient jamais atteint.

Pour l'invention directe, pour l'imagination agissant immédiatement sur les sens, les peuples de l'antiquité sont restés les maîtres.

On est forcé de reconnaître que les travaux des peuples de l'antiquité, en ce genre, sont restés supérieurs à tous ceux qui ont été produits par leurs successeurs.

Mais pour les observations approfondies, pour les calculs étendus, pour les idées abstraites, pour la connaissance des lois qui régissent les phénomènes de la nature , les peuples de l'antiquité sont restés dans l'enfance. Les sciences physiques et mathématiques leur ont été presque entièrement inconnues ; et les idées de morale générale qu'ils ont conçues n'ont eu chez eux qu'une valeur théorique : ils n'ont point imaginé les moyens de les appliquer à la politique.

L'idée que le soleil était plus grand que le Péloponèse paraissait aux Grecs une conception extravagante et absurde.

En politique, ils ont considéré les divers peuples comme étant des ennemis nés et irréconciliables ; ils ont beaucoup travaillé à découvrir, pour chacun d'eux, les moyens de parvenir à la domination de tous les autres , mais ils ne se sont point attachés à leur faire sentir l'intérêt qu'ils avaient à s'unir, et à combiner leurs forces pour agir sur la nature, et pour la modifier de la manière la plus convenable à l'accroissement de leur bien-être.

La classe militaire leur a paru celle qui devait être à tout jamais prépondérante : ils ont regardé les occupations industrielles comme avilissantes, et, par cette raison, une classe très-nombreuse, composée d'esclaves, est devenue à leurs yeux nécessaire à l'existence politique.

Ils n'ont point inventé d'autre organisation sociale que celle dans laquelle le pouvoir aristocratique, par droit de naissance, était le pouvoir dirigeant. La société était divisée chez eux en trois grandes classes, les maîtres qui avaient des esclaves, les maîtres qui n'en avaient pas, et les esclaves ; et les maîtres qui n'avaient pas d'esclaves se trouvaient nécessairement dans la dépendance de ceux qui en avaient, puisque les travaux au moyen desquels ils auraient pu pourvoir à leur subsistance étant réputés avilissants, ils ne pouvaient pas s'y livrer, et qu'ils en auraient d'ailleurs été détournés par leurs occupations politiques, qui les amenaient fréquemment sur la place publique.

Ils n'ont conçu le pouvoir spirituel que comme auxiliaire du pouvoir temporel. Ils n'ont point senti que la morale générale était la science qui devait régler l'action de la société, et que la superposition d'une institution chargée de l'enseignement et de la conservation de la morale générale, sur tous les pouvoirs militaires et temporels quelconques, était le meilleur de tous les moyens qui pussent être employés pour hâter les progrès de la civilisation.

Les Européens du moyen âge se sont placés au point de vue le plus élevé auquel les peuples de l'antiquité soient parvenus, et ils ont marché en avant.

Ils ont considéré le système des beaux-arts comme ayant été suffisamment avancé par leurs prédécesseurs pour les circonstances où la civilisation se trouvait ; ils ne se sont point occupés de les perfectionner ; ils ont porté toutes leurs forces et toute leur attention vers le système de morale et de politique.

Plusieurs siècles ont séparé le système social des Grecs et des Romains de celui dont Charlemagne et Grégoire VII ont été les fondateurs : ces siècles doivent être considérés comme une époque de transition ; la faiblesse de l'intelligence humaine exige que la complète désorganisation d'un système précède la formation théorique et l'établissement pratique du système qui est appelé à le remplacer.

Les peuples barbares ont rendu un service immense à l'espèce humaine, en détruisant entièrement l'organisation sociale qui avait été établie par les Grecs et les Romains.

Les peuples de l'antiquité avaient terminé leurs travaux par la production de la religion chrétienne, qui contenait les principes de la morale générale la plus pure; mais ils n'avaient fait aucune application politique de la sublime théorie qu'ils avaient établie.

Les Européens du moyen âge ont fondé leur organisation sociale sur les principes de la religion chrétienne, qu'ils ont rapetissée, et à laquelle ils ont donné la forme du catholicisme, ou de religion papale, pour l'accommoder à l'état d'ignorance dans lequel l'Europe se trouvait après les invasions successives et multipliées des barbares sortis des régions septentrionales.

Quand on observe d'une manière philosophique la marche suivie par la civilisation, pendant le moyen âge, on reconnaît que, durant cette grande époque, les travaux de l'esprit humain ont eu successivement trois caractères bien distincts.

Pendant la totalité du neuvième, du dixième, du onzième et du douzième siècle, ainsi que pendant la première moitié du treizième, les Européens, qui possédaient les capacités intellectuelles les plus distinguées, s'occupèrent exclusivement de perfectionner le système d'organisation sociale; ils avaient une tâche bien difficile à remplir.

Ils devaient adoucir le sort des esclaves et préparer l'entière abolition de l'esclavage.

Ils devaient superposer les moralistes aux militaires, les hommes pacifiques aux guerriers, et procurer aux maîtres pauvres, c'est-à-dire à ceux qui ne possédaient pas d'esclaves, des moyens honorables d'existence, et des facilités pour s'élever à un rang social proportionné à la capacité qu'ils développeraient, et aux services qu'ils rendraient à la société.

Ils devaient encore assurer la durée indéfinie d'existence de la nouvelle société, en lui faisant adopter des principes de politique générale qui ne provoquassent point l'inimitié du surplus de l'espèce humaine, et qui fussent tels, qu'elle pût facilement admettre comme associés les peuples qui auraient été ses ennemis les plus acharnés.

Enfin elle devait faciliter à l'intelligence humaine les moyens de se développer, et préparer les travaux ayant pour objet l'étude des lois qui régissent les phénomènes de la nature, ainsi que les efforts des industriels ayant pour but de modifier la matière, de manière à la rendre le plus propre possible aux usages et aux besoins de la société.

Cette tâche a été admirablement remplie par Charlemagne, par Alfred, par Grégoire VII, et par une multitude d'hommes dont le génie est amplement constaté aux yeux de celui qui observe les résultats de leurs travaux.

Ce sont les principes proclamés par les philosophes grecs et par les philosophes juifs, réunis à Alexandrie, où ils ont établi la philosophie chrétienne, qui ont servi de base au système théologique et féodal; mais quels immenses travaux les philosophes du moyen âge n'ont-ils pas eu à faire, pour adapter les principes à l'organisation sociale, convenable aux circonstances où ils se trouvaient!

La religion chrétienne était essentiellement démocratique, et elle aurait inévitablement conduit la société à l'anarchie, si on avait voulu l'adapter dans toute sa pureté au système politique. Les philosophes du moyen âge lui ont substitué la religion catholique, qui était essentiellement monarchique, et qui, par cette raison, remplissait les conditions nécessaires pour l'établissement de la nouvelle organisation sociale.

Pour opérer ce grand remaniement des idées fondamentales, il a fallu d'abord convertir le grand principe de l'infaillibilité de l'Église, qui signifiait primitivement l'infaillibilité de la majorité des fidèles, en infaillibilité du clergé; il a fallu ensuite convertir l'infaillibilité du clergé en infaillibilité papale.

Il a fallu encore changer le désintéressement qui animait le clergé primitif en un sentiment tout à fait opposé, celui de l'ambition des richesses, afin de lui donner des intérêts matériels à défendre, seul moyen qui pouvait être employé pour faire du clergé une institution vraiment politique.

Enfin, pour opérer la substitution de la religion catholique à la religion chrétienne, que sa trop grande pureté rendait

inadmissible en politique, il a fallu inventer les fausses dé-
crétales et produire une multitude d'autres inventions, toutes
admirables, puisque ce sont elles qui ont commencé à donner de la solidité à la société européenne, société qui est devenue la gloire et l'espoir de l'espèce humaine.

En un mot, c'est aujourd'hui une vérité incontestable aux
yeux des philosophes, que le pouvoir matériel, c'est-à-dire
que les richesses possédées par le clergé, et particulièrement
par les papes pendant le moyen âge, leur étaient nécessaires
pour soumettre la direction militaire à la direction scientifique, et les passions violentes aux capacités intellectuelles
des Européens, jusqu'à l'époque ou Louis IX a paru.

Par une conduite fondée sur les principes de la morale la
plus élevée, ce philosophe a donné une nouvelle direction
aux travaux de la société européenne. Il parait certain que
cet homme prodigieux pour l'époque où il a paru, avait
conçu le plan d'une encyclopédie.

Pendant les neuvième, dixième, onzième et douzième siècles, ainsi que pendant la première moitié du treizième, les
Européens se sont presque exclusivement occupés, ainsi que
nous venons de le dire, de la formation et de la consolida-
tion de leur société politique; et c'est seulement vers le milieu du treizième siècle, et en résultat des travaux politiques
qui les avaient presque exclusivement occupés pendant les
cinq siècles précédents, qu'ils sont parvenus à primer le
surplus de l'espèce humaine, qu'ils ont eu la conscience de
leur supériorité, et qu'ils ont senti qu'ils n'avaient plus rien
à craindre de l'étranger.

Les Européens, n'ayant plus rien à craindre de l'étranger,
purent disposer d'une grande partie des forces d'intelligence
qu'ils avaient employées jusque-là dans la direction de la politique extérieure, et ils prirent sur-le-champ le parti de donner à ces forces la direction dans laquelle elles pouvaient
contribuer, de la manière la plus positive, à l'accroissement
de leur bien-être.

Pour atteindre ce but, la classe plébéienne se livra en
même temps à deux espèces de travaux : d'une part, certains

plébéiens étudièrent les lois qui régissent les phénomènes de la nature; d'une autre part, d'autres plébéiens commencèrent à mettre en activité les différentes branches de l'industrie. Ce sont ces plébéiens laïques qui se sont adonnés à l'industrie, tandis que les plébéiens composant le clergé se sont livrés à l'étude des sciences physiques et mathématiques. Roger Bacon a été le plus grand physicien de cette époque, et Roger Bacon était moine.

Le fait, que c'est le clergé qui a commencé à s'occuper des sciences physiques et mathématiques, que c'est lui qui les a presque exclusivement cultivées jusqu'au quinzième siècle, est très-important à remarquer; car il en résulte la preuve que l'existence du clergé a été éminemment utile à la société jusqu'au quinzième siècle, ce qui se trouve en opposition directe avec les fausses idées de philosophie qui sont encore dominantes dans l'école. C'est évidemment au clergé que les progrès de la civilisation ont été dus jusqu'au quinzième siècle; et les littérateurs de nos jours accusent encore le clergé d'avoir été le plus grand obstacle au progrès des lumières.

Passons à l'examen de la troisième époque du système théologique et féodal. Cette époque renferme le quinzième et le seizième siècle.

Les grandes découvertes ne sont jamais dues au hasard; elles sont toujours une suite de travaux qui ont préparé l'esprit humain à les concevoir ou à les apercevoir.

C'est, d'une part, la découverte de la boussole, qui a eu lieu longtemps avant le quinzième siècle; ce sont d'une autre part, les progrès faits dans l'art de la navigation pendant le treizième et le quatorzième siècle, qui ont procuré aux Européens les moyens de découvrir l'Amérique, découverte dont les résultats ont exercé sur le système des idées l'influence philosophique la plus heureuse, en faisant connaître d'une manière matérielle aux hommes la dimension de la planète qu'ils habitent, et en faisant cesser la croyance que tout l'univers a été créé pour l'homme, croyance qui rendait l'homme orgueilleux, et peu propre aux travaux nécessaires à l'amélioration de son existence, et à l'accroissement de son bien-être positif; croyance qui est devenue évidemment absurde, quand la dimension de notre planète, relativement à celle des autres corps célestes, a été bien connue.

Ce sont les observations astronomiques faites pendant le treizième et le quatorzième siècle, ainsi que les progrès des mathématiques pendant cette époque préparatoire, qui ont donné au chanoine Copernic les moyens de découvrir la véritable construction du système solaire.

Ce sont les premiers essais dans la gravure, ayant pour objet de multiplier promptement les copies des écritures, essais tentés pendant le quatorzième siècle, qui ont conduit les hommes du quinzième à la découverte de l'impression au moyen de caractères mobiles.

Ce que nous venons de dire sur les découvertes faites pendant le quinzième siècle, n'est qu'une considération spéciale à ce sujet. Nous allons considérer ce siècle admirable d'un point de vue plus général et plus élevé.

Ce n'est pas seulement sous le rapport des sciences physiques et mathématiques, et sous celui des arts et métiers, que les Européens du quinzième siècle se sont distingués; ils se sont lancés en même temps dans les carrières les plus importantes et les plus étendues que l'esprit humain puisse parcourir; ils ont été des hommes généraux, les premiers hommes généraux qui aient existé. Ils ont recréé les beaux-arts; ils ont reproduit la morale sublime de l'école chrétienne d'Alexandrie. D'une part, ils ont dégagé cette morale de tous les *amoindrissements* que le catholicisme lui avait fait subir, ainsi que de toutes les superstitions dont il l'avait surchargée; d'une autre part, ils ont perfectionné cette doctrine, en en faisant disparaître toutes les croyances qui se trouvaient en opposition avec les découvertes faites depuis dans les sciences naturelles. Ainsi les hommes du quinzième siècle se sont distingués en même temps dans les sciences morales et religieuses, dans les sciences physiques et mathématiques, dans les beaux-arts et dans les arts et métiers. Ils ont donc été, ainsi que nous venons de le dire, des hommes généraux; car il n'existe point de travaux utiles qui ne fassent partie d'une de ces quatre divisions.

Ce qui a été surtout remarquable, c'est que les véritables chefs du peuple, c'est-à-dire ceux qui le commandent dans ses travaux journaliers, se sont placés en tête de ce mouvement; qu'ils ont protégé, dirigé et régularisé cet élan général de l'espèce humaine. Les Médicis étaient tous négociants et fabricants, et ce sont eux qui ont joué le rôle le plus brillant et le plus important au quinzième siècle.

C'est donc au quinzième siècle que le sceptre du monde est parvenu à se placer dans les mains du bon sens, dans celles du sens commun. Nous employons l'expression *bon sens, sens commun* dans sa propre acception. Nous entendons par *bon sens, sens commun*, le sens, l'opinion du plus grand nombre, celui de la majorité absolue. Notre intention est de faire remarquer que c'est seulement à cette époque que la voix du peuple a dû être considérée comme celle de Dieu.

La majorité de la société s'est toujours composée et se composera toujours des ouvriers, occupés de travaux manuels : ainsi les entrepreneurs des travaux industriels se trouvent, par la nature des choses, directeurs et représentants de l'opinion de la majorité.

C'est au quinzième siècle, pour la première fois depuis l'existence du monde, que la voix du peuple, proclamée par les Médicis, s'est montrée avec un caractère vraiment divin, puisque c'est pour la première fois que le peuple, par l'entremise de ses chefs, a clairement accordé sa protection aux sciences, aux beaux-arts, à la philosophie et à tous les travaux pacifiques qui peuvent accroître le bien-être physique et moral de l'espèce humaine.

L'époque du quinzième siècle a été la plus mémorable de toutes les époques de l'esprit humain; tous les travaux précédents ne doivent être considérés que comme des opérations préliminaires et préparatoires : il semblerait qu'à cette époque, tous les grands hommes qui avaient existé soient sortis du tombeau et se soient réunis en une assemblée pour aviser aux moyens de faire concourir toutes les capacités intellectuelles à l'amélioration du bien-être de l'espèce humaine. C'est seulement à cette époque que les hommes ont possédé tous les instruments intellectuels nécessaires pour combiner leurs forces et leurs capacités dans toutes les directions pacifiques.

On a pu dès lors entrevoir la possibilité d'effectuer la grande opération morale, poétique et scientifique, qui doit déplacer le paradis terrestre, et le transporter du passé dans l'avenir.

Cette opération intellectuelle est la plus importante de toutes celles qui peuvent être faites ; elle est celle qui améliorera le plus directement le sort de la société en perfectionnant sa morale ; *elle anéantira l'idée fausse et décourageante que le bien a précédé le mal ;* elle établira l'idée juste, consolante et puissamment stimulante, que les travaux auxquels nous nous livrons accroîtront le bien-être de nos enfants, idée essentiellement religieuse, puisqu'elle présente le paradis céleste comme la récompense finale de tous les travaux qui auront contribué à l'amélioration du sort de l'espèce humaine pendant toute la durée de son existence terrestre.

Nous résumons cette seconde opinion en disant : Le système théologique et féodal qui s'est formé dans le moyen âge a poussé la civilisation beaucoup plus loin que ne l'avait fait le système politique et religieux des Grecs et des Romains ; il a produit en résultat final les travaux du quinzième siècle, qui ont placé les peuples modernes infiniment au-dessus des peuples de l'antiquité.

Depuis le quinzième siècle, les philosophes ont dû s'occuper principalement de la désorganisation du système théologique et féodal, puisque les découvertes faites à cette époque ont fourni les matériaux nécessaires pour établir un système d'organisation social très-supérieur à celui qui s'est formé dans le moyen âge.

Aujourd'hui les travaux de désorganisation se trouvant suffisamment avancés, et les préjugés n'opposant plus que de faibles obstacles à la production de nouveaux principes, les

philosophes doivent unir leurs forces pour produire un système social proportionné à l'état présent des lumières et de
la civilisation.

———

(APPENDICE A L'EXTRAIT DES OPINIONS.)

Naissance du christianisme[1].

Après huit siècles d'existence, Rome, toujours libre, venait
de fléchir sous un maître ; elle avait porté ses armes et sa domination tout à l'entour d'elle dans le circuit d'un immense
rayon, qui atteignait presque aux bornes du monde connu.
Mais disséminée sur un aussi vaste empire, la force de la République avait ployé au centre, et s'y était vue remplacée
par une force monarchique. César fut l'auteur de cette révolution, et fonda dans Rome une dynastie régnante : après lui
Auguste gouverna l'empire. Il régnait depuis quarante années,
quand Jésus naquit en Palestine.

La mythologie du paganisme, faite pour l'enfance du
monde, avait vieilli avec lui ; elle avait perdu, à l'époque dont
nous parlons, son ancien crédit dans les esprits, et le vide
qu'elle y avait laissé ne demandait qu'à être rempli. Alexandre, pendant le cours de ses conquêtes, avait porté dans
l'Orient la culture de la Grèce ; ses successeurs avaient élevé
des trônes occupés par des princes grecs en Égypte, en
Perse, en Asie Mineure et en Arménie. La philosophie grecque avait été fleurir dans ces diverses contrées, et y modi-

---

[1] Pour montrer la manière large dont Saint-Simon avait coutume de traiter les questions historiques, il nous paraît intéressant de rapprocher cet extrait des *Opinions* d'un autre passage de ses écrits, où il suit avec soin le
développement du christianisme. Par ces deux morceaux, les lecteurs pourront apprécier l'influence que Saint-Simon a exercée sur les progrès de l'art
d'écrire l'histoire au dix-neuvième siècle, influence qui résulte surtout de ses
entretiens fréquents et assidus avec les grands écrivains qui, comme Augustin
Thierry, ont transformé dans ce siècle la science historique.

fier l'esprit local. A son tour, elle s'était sentie de la réaction,
et le théisme mystique de l'Inde, et les deux principes de la
Perse, et les mystères de l'Égypte s'allièrent à la doctrine de
l'Académie et du Portique. Le nouveau mélange d'idées causa
une fermentation. La tendance principale de ces éléments,
d'ailleurs peu homogènes, était la reconnaissance et le culte
d'un Dieu invisible. Le polythéisme, l'adoration des dieux
grossiers et visibles, devait peu à peu être minée par cette
disposition des esprits les plus éclairés. C'est en cet état que
les Romains trouvèrent la Grèce et l'Orient, quand ils s'en
emparèrent à leur tour, et les vainqueurs traînèrent après
eux dans l'Occident les hommes et l'esprit de l'Orient. Les
lettres et la philosophie des Grecs devinrent la base de la
culture chez les Romains, et y produisirent, à quelques modifications près, les mêmes effets qu'en Grèce et en Égypte.
Le vieux culte fut méprisé, les augures ne se rencontrèrent
plus sans rire. Le Déisme couvait dans les écoles à Rome,
comme à Athènes, à Smyrne et à Alexandrie ; mais cette doctrine spéculative attendait une forme réelle qui pût lui donner une existence pratique et positive, qui vînt en faire une
religion.

Il est nécessaire de remarquer que la Méditerranée était
alors une grande mer, le champ commun des nations qui
constituaient l'empire romain, et leur moyen de communication. Les côtes qui l'embrassaient de toutes parts rendaient
leurs habitants comme compatriotes. Athènes, Joppée, Rome
étaient plus voisines que des villes peu distantes dans les terres ; le commerce du monde, qui se faisait sur cette mer,
tous les mouvements qui se rapportaient à Rome, y rendaient
les communications faciles et fréquentes.

Sur une des côtes de cette mer, au centre de l'empire fondé
par le conquérant macédonien, sur le terrain de l'antique
Phénicie, en contact au sud avec l'Égypte et l'Arabie, l'est
avec la Perse, au nord avec la Syrie, l'Arménie et les peuplades
Scythes, par ses ports enfin avec la Grèce, l'Italie et les autres
contrées maritimes, vivait un petit peuple méprisé, vaincu et
soumis tour à tour par ses divers voisins, haïssant toutes les

autres nations par principe, commerçant et industrieux par besoin, facteur de l'Asie et de l'Europe, répandu partout, sans se mêler aux étrangers, et formant en chaque lieu une société séparée des autres, y conservant ses lois, son culte et ses temples. Le même peuple avait une religion nationale fondée sur l'adoration d'un seul Dieu au milieu du polythéisme syrien, égyptien, grec et romain; ici le théisme était constitué en religion positive; phénomène unique au sein du vaste empire des Césars. On sent bien que je veux parler des Juifs. Fiers de leur origine, qu'ils faisaient remonter à d'illustres patriarches, unis entre eux par les liens d'un même sang, objets uniques de la protection de Dieu, et choisis par lui entre toutes les nations, d'anciennes prophéties leur assuraient qu'il naîtrait au milieu d'eux un roi de la terre qui laverait tous leurs opprobres, et qui les élèverait au-dessus du reste du monde. Ils vivaient dans l'attente inquiète du Messie, et ils calculaient avec ardeur le temps, obscurément indiqué, de sa venue. Un tel esprit n'existait alors chez aucun peuple. Celui-ci, sombre, concentré, dévoré de l'orgueil que lui inspirait sa noblesse plus que terrestre, et de l'humiliation où il était contraint de vivre, se consolait de l'une par l'autre, et rendait au centuple à ses voisins idolâtres le mépris qu'il essuyait d'eux. Cette profonde disposition n'a pas encore péri; dans sa captivité universelle, ravalé de toutes parts jusqu'au rang de la brute, l'inébranlable Israélite dit dans son cœur : je suis l'homme de Dieu.

Il est naturel, vu la disposition où étaient alors les esprits sur l'unité de l'essence divine, et sur un culte plus purifié à lui rendre, que les philosophes et les peuples oisifs qui s'étaient multipliés pendant le long calme du règne d'Auguste, aient donné quelque attention à ce peuple, à ses dogmes et à ses livres, dont il existait une version grecque. Les yeux commençaient donc à s'arrêter sur lui; dans les villes de l'empire où les Juifs avaient établi des synagogues, quantité de païens en suivaient les assemblées, par un intérêt plus vif que celui de la curiosité Les Juifs, de leur côté, ne purent se dérober à l'action de l'esprit général du temps; si leurs idées commencèrent à pénétrer dans les écoles, les idées des philosophes pénétrèrent aussi dans les synagogues. On vit des Juifs briller comme philosophes au milieu des païens, et surtout à Alexandrie, qui était alors le foyer de la nouvelle Académie. Les innovations gagnèrent jusque dans les murs de Jérusalem. La théosophie des mages de l'Orient y pénétra aussi : on commença à disputer, à raffiner, à vouloir modifier l'orthodoxie judaïque. Il s'ensuivit des sectes qui s'entre-choquèrent avec fureur. Beaucoup de Juifs, examinant de plus près leur culte, y trouvèrent ce que les païens trouvaient dans le leur, trop de formes extérieures ; quelques-uns voulaient un réformateur, d'autres un sauveur qui les tirât de cette crise ; à des yeux juifs, cela ne pouvait être pour les uns et pour les autres que par le Messie lui-même ; l'attente de cet état surnaturel était donc plus enflammée que jamais. Des troupes inquiètes quittaient les villes, allaient entendre des prédicateurs, des prophètes dans le désert. Jean baptisait et prêchait sur le bord du Jourdain. Il annonçait aussi le Messie, et le nombre de ses partisans était considérable. C'est au milieu de ce peuple, au milieu de ces circonstances qu'apparut Jésus. Il entraîna les disciples de Jean, le reste de la foule et les autres prophètes se turent ; il prêcha avec la tranquille majesté d'un esprit revêtu d'une mission supérieure, et qui n'avait d'autres fonctions sur la terre que d'y établir le sentiment philanthropique et d'y séparer le pouvoir spirituel du pouvoir temporel.

Jésus, poursuivi par le fanatisme des prêtres de l'ancienne loi, fut, au milieu des bourreaux et des supplices, ce qu'il avait été au milieu de ses disciples, un modèle plus qu'humain de patience et de fermeté, de douceur et de sublimité, il mourut de la belle mort d'un martyr de la vérité et de la vertu.

Après la mort de Jésus un grand nombre de disciples se réunirent à Jérusalem, y célébrèrent ensemble et en son nom la fête judaïque de la Pentecôte, et formèrent ainsi la première communauté de chrétiens qui ait eu lieu. Cette faible Église se dissipa bientôt presque en entier, lorsque deux ans après le fanatisme la poursuivit de rechef, et qu'Étienne, diacre, c'est-à-dire dépositaire des aumônes, en fut devenu la victime ; il fut remplacé par Paul, homme plein de ce génie qui vivifie tout, de cette force et de ce courage opiniâtre qui surmontent tout. Paul, jusqu'alors persécuteur des chrétiens, se rangea de leur nombre.

Ce nouvel apôtre, qui fit plus à lui seul que tous les autres pour la religion naissante, appela les hommes de tous pays et de toute religion à devenir les sectateurs du Christ. On n'avait vu jusqu'alors que des Juifs entrer dans cette association, aux membres de laquelle on donnait le nom de Nazaréens. Paul apporta dans ses éloquentes prédications de nouvelles idées, de nouvelles vues ; il annonça la doctrine du fondateur avec un esprit qui n'était et ne pouvait être celui des autres disciples, plus attachés au judaïsme, plus ou moins nourris de ses préjugés ; ce qui occasionna dès ces premiers temps une scission entre les chrétiens ses partisans, et ceux qui demeuraient attachés aux localités du judaïsme, division qui amena la nécessité de se rassembler pour s'entendre. Cette réunion, première image des conciles, se tint à Jérusalem, et y dura jusqu'à la subversion de la république des Hébreux. Cet événement les sépara, mais aussi depuis lors restèrent séparés le mosaïsme et le christianisme, entre lesquels Paul avait tiré une ligne éternelle de démarcation. Ses voyages, ses discours, ses lettres, dont quelques-unes sont parvenues jusqu'à nous, fondèrent la doctrine chrétienne sur l'amour du prochain et sur la division du pouvoir spirituel et du pouvoir temporel, ce qui la mit en opposition avec celle de Moïse, qui poussait les Juifs à haïr toutes les autres nations, et qui tendait à réunir tous les pouvoirs spirituels et temporels dans les mêmes mains.

Trente-cinq ans après Jésus, tous ses premiers confidents avaient péri, ou de mort naturelle, ou sous les coups des bourreaux. Il ne restait plus d'entre eux que l'apôtre Jean, qui, fuyant la persécution sous Domitien, se réfugia dans Patmos, où il écrivit l'Apocalypse, que l'on a mis au rang des livres saints. Déjà s'élevaient entre les chrétiens persécutés par les princes de la terre, les divisions de dogme qui sont dans l'essence de toute doctrine spéculative, soit philosophique, soit religieuse. Ces maux internes de l'Église semblent avoir inspiré plus de crainte à l'apôtre de Patmos que le mal externe des persécutions. Corinthe et quelques autres énonçaient dès lors quelques opinions nouvelles sur la divinité de Jésus, et presque tout ce qu'a écrit Jean est dirigé contre ces opinions. Cependant le nombre des églises chrétiennes se multipliait chaque jour dans toutes les contrées. Un état de choses paisible eût peut-être confiné à jamais la religion du Christ dans les murs de Jérusalem. Mais les Juifs eux-mêmes, qui chassèrent d'abord les novateurs, les contraignirent par cette mesure à aller prêcher dans d'autres lieux ; presque partout ces bannis rencontrèrent d'autres Juifs que le commerce et l'humeur inquiète de ce peuple avaient disséminés en tous lieux. Les Juifs chrétiens fraternisaient avec eux, prêchaient dans leurs synagogues, fréquentées par beaucoup de païens qu'attirait, comme il a déjà été dit, le spectacle d'un culte fondé sur l'adoration d'un seul Dieu. Les Romains, en ruinant Jérusalem et dispersant le peuple juif, ajoutèrent encore à la faveur de ces circonstances. Des villes célèbres, telles qu'Alexandrie, se peuplèrent de Juifs, et par conséquent aussi de chrétiens. La nouvelle doctrine devint un objet d'intérêt et de discussion. Le paganisme, trop absurde en lui-même pour convenir à des siècles qui n'étaient plus ceux de l'enfance du monde, décrié par les philosophes, était devenu presque la risée de tous les hommes éclairés. Telle est sans doute la vraie cause de la cessation de tous les oracles en ce temps. Ils se turent quand on commença à ne plus y croire. Le besoin d'une religion, capable de remplacer l'ancienne qui périssait de vieillesse et d'imbécillité, commençait à se faire sentir. D'ailleurs, les dieux étaient des patrons nationaux chez les anciens, chaque nation avait respecté ses dieux, tant qu'elle était restée nation. Vaincus et subjugués par les Romains, les peuples devinrent indifférents à tous les objets de patriotisme local et à la religion comme aux autres. Les Romains eux-mêmes, à force de recevoir des dieux étrangers dans leurs temples, étaient aussi parvenus à les mépriser tous, les anciens comme les nouveaux venus. Le positif de la religion tombait en ruine dans l'empire; le sentiment religieux, qui sert de base à tous les systèmes positifs, et qui vivait encore dans les cœurs, n'attendait qu'une nouvelle forme dans laquelle il pût se fixer. Le christianisme, favorisé par les circonstances qui viennent d'être indiquées, se présente et trouve facilement accès. Mais combien d'idées étrangères, de doctrines accessoires vinrent partout s'y mêler et le modifier en mille manières! L'histoire du dogme dans les premiers siècles est un dédale que l'histoire ne peut tout à fait éclaircir. Avant qu'un corps de doctrine fût établi et arrêté, quelle fluctuation, quelle variation n'avait pas subi cette doctrine, et quand enfin le dogme fut déterminé, combien ne différa-t-il pas de ce qu'il avait été dans l'esprit et dans les vues simples du fondateur? Ce fut surtout à Alexandrie, ville alors très-lettrée et le point de réunion des philosophes grecs, entre autres des nouveaux Platoniciens, que la religion de Jésus, accrue de tant d'éléments hétérogènes, prit une forme plus spéculative, ou, si l'on veut, plus mystique qu'elle ne l'avait été d'abord. Clément, philosophe grec, devenu chrétien, y contribua plus que personne. Ceux des Orientaux qui embrassèrent le christianisme y introduisirent les vues de la philosophie de l'Orient sur l'origine du monde, du bien et du mal. De là naquirent les modifications ou sectes du christianisme des Gnostiques et des Manichéens.

Les persécutions de quelques empereurs contre les chrétiens en général portèrent un grand nombre d'individus à fuir dans les lieux solitaires et inhabités, n'y emportant que leur fervente dévotion, qu'exaltaient bientôt à un point exagéré le silence et la mélancolie du désert. Ces ascètes de la Thébaïde et de la Syrie furent les premiers moines, leurs réunions pour prier en commun, les premiers couvents; des législateurs se levèrent parmi eux et donnèrent à ces différents couvents différentes règles monastiques.

Les mêmes persécutions qui avaient peuplé les déserts de chrétiens fugitifs contraignirent ceux qui restèrent à se rallier plus fortement les uns aux autres, à étouffer, autant que possible, leurs controverses, à s'entendre, à se secourir, à s'organiser, à se prescrire un régime, à se donner des chefs et des administrateurs. Tant que les apôtres et les premiers disciples contemporains de Jésus vécurent, ils se trouvèrent naturellement les chefs des communes ou églises où ils étaient instituteurs. Après leur mort, on remplaçait le pasteur qu'on venait de perdre par son disciple le plus considérable. Plusieurs de ces Églises s'entendaient quelquefois ensemble, et formaient une sorte de confédération qui se donnait un chef commun, un visiteur, épiscope ou évêque ; en général elles se renfermaient dans les limites d'une province, d'une préfecture ou diocèse de l'empire romain. Les pasteurs à qui les circonstances locales donnèrent une église plus riche ou plus puissante, furent revêtus de plus de considération.

Pendant les trois premiers siècles, les empereurs romains ne connurent la nouvelle religion que pour la tolérer ou la persécuter. Constantin fut le premier qui l'adopta ; en l'adoptant, il lui imprima le caractère d'institution politique.

L'association chrétienne prit une forme nouvelle et des développements nouveaux. L'autorité suprême devenue chrétienne, imprima à tout ce qui était chrétien un caractère temporel de puissance, l'Église acquit une certaine unité en s'associant à l'unité de l'empire, et, de ce moment, les affaires politiques les plus importantes de l'empire devinrent les affaires religieuses.

NOUVEAU CHRISTIANISME

DIALOGUES

ENTRE

UN NOVATEUR ET UN CONSERVATEUR

PREMIER DIALOGUE.

Le Conservateur. Croyez-vous en Dieu?

Le Novateur. Oui, je crois en Dieu.

Le Cons. Croyez-vous que la religion chrétienne ait une origine divine?

Le Nov. Oui, je le crois.

Le Cons. Si la religion chrétienne est d'origine divine, elle n'est point susceptible de perfectionnement; cependant vous excitez les artistes, les industriels et les savants, à perfectionner cette religion : vous entrez donc en contradiction avec vous-même, puisque votre opinion et votre croyance se trouvent en opposition?

Le Nov. L'opposition que vous croyez remarquer entre mon opinion et ma croyance n'est qu'apparente ; il faut distinguer ce que Dieu a dit personnellement de ce que le clergé a dit en son nom.

Ce que Dieu a dit n'est certainement pas perfectible, mais ce que le clergé a dit au nom de Dieu compose une science susceptible de perfectionnement, de même que toutes les autres sciences humaines. La théorie de la théologie a besoin d'être renouvelée à certaines époques, de même que celle de la physique, de la chimie et de la physiologie.

Le Cons. Quelle est la partie de la religion que vous croyez divine? quelle est celle que vous considérez comme étant humaine?

Le Nov. Dieu a dit : *Les hommes doivent se conduire en frères à l'égard les uns des autres ;* ce principe sublime renferme tout ce qu'il y a de divin dans la religion chrétienne.

Le Cons. Quoi! vous réduisez à un seul principe ce qu'il y a de divin dans le christianisme?...

Le Nov. Dieu a nécessairement tout rapporté à un seul principe ; il a nécessairement tout déduit du même principe, sans quoi sa volonté à l'égard des hommes n'aurait point été systématique. Ce serait un blasphème de prétendre que le Tout-Puissant ait fondé sa religion sur plusieurs principes.

Or, d'après ce principe que Dieu a donné aux hommes pour règle de leur conduite, ils doivent organiser leur société de la manière qui puisse être la plus avantageuse au plus grand nombre ; ils doivent se proposer pour but dans tous leurs travaux, dans toutes leurs actions, d'améliorer le plus promptement et le plus complétement possible l'existence morale et physique de la classe la plus nombreuse.

Je dis que c'est en cela et en cela seulement que consiste la partie divine de la religion chrétienne.

Le Cons. J'admets que Dieu n'ait donné aux hommes qu'un seul principe ; j'admets qu'il leur ait commandé d'organiser leur société de manière à garantir à la classe la plus pauvre l'amélioration la plus prompte et la plus complète de son existence morale et physique : mais je vous ferai observer que Dieu a laissé des guides à l'espèce humaine. Avant de remonter au ciel, Jésus-Christ a chargé ses apôtres et leurs successeurs de diriger la conduite des hommes, en leur indiquant les applications qu'ils devaient faire du principe fondamental de la morale divine, et en leur facilitant les moyens d'en tirer les conséquences les plus justes.

Reconnaissez-vous l'Église pour une institution divine?

Le Nov. Je crois que Dieu a fondé lui-même l'Église chrétienne ; je suis pénétré du plus profond respect et de la plus grande admiration pour la conduite des Pères de cette Église.

Ces chefs de l'Église primitive ont prêché franchement l'union à tous les peuples ; ils les ont engagés à vivre entre eux d'une manière pacifique ; ils ont déclaré positivement et avec la plus grande énergie aux hommes puissants que leur premier devoir était d'employer tous leurs moyens à la plus prompte amélioration possible de l'existence morale et physique des pauvres.

Ces chefs de l'Église primitive ont fait le meilleur de tous les livres qui ait jamais été publié, *le Catéchisme primitif*, dans lequel ils ont partagé les actions des hommes en deux classes, les bonnes et les mauvaises, c'est-à-dire celles qui sont conformes au principe fondamental de la morale divine, et celles qui sont contraires à ce principe.

Le Cons. Précisez davantage votre idée, et dites-moi si vous regardez l'église chrétienne comme infaillible ?

Le Nov. Dans le cas où l'Église a pour chefs les hommes les plus capables de diriger les forces de la société vers le but divin, je crois que l'Église peut sans inconvénient être réputée infaillible, et que la société agit sagement en se laissant conduire par elle.

Je considère les Pères de l'Église comme ayant été infaillibles pour l'époque où ils ont vécu, tandis que le clergé me paraît aujourd'hui, de tous les corps constitués, celui qui commet les plus grandes erreurs, les erreurs les plus nuisibles à la société ; celui dont la conduite se trouve le plus directement en opposition avec le principe fondamental de la morale divine.

Le Cons. La religion chrétienne se trouve donc, selon vous, dans une bien mauvaise situation ?

Le Nov. Bien au contraire, jamais il n'a existé un si grand nombre de bons chrétiens ; mais aujourd'hui ils appartiennent presque tous à la classe des laïques. La religion chrétienne a perdu, depuis le quinzième siècle, son unité d'action. Depuis cette époque il n'existe plus de clergé chrétien; tous les clergés qui cherchent aujourd'hui à enter leurs opinions, leurs morales, leurs cultes et leurs dogmes sur le principe de morale que les hommes ont reçu de Dieu sont hérétiques, puisque leurs opinions, leurs morales, leurs dogmes et leurs cultes se trouvent plus ou moins en opposition avec la morale divine; le clergé qui est le plus puissant de tous est aussi celui de tous dont l'hérésie est la plus forte.

Le Cons. Que deviendra la religion chrétienne si, comme vous le pensez, les hommes chargés du soin de l'enseigner sont devenus hérétiques?

Le Nov. Le christianisme deviendra la religion universelle et unique; les Asiatiques et les Africains se convertiront; les membres du clergé européen redeviendront bons chrétiens, il abandonneront les différentes hérésies qu'ils professent aujourd'hui. La véritable doctrine du christianisme, c'est-à-dire la doctrine la plus générale qui puisse être déduite du principe fondamental de la morale divine, sera produite, et aussitôt cesseront les différences qui existent dans les opinions religieuses.

La première doctrine chrétienne n'a donné à la société qu'une organisation partielle et très-incomplète. Les droits de César sont restés indépendants des droits attribués à l'Église. *Rendez à César ce qui appartient à César;* telle est la fameuse maxime qui a séparé ces deux pouvoirs. Le pouvoir temporel a continué de fonder sa puissance sur la loi du plus fort, tandis que l'Église a professé que la société ne devait reconnaître comme légitimes que les institutions ayant pour objet l'amélioration de l'existence de la classe la plus pauvre.

La nouvelle organisation chrétienne déduira les institutions temporelles, ainsi que les institutions spirituelles, du principe que *tous les hommes doivent se conduire à l'égard les uns des autres comme des frères.* Elle dirigera toutes les institutions, de quelque nature qu'elles soient, vers l'accroissement du bien-être de la classe la plus pauvre.

Le Cons. Sur quels faits fondez-vous cette opinion? Qui

vous autorise à croire qu'un même principe de morale deviendra le régulateur unique de toutes les sociétés humaines ?

Le Nov. La morale la plus générale, la morale divine doit devenir la morale unique ; c'est la conséquence de sa nature et de son origine.

Le peuple de Dieu, celui qui avait reçu des révélations avant l'apparition de Jésus, celui qui est le plus généralement répandu sur toute la surface du globe, a toujours senti que la doctrine chrétienne, fondée par les Pères de l'Église, était incomplète ; il a toujours proclamé qu'il arriverait une grande époque, à laquelle il a donné le nom de *messiaque*, époque où la doctrine religieuse serait présentée avec toute la généralité dont elle est susceptible ; qu'elle réglerait également l'action du pouvoir temporel et celle du pouvoir spirituel, et qu'alors toute l'espèce humaine n'aurait plus qu'une seule religion, qu'une même organisation.

Enfin je conçois clairement la nouvelle doctrine chrétienne, et je vais la produire ; puis je passerai en revue toutes les institutions spirituelles et temporelles qui existent en Angleterre, en France, dans l'Allemagne du Nord et dans celle du Sud ; en Italie, en Espagne et en Russie ; dans l'Amérique septentrionale et dans l'Amérique méridionale. Je comparerai les doctrines de ces différentes institutions avec celle qui se déduit directement du principe fondamental de la morale divine, et je ferai facilement comprendre à tous les hommes ayant de la bonne foi et de bonnes intentions, que si toutes ces institutions étaient dirigées vers le but de l'amélioration du bien-être moral et physique de la classe la plus pauvre, elles feraient prospérer toutes les classes de la société, toutes les nations, avec la plus grande rapidité possible.

Je suis novateur, parce que je tire des conséquences plus directes qu'on ne l'avait fait jusqu'à ce jour du principe fondamental de la morale divine. Vous qui, zélé comme moi pour le bien public, êtes animé d'un esprit de conservation, vous bornez votre tâche à empêcher les hommes de perdre de vue le principe même que je veux développer. Hé bien, réunissons nos efforts; je vais produire mes idées, combattez-les quand il vous paraîtra que je m'écarterai de la direction donnée aux hommes par le Tout-Puissant.

C'est avec une entière confiance que j'entreprends cette grande œuvre. Le meilleur théologien est celui qui fait les applications les plus générales du principe fondamental de la morale divine; le meilleur théologien est le véritable pape; il est le vicaire de Dieu sur la terre. Si les conséquences que je vais présenter sont justes, si la doctrine que je vais exposer est bonne, c'est au nom de Dieu que j'aurai parlé.

J'entre en matière. Je commencerai par examiner les différentes religions qui existent aujourd'hui; je comparerai leurs doctrines avec celle qui se déduit directement du principe fondamental de la morale divine.

DES RELIGIONS.

Le nouveau christianisme se composera de parties à peu près semblables à celles qui composent aujourd'hui les diverses associations hérétiques qui existent en Europe et en Amérique.

Le nouveau christianisme, de même que les associations hérétiques, aura sa morale, son culte et son dogme; il aura son clergé, et son clergé aura ses chefs. Mais, malgré cette similitude d'organisation, le nouveau christianisme se trouvera purgé de toutes les hérésies actuelles; la doctrine de la morale sera considérée par les nouveaux chrétiens comme la plus importante; le culte et le dogme ne seront envisagés par eux que comme des accessoires ayant pour objet principal de fixer sur la morale l'attention des fidèles de toutes les classes.

Dans le nouveau christianisme, toute la morale sera déduite directement de ce principe : *Les hommes doivent se conduire en frères à l'égard les uns des autres;* et ce principe, qui appartient au christianisme primitif, éprouvera une *transfiguration* d'après laquelle il sera présenté comme devant être aujourd'hui le but de tous les travaux religieux.

Ce principe régénéré sera présenté de la manière suivante :
*La religion doit diriger la société vers le grand but de l'amé-
lioration la plus rapide possible du sort de la classe la plus
pauvre.*

Ceux qui doivent fonder le nouveau christianisme et se
constituer chefs de la nouvelle Église, ce sont les hommes
les plus capables de contribuer par leurs travaux à l'accroissement du bien-être de la classe la plus pauvre. Les fonctions du clergé se réduiront à enseigner la nouvelle doctrine
chrétienne, au perfectionnement de laquelle les chefs de l'É-
glise travailleront sans relâche.

Voilà, en peu de mots, le caractère que doit développer,
dans les circonstances présentes, le véritable christianisme.
Nous allons comparer cette conception d'institution religieuse
avec les religions qui existent en Europe et en Amérique ; de
cette comparaison nous ferons facilement ressortir la preuve
que toutes les religions prétendues chrétiennes, qui se professent aujourd'hui, ne sont que des hérésies, c'est-à-dire
qu'elles ne tendent pas directement à l'amélioration la plus
rapide possible du bien-être de la classe la plus pauvre, ce
qui est le but unique du christianisme.

DE LA RELIGION CATHOLIQUE.

L'association catholique, apostolique et romaine, est la plus
nombreuse de toutes les associations religieuses européennes
et américaines ; elle possède encore plusieurs grands avantages sur toutes les autres sectes auxquelles sont attachés les
habitants de ces deux continents.

Elle a succédé immédiatement à l'association chrétienne,
ce qui lui donne un certain *vernis* d'orthodoxie.

Son clergé a hérité d'une grande partie des richesses que
le clergé chrétien avait conquises dans les nombreuses vic-
toires qu'il remporta pendant quinze siècles, en combattant
pour l'aristocratie des talents contre l'aristocratie de la naissance, et en faisant valoir la suprématie religieuse des
hommes pacifiques sur les militaires.

Les chefs de l'Église catholique ont conservé la souveraineté de la ville qui, depuis plus de vingt siècles, a constamment dominé le monde ; d'abord par la force des armes, ensuite par la toute-puissance de la morale divine ; et c'est au
Vatican que les jésuites combinent aujourd'hui les moyens
de dominer toute l'espèce humaine par un odieux système de
mysticités et de ruses.

L'association catholique, apostolique et romaine, est incontestablement encore très-puissante, quoiqu'elle soit considérablement déchue depuis le pontificat de Léon X, qui a
été son fondateur ; mais la force que cette association possède n'est qu'une force matérielle, et ce n'est qu'au moyen de
la ruse qu'elle parvient à se soutenir. La force spirituelle, la
force de la morale, la force chrétienne, celle que donnent la
franchise et la loyauté lui manque entièrement. En un mot,
la religion catholique, apostolique et romaine, n'est autre
chose qu'une hérésie chrétienne ; elle n'est qu'une portion du
christianisme dégénéré.

Je dis que les catholiques sont des hérétiques, et je le
prouverai : je prouverai que la renaissance du christianisme
anéantira l'inquisition, et qu'elle débarrassera la société des
jésuites, ainsi que de leurs doctrines machiavéliques.

Le véritable christianisme commande à tous les hommes
de se conduire en frères à l'égard les uns des autres ; Jésus-
Christ a promis la vie éternelle à ceux qui auraient le plus
contribué à l'amélioration de l'existence de la classe la plus
pauvre sous le rapport moral et sous le rapport physique.

Ainsi les chefs de l'Église chrétienne doivent être choisis
parmi les hommes les plus capables de diriger les travaux
qui ont pour objet l'accroissement du bien-être de la classe
la plus nombreuse ; ainsi le clergé doit s'occuper principalement d'enseigner aux fidèles la conduite qu'ils doivent tenir
pour accélérer le bien-être de la majorité de la population.

Examinons maintenant comment le sacré-collége a été
composé depuis Léon X, fondateur de l'Église catholique,
apostolique et romaine ; examinons les connaissances que ce
collége exige de la part de ceux à qui il accorde la prêtrise ;

voyons quelles sont les améliorations morales et physiques que la classe pauvre a éprouvées dans les États ecclésiastiques, qui devraient servir de modèle à tous les autres gouvernements ; examinous enfin en quoi consiste l'enseignement donné par le clergé catholique aux fidèles de sa communion.

Je fais sommation au pape, qui se dit chrétien, qui prétend être infaillible, qui prend le titre de vicaire de Jésus-Christ, de répondre clairement et sans employer aucune locution mystique, aux quatre accusations d'hérésie que je vais porter contre l'Église catholique.

J'accuse le pape et son Église d'hérésie sous ce premier chef :

L'enseignement que le clergé catholique donne aux laïques de sa communion est vicieux, il ne dirige point leur conduite dans la voie du christianisme.

La religion chrétienne propose pour but terrestre aux fidèles l'amélioration la plus rapide possible de l'existence morale et physique du pauvre. Jésus-Christ a promis la vie éternelle à ceux qui travailleraient avec le plus de zèle à l'accroissement du bien-être de la classe la plus nombreuse.

Le clergé apostolique, de même que tous les autres clergés, a donc pour mission d'exciter l'ardeur de tous les membres de la société vers les travaux d'une utilité générale.

Ainsi tous les clergés doivent user de tous leurs moyens intellectuels, et de tous leurs talents pour prouver, dans leurs sermons et dans leurs entretiens familiers, aux laïques de leur croyance, que l'amélioration de l'existence de la dernière classe entraîne nécessairement l'accroissement du bien-être réel et positif des classes supérieures ; car Dieu regarde tous les hommes, même les riches, comme ses enfants.

Ainsi les clergés doivent, dans l'enseignement qu'ils donnent aux enfants, dans les prédications qu'ils font aux fidèles, dans les prières qu'ils adressent au ciel, de même que dans toutes les parties de leurs cultes et de leurs dogmes, fixer l'attention de leurs auditeurs sur ce fait important, que *l'immense majorité de la population pourrait jouir d'une existence morale et physique beaucoup plus satisfaisante que celle dont elle a joui jusqu'à ce jour; et que les riches, en accroissant le bonheur des pauvres, amélioreraient leur propre existence.*

Voilà la conduite que le véritable christianisme dicte au clergé; il nous sera maintenant facile de mettre en évidence les vices de l'instruction donnée par le clergé catholique à ceux qui suivent sa croyance.

Qu'on parcoure la totalité des ouvrages écrits sur le dogme catholique avec approbation du pape et de son sacré collége; qu'on examine la totalité des prières consacrées par les chefs de l'Église, pour être récitées par les fidèles, tant laïques qu'ecclésiastiques, et nulle part on ne trouvera le but de la religion chrétienne clairement désigné : les idées de morale se trouvent en petit nombre dans ces écrits, et elles ne forment point corps de doctrine; elles sont clair-semées dans cette immense quantité de volumes qui se composent essentiellement des répétitions fastidieuses de quelques conceptions mystiques ; conceptions qui ne peuvent nullement servir de guides, et qui sont au contraire de nature à faire perdre de vue les principes de la sublime morale du Christ.

Il serait injuste de porter l'accusation d'incohérence contre l'immense collection des prières catholiques consacrées par le pape; on reconnaît que le choix de ces prières a été dirigé par une conception systématique; on reconnaît que le sacré collége a dirigé tous les fidèles vers un même but; mais il est évident que ce but n'est point le but chrétien : c'est un but hérétique, c'est celui de persuader aux laïques qu'ils ne sont point en état de se conduire par leurs propres lumières, et qu'ils doivent se laisser diriger par le clergé, *sans que le clergé soit obligé de posséder une capacité supérieure à celle qu'ils possèdent.*

Toutes les parties du culte, ainsi que tous les principes du dogme catholique, ont évidemment pour objet de faire passer les laïques sous la dépendance la plus absolue du clergé.

La première accusation d'hérésie que je porte contre le pape et contre son Église, sur la mauvaise instruction qu'ils donnent aux catholiques, est donc fondée.

J'accuse le pape et les cardinaux d'être hérétiques sous ce second chef.

Je les accuse de ne point posséder les connaissances qui les rendraient capables de diriger les fidèles dans la voie de leur salut.

Je les accuse de donner une mauvaise éducation aux séminaristes, et de ne point exiger de ceux auxquels ils accordent la prêtrise l'instruction qui leur serait nécessaire pour devenir de dignes pasteurs, des pasteurs capables de bien diriger les troupeaux qui doivent leur être confiés.

La théologie est la seule science qu'on enseigne dans les séminaires ; la théologie est la seule science que le pape et les cardinaux se croient obligés de cultiver ; la théologie est la seule science que les chefs du clergé exigent de ceux qui, comme curés, évêques, archevêques, etc., sont destinés à diriger la conduite des fidèles.

Or je demande ce que c'est que la théologie? et je trouve que c'est la science de l'argumentation sur les questions relatives au dogme et au culte.

Cette science est incontestablement la plus importante de toutes pour les clergés hérétiques, attendu qu'elle leur fournit le moyen de fixer l'attention des fidèles sur des minuties, et de faire perdre de vue aux chrétiens le grand but terrestre qu'ils doivent se proposer pour obtenir la vie éternelle, c'est-à-dire l'amélioration la plus rapide possible de l'existence morale et physique de la classe pauvre.

Mais la théologie ne saurait avoir une grande importance pour un clergé vraiment chrétien, qui doit ne considérer le culte et le dogme que comme des accessoires religieux, ne présenter que la morale comme véritable doctrine religieuse, et n'employer le dogme et le culte que comme des moyens souvent utiles pour fixer sur elle l'attention de tous les chrétiens.

Le clergé romain a été orthodoxe jusqu'à l'avénement de Léon X au trône papal, parce que jusqu'à cette époque il a été supérieur aux laïques dans toutes les sciences dont les progrès ont contribué à l'accroissement du bien-être de la classe la plus pauvre; depuis, il est devenu hérétique, parce qu'il n'a plus cultivé que la théologie, et qu'il s'est laissé surpasser par les laïques dans les beaux-arts, dans les sciences exactes, et sous le rapport de la capacité industrielle.

L'accusation d'hérésie que je porte contre le pape et contre les cardinaux, à raison du mauvais usage qu'ils font de leur intelligence et de la mauvaise éducation qu'ils donnent aux séminaristes est donc fondée.

J'accuse le pape de se conduire en hérétique sous ce troisième chef; je l'accuse de tenir une conduite gouvernementale plus contraire aux intérêts moraux et physiques de la classe indigente de ses sujets temporels, que celle d'aucun prince laïque envers ses sujets pauvres.

Qu'on parcoure toute l'Europe, et on reconnaîtra que la population des États ecclésiastiques est celle où l'administration des intérêts publics est la plus vicieuse et la plus anti chrétienne.

Des terrains considérables, qui font partie du domaine de saint Pierre, et qui rapportaient autrefois des récoltes abondantes, se sont convertis en marais pestilentiels par la négligence du gouvernement papal.

Une grande partie du territoire, qui n'a pas été envahie par les eaux, reste sans culture, ce qui ne doit point être attribué à l'ingratitude du sol, mais bien au peu d'avantages que procure la profession de cultivateur dans les États ecclésiastiques : cette profession n'offrant ni considération, ni profits suffisants, est peu recherchée; les hommes qui se sentent de la capacité, ou qui possèdent des capitaux, ne s'y livrent point. Le pape s'est réservé le monopole, non-seulement de tous les produits importants de la culture, mais encore de tous les objets de première nécessité, et il concède l'exercice de ce monopole à ceux des cardinaux qui parviennent à devenir ses favoris [1].

---

[1] Sous ce rapport fondamental de l'existence sociale, l'administration papale est encore plus vicieuse que celle du Grand Turc. Je vais en citer un exemple récent : un boulanger de Rome a été condamné à une forte amende pour avoir vendu du pain à un prix qui n'était pas légal. Le motif de la condamnation n'était point que le vendeur eût fait tort à l'acquéreur en lui li-

Enfin il n'existe dans les États ecclésiastiques aucune activité de fabrication, quoique le bon marché de la main-d'œuvre pût y rendre l'établissement de manufactures très-avantageux. Cela tient uniquement aux vices de l'administration.

Toutes les branches d'industrie se trouvent paralysées. Les pauvres manquent de travail, et mourraient de faim si les établissements ecclésiastiques, c'est-à-dire le gouvernement, ne les nourrissaient pas. Les pauvres, étant nourris par charité, sont mal nourris; ainsi leur existence est malheureuse sous le rapport physique.

Ils sont encore plus malheureux sous le rapport moral, puisqu'ils vivent dans l'oisiveté, qui est la mère de tous les vices et de tous les brigandages dont ce malheureux pays est infesté.

La troisième accusation d'hérésie que je porte contre le pape, à raison de la manière vicieuse et anti chrétienne dont il gouverne ses sujets temporels, est donc fondée.

J'accuse le pape et tous les cardinaux actuels; j'accuse tous les papes et tous les cardinaux qui ont existé depuis le quinzième siècle, d'être et d'avoir été hérétiques sous ce quatrième chef.

Je les accuse d'abord d'avoir consenti à la formation de deux institutions diamétralement opposées à l'esprit du christianisme, celle de l'inquisition et celle des jésuites; je les accuse ensuite d'avoir, depuis cette époque, accordé, presque sans interruption, leur protection à ces deux institutions.

L'esprit du christianisme est la douceur, la bonté, la charité et, par-dessus tout, la loyauté; ses armes sont la persuasion et la démonstration.

---

vrant une quantité inférieure à celle qu'il devait recevoir; la punition avait une cause absolument opposée. La faute punie consistait à s'être rendu coupable de délit envers les vendeurs en traitant trop avantageusement les acheteurs.

L'explication de ce jugement inique est bien facile : la presque totalité des boulangeries de Rome appartient à des cardinaux, qui ont par conséquent intérêt à vendre le pain le plus cher possible, et qui regardent comme un crime tout ce qui diminue leurs bénéfices.

L'esprit de l'inquisition est le despotisme et l'avidité ; ses rmes sont la violence et la cruauté ; l'esprit de la corpora-ion des jésuites est l'égoïsme, et c'est au moyen de la ruse 'ils s'efforcent d'atteindre leur but, celui d'exercer une domination générale sur les ecclésiastiques, aussi bien que sur les laïques.

La conception de l'inquisition a été radicalement vicieuse et antichrétienne, quand même les inquisiteurs n'eussent fait périr dans leurs auto-da-fé que des personnes coupables de s'être opposées à l'amélioration de l'existence morale et physique de la classe pauvre ; dans ce cas-là même (qui aurait conduit le sacré collége sur les bûchers), ils auraient agi en hérétiques : car Jésus n'a point admis d'exception quand il a défendu à son Église d'user de violence. Mais l'hérésie des inquisiteurs n'aurait été que vénielle en comparaison de celle qu'ils ont professée dans leurs atroces fonctions.

Les condamnations prononcées par l'inquisition n'ont jamais eu pour motif que de prétendus délits contre le dogme ou contre le culte, qui n'eussent dû être considérés que comme des fautes légères, et non comme des crimes dignes de la peine capitale.

Ces condamnations ont eu toujours pour objet de rendre le clergé catholique tout-puissant, en sacrifiant la classe des pauvres aux laïques riches et investis du pouvoir, à condition que ces derniers consentiraient eux-mêmes à se laisser dominer sous tous les rapports par les ecclésiastiques.

Quant à la compagnie de Jésus, le célèbre Pascal en a si bien analysé l'esprit, la conduite et les intentions, que je dois me borner à renvoyer les fidèles à la lecture des *Lettres provinciales*. J'ajouterai seulement que la nouvelle compagnie de Jésus est infiniment plus méprisable que l'ancienne, puisqu'elle tend à rétablir la prépondérance du culte et du dogme sur la morale, prépondérance qui avait été anéantie par la révolution, tandis que les premiers jésuites s'efforçaient seulement de prolonger l'existence des abus qui s'étaient introduits dans l'Église à cet égard.

Les anciens jésuites ont défendu un ordre de choses qui

existait; les nouveaux entrent en insurrection contre le nouvel ordre de choses, plus moral que l'ancien, qui tend à s'établir.

Les missionnaires actuels sont de véritables antechrists, puisqu'ils prêchent une morale absolument opposée à celle de l'Évangile. Les apôtres ont été les avocats des pauvres; les missionnaires sont les avocats des riches et des puissants contre les pauvres, qui ne trouvent plus de défenseurs que parmi les moralistes laïques.

DE LA RELIGION PROTESTANTE.

L'esprit européen avait pris un grand essor dans le quinzième siècle; de grandes découvertes, de rapides progrès s'étaient effectués dans toutes les directions d'une utilité positive, et ces découvertes, ainsi que ces progrès, étaient presque entièrement dus aux travaux des laïques.

La découverte de l'Amérique était due au génie persévérant de Christophe Colomb; des laïques portugais avaient ouvert une nouvelle route pour l'Inde en doublant le cap de Bonne-Espérance; l'imprimerie avait été découverte et perfectionnée par des laïques; le Dante, l'Arioste et le Tasse étaient laïques; Raphaël, Michel-Ange et Léonard de Vinci étaient également laïques; et les trois grandes lois au moyen desquelles Newton a calculé depuis tous les phénomènes célestes avaient été inventées par Kepler, qui était laïque.

Les Médicis, qui avaient agrandi et activé le commerce européen, qui avaient perfectionné l'agriculture et la fabrication, étaient laïques; et ils avaient acquis une importance sociale telle, que leur famille s'était élevée au rang des maisons souveraines, et qu'elle jouait un rôle, pour ainsi dire, prépondérant dans le pouvoir temporel.

Les laïques avaient donc acquis une supériorité positive sur les ecclésiastiques, en même temps que les sciences réputées profanes avaient dépassé les limites dans lesquelles se trouvaient renfermées les conséquences tirées par l'Église des principes de morale divine, fondés par Jésus. Le pape et les cardinaux ne possédaient plus la capacité suffisante pour diriger le clergé chrétien, et le clergé chrétien ne se trouvait plus en état de conduire la masse des fidèles.

Sous un autre rapport, la cour de Rome perdit à cette époque une grande partie de l'appui qn'elle avait trouvé jusqu'alors dans la classe des plébéiens contre celle des patriciens; et dans la classe des roturiers contre les nobles et contre la puissance féodale.

Le divin fondateur du christianisme avait recommandé à ses apôtres de travailler sans relâche à élever les dernières classes de la société, et à diminuer l'importance de celles qui se trouvaient investies du droit de commander et de faire la loi.

Jusqu'au quinzième siècle, l'Église avait suivi assez exactement cette direction chrétienne; presque tous les cardinaux et tous les papes avaient été pris dans la classe des plébéiens, et souvent on les avait vus sortir des familles abandonnées aux professions les plus subalternes.

Par cette politique, le clergé avait tendu avec persévérance à diminuer l'importance et la considération de l'aristocratie de naissance, et à lui superposer l'aristocratie des talents.

A la fin du quinzième siècle, le sacré collége change entièrement d'allure; il renonce à la direction chrétienne pour adopter une politique toute mondaine : le pouvoir spirituel cesse de lutter avec le pouvoir temporel; il ne s'identifie plus avec les dernières classes de la société; il ne travaille plus à leur donner de l'importance; il ne s'efforce plus de superposer l'aristocratie des talents à celle de la naissance; il se fait un plan de conduite dont l'objet est de conserver l'importance et les richesses acquises par les travaux de l'Église militante, et d'en jouir sans se donner de peine et sans remplir aucune fonction vraiment utile à la société.

Pour atteindre ce but, le sacré collége se place sous la protection du pouvoir temporel, avec lequel il avait lutté jusqu'alors; il fait avec les rois ce pacte impie : *Nous emploierons toute l'influence que nous pourrons exercer sur les*

*fidèles pour établir en votre faveur un pouvoir arbitraire ;
nous vous déclarerons rois par la grâce de Dieu : nous enseigne-
rons le dogme de l'obéissance passive ; nous établirons l'inquisition, au moyen de laquelle vous aurez à votre disposition
un tribunal qui ne sera soumis à aucune formalité ; nous insti-
tuerons un nouvel ordre religieux auquel nous donnerons le
titre de Société de Jésus. Cette société établira un dogme
diamétralement opposé à celui du christianisme ; elle se char-
gera de faire prévaloir aux yeux de Dieu les intérêts des riches et des puissants sur les intérêts des pauvres.*

*Nous vous demandons, en échange des services que nous
vous rendrons, en échange de la dépendance dans laquelle
nous consentons à nous mettre à l'égard de votre pouvoir
temporel (dont l'origine est impie, puisque ses droits ont été
primitivement fondés sur la loi du plus fort), et comme récompense de notre trahison envers la classe la plus pauvre, dont
notre divin fondateur nous avait chargés de défendre les
intérêts et de faire valoir les droits ; nous vous demandons de nous conserver les propriétés qui ont été le fruit des
travaux apostoliques de l'Église militante ; nous vous demandons d'être maintenus dans la jouissance des priviléges ho-
norifiques et pécuniaires qui lui ont été accordés par vos prédécesseurs.*

Ce pacte sacrilége, qui a été conçu par le sacré collége à
la fin du quinzième siècle, se trouvait déjà exécuté, quant à
ses clauses principales, au commencement du seizième.

Ce fut à cette époque que Léon X monta sur le trône papal, événement très-remarquable dans les fastes de la religion, et qui jusqu'à ce jour n'a point suffisamment fixé l'attention des philosophes chrétiens.

Les premiers chefs de l'Église avaient été nommés par
tous les fidèles, et l'unique motif qui détermina leur nomination fut qu'ils étaient regardés comme les plus zélés pour
le bien des pauvres, et les plus capables de découvrir les
moyens d'améliorer l'existence morale et physique de la
classe la plus nombreuse.

Quand les chefs du clergé eurent obtenu la souveraineté

de Rome, et qu'ils en eurent fait la capitale du monde chrétien, quand ils eurent centralisé la puissance sacerdotale dans les mains d'un pape, le motif qui détermina les élections des pontifes fut principalement que le candidat auquel le sacré collége accordait la préférence était celui qui possédait au plus haut degré la capacité nécessaire, pour écraser l'aristocratie de la naissance sous le poids de l'aristocratie des talents.

Mais les motifs qui déterminèrent l'élection de Léon X furent différents, et même opposés à ceux qui avaient guidé les électeurs précédents, dont les intentions avaient été plus ou moins chrétiennes : les cardinaux, dans cette occasion, agirent conformément au plan de conduite qu'ils avaient adopté, et que j'ai exposé ci-dessus; ils se proposèrent uniquement pour but de conserver au clergé ses richesses et d'accroître ses jouissances mondaines.

Léon X était de la pâte dont les rois sont faits, et par conséquent il n'était point propre à faire un pape : en effet, toute sa conduite démontra qu'il prisait beaucoup plus ses droits de naissance que ceux qu'il tenait de la papauté; il organisa le service d'honneur auprès de sa personne sur le pied d'une cour ayant un chef laïque. Sa sœur eut à Rome une maison et un entourage de princesse, non pas en raison de sa propre parenté avec le pape, mais en sa qualité de fille du prince laïque le plus important de l'Italie.

Léon X protégea les poëtes, les peintres, les architectes, les sculpteurs et les savants; il protégea tous les Grecs érudits qui se réfugièrent à cette époque en Italie; mais ce fut en prince temporel qu'il les protégea, et uniquement pour se procurer des jouissances et pour donner un lustre mondain à son règne. Un véritable pape aurait profité de l'essor que l'esprit européen prenait à cette époque dans toutes les directions importantes, pour combiner les efforts des savants, des artistes et des chefs des grandes entreprises industrielles, avec les intérêts du clergé et avec ceux des pauvres, contre les prétentions héréditaires du pouvoir temporel, dont l'origine est impie, ainsi que je l'ai dit plus haut, puisque ses droits primitifs ont été fondés sur le droit de conquête, c'est-à-dire sur la loi du plus fort.

Les premières indulgences avaient été accordées en récompense de travaux utiles à la société, tels que les constructions de ponts, de grands chemins, etc.; les indulgences accordées postérieurement avaient été octroyées aux fidèles à une époque où le pouvoir papal, ayant acquis de grandes richesses et une autorité temporelle, avait déjà commencé à se démoraliser : les papes avaient détourné de leur destination primitive les sommes provenant de la vente des indulgences, et ils les avaient employées à satisfaire leurs propres fantaisies ou à seconder l'ambition sacerdotale; mais ils avaient toujours eu soin de donner à leurs actions un but apparent de bien public. Léon X changea entièrement de conduite; il leva le masque, et il déclara publiquement que le produit des indulgences plénières, qu'il chargeait les dominicains de vendre pour le compte du Saint-Siége, serait employé aux frais de la toilette de sa sœur.

Léon X entreprit d'exploiter la papauté comme si elle avait été une puissance essentiellement temporelle; il voulait imposer tous les fidèles de la même manière qu'il aurait pu le faire s'il eût exercé à leur égard les droits d'un prince laïque.

Dans ses rapports diplomatiques avec Charles-Quint, Léon X traita beaucoup plus en prince de la maison de Médicis qu'en pape. Il en résulta que la papauté n'inspira plus d'inquiétude à l'empereur, et que Charles-Quint, ne se sentant plus contenu par la force ecclésiastique, qui pouvait seule opposer une barrière à l'ambition des princes laïques, conçut le projet d'établir à son profit une monarchie universelle, projet qui a été renouvelé par Louis XIV et par Bonaparte, tandis qu'aucun des princes européens laïques, depuis Charlemagne jusqu'au seizième siècle, n'en avait tenté l'exécution.

Telle était la situation dans laquelle se trouvait la seule religion qui existât alors en Europe, lorsque Luther commença son insurrection contre la cour de Rome.

Les travaux de ce réformateur se divisèrent naturellement

en deux parties : l'une critique, à l'égard de la religion papale ; l'autre ayant pour objet l'établissement d'une religion distincte de celle que dirigeait la cour de Rome.

La première partie des travaux de Luther a pu être et a été complète. Par sa critique de la cour de Rome, Luther a rendu un service capital à la civilisation ; sans lui, le papisme eût complétement asservi l'esprit humain aux idées superstitieuses, en faisant totalement perdre de vue la morale. C'est à Luther qu'on doit la dissolution d'un pouvoir spirituel qui n'était plus en rapport avec l'état de la société. Mais Luther ne pouvait combattre les doctrines ultramontaines sans essayer de réorganiser lui-même la religion chrétienne. C'est dans cette seconde partie de la réforme, c'est dans la partie organique de ses travaux, que Luther a laissé beaucoup à faire à ses successeurs : la religion protestante, telle que Luther l'a conçue, n'est encore qu'une hérésie chrétienne. Certainement Luther avait raison de dire que la cour de Rome avait quitté la direction donnée par Jésus à ses apôtres ; certainement il avait raison de proclamer que le culte et le dogme établis par les papes n'étaient point propres à fixer l'attention des fidèles sur la morale chrétienne, et qu'au contraire ils étaient de nature à ne les faire considérer que comme un accessoire de la religion ; mais, de ces deux vérités incontestables, Luther n'avait pas le droit de conclure que la morale devait être enseignée aux fidèles de son temps de la même manière qu'elle l'avait été par les Pères de l'Église à leurs contemporains ; il n'avait pas non plus le droit d'en tirer la conséquence que le culte devait être dépouillé de tous les charmes dont les beaux-arts peuvent l'enrichir.

La partie dogmatique de la réforme de Luther a été manquée ; cette réforme a été incomplète ; elle a besoin de subir elle-même une réformation.

J'accuse les luthériens d'être hérétiques sous ce premier chef. Je les accuse d'avoir adopté une morale qui est très-inférieure à celle qui peut convenir aux chrétiens dans l'état actuel de leur civilisation.

L'opinion publique des Européens étant favorable au protestantisme, tandis qu'elle est contraire au catholicisme, je dois établir la démonstration de l'hérésie protestante avec une grande sévérité, ce qui m'oblige à traiter cette question d'une manière très-générale.

Jésus avait donné à ses apôtres et à leurs successeurs la mission d'organiser l'espèce humaine de la manière la plus favorable à l'amélioration du sort des pauvres ; il avait recommandé en même temps à son Église de n'employer que les voies de la douceur, que la persuasion et la démonstration pour atteindre ce grand but.

Beaucoup de temps et beaucoup de travaux différents étaient nécessaires pour que cette tâche fût remplie ; ainsi on ne doit pas être surpris de voir qu'elle ne soit pas encore accomplie.

Quelle est la partie de cette tâche qui était échue à Luther ? Comment Luther s'en est-il acquitté ? Voilà les deux points que je dois éclaircir.

Pour y parvenir, je vais examiner successivement quatre grands faits :

1° Quel était l'état de l'organisation sociale lorsque Jésus donna à ses apôtres la mission de réorganiser l'espèce humaine ?

2° Quel était l'état de l'organisation sociale à l'époque où Luther opéra sa réforme ?

3° Quelle était la réforme complète dont la religion papale avait besoin pour rentrer dans la direction donnée par Jésus à ses apôtres, lorsque Luther effectua son insurrection contre la cour de Rome ?

4° En quoi consiste la réforme de Luther ?

Ce sera de l'analyse de ces quatre grandes questions que se déduira naturellement la conclusion que les luthériens sont hérétiques.

1° A l'époque où Jésus confia à ses apôtres la sublime mission d'organiser l'espèce humaine dans l'intérêt de la classe la plus pauvre, la civilisation était encore dans son enfance.

La société était partagée entre deux grandes classes, celle des maîtres et celle des esclaves. La classe des maîtres était divisée en deux castes, celle des patriciens qui faisaient la loi et qui occupaient tous les emplois importants, et celle des plébéiens qui devaient obéir à la loi, quoiqu'ils ne l'eussent pas faite, et qui ne remplissaient, en général, que des emplois subalternes; les plus grands philosophes ne concevaient pas que l'organisation sociale pût avoir d'autres bases.

Il n'existait point encore de système de morale, puisque personne n'avait encore trouvé les moyens de rapporter tous les principes de cette science à un seul principe.

Il n'existait pas encore de système religieux, puisque toutes les croyances publiques admettaient une multitude de dieux, qui inspiraient aux hommes des sentiments différents, et même opposés les uns aux autres.

Le cœur humain ne s'était point encore élevé à des sentiments philanthropiques. Le sentiment patriotique était le plus général qui fût éprouvé par les âmes les plus généreuses, et le sentiment patriotique était extrêmement circonscrit, vu le peu d'étendue des territoires, et le peu d'importance des populations chez les nations de l'antiquité.

Une seule nation, la nation romaine, dominait toutes les autres et les gouvernait arbitrairement.

Les dimensions de la planète n'étaient point connues, de manière qu'il ne pouvait être conçu aucun plan général d'amélioration pour la propriété territoriale de l'espèce humaine.

En un mot, le christianisme, sa morale, son culte et son dogme, ses partisans et ses ministres, ont commencé par se trouver complétement en dehors de l'organisation sociale, ainsi que des usages et des mœurs de la société.

2° A l'époque où Luther opéra sa réforme, la civilisation avait fait de grands progrès; depuis l'établissement du christianisme, la société avait entièrement changé de face; l'organisation sociale se trouvait fondée sur de nouvelles bases.

L'esclavage était presque entièrement aboli; les patriciens ne possédaient plus exclusivement le droit de faire les lois; ils n'exerçaient plus tous les emplois importants; le pouvoir temporel, impie dans son essence, ne dominait plus le pouvoir spirituel, et le pouvoir spirituel n'était plus dirigé par les patriciens. La cour de Rome était devenue la première cour de l'Europe; depuis l'établissement de la papauté, tous les papes et presque tous les cardinaux étaient sortis de la classe des plébéiens; l'aristocratie des talents primait l'aristocratie des richesses, ainsi que l'aristocratie fondée sur les droits de la naissance.

La société possédait un système religieux et un système de morale combinés ensemble, puisque l'amour de Dieu et du prochain donnait le caractère unitaire aux sentiments les plus généreux des fidèles.

C'était le christianisme qui était devenu la base de l'organisation sociale; il avait remplacé la loi du plus fort; le droit de conquête n'était plus considéré comme le plus légitime de tous les droits.

L'Amérique avait été découverte; et l'espèce humaine, connaissant toute l'étendue de ses possessions territoriales, se trouvait en mesure de faire un plan général des travaux à exécuter pour tirer le plus grand parti possible de sa planète.

Les capacités pacifiques s'étaient développées; elles avaient acquis en même temps de la précision; les beaux-arts venaient de renaître; les sciences d'observation, ainsi que l'industrie, venaient de prendre leur essor.

Le sentiment philanthropique, qui est la véritable base du christianisme, avait remplacé le patriotisme dans tous les cœurs généreux; si tous les hommes n'agissaient pas à l'égard de leurs semblables comme des frères, du moins ils admettaient tous qu'ils devaient se regarder comme les enfants d'un même père.

3° Si la réforme de Luther avait pu être complète, Luther aurait produit, aurait proclamé la doctrine suivante; il aurait dit au pape et aux cardinaux :

« Vos devanciers ont suffisamment perfectionné la théorie
« du christianisme; ils ont suffisamment propagé cette théo-
« rie; les Européens en sont suffisamment imbus : c'est
« maintenant de l'application générale de cette doctrine

« qu'il faut vous occuper. Le véritable christianisme doit
« rendre les hommes heureux, non-seulement dans le ciel,
« mais sur la terre.

« Ce n'est plus sur des idées abstraites que vous devez
« fixer l'attention des fidèles ; c'est en employant convena-
« blement les idées sensuelles, c'est en les combinant de
« manière à procurer à l'espèce humaine le plus haut degré
« de félicité qu'elle puisse atteindre pendant sa vie terrestre,
« que vous parviendrez à constituer le christianisme, religion
« générale, universelle et unique.

« Il ne faut plus vous borner à prêcher aux fidèles de toutes
« les classes que les pauvres sont les enfants chéris de Dieu ;
« il faut que vous usiez franchement et énergiquement de
« tous les pouvoirs et de tous les moyens acquis par l'Église
« militante, pour améliorer promptement l'existence morale
« et physique de la classe la plus nombreuse. Les travaux
« préliminaires et préparatoires du christianisme sont ter-
« minés ; vous avez à remplir une tâche bien plus satisfai-
« sante que celle qu'ont accomplie vos prédécesseurs. Cette
« tâche consiste à établir le christianisme général et défini-
« tif ; elle consiste à organiser toute l'espèce humaine d'après
« le principe fondamental de la morale divine.

« Pour remplir cette tâche, vous devez donner ce principe
« pour base et pour but à toutes les institutions sociales.

« Les apôtres ont dû reconnaître le pouvoir de César ; ils
« ont dû dire : *Rendez à César ce qui appartient à César,*
« parce que, ne pouvant point disposer d'une force suffisante
« pour lutter avec lui, ils ont dû éviter de s'en faire un en-
« nemi.

« Mais aujourd'hui la position respective du pouvoir spi-
« rituel et temporel étant totalement changée, grâce aux tra-
« vaux de l'Église militante, vous devez déclarer aux suc-
« cesseurs de César que le christianisme ne reconnait plus
« le droit de commander aux hommes, droit fondé sur la
« conquête, c'est-à-dire sur la loi du plus fort.

« Vous devez déclarer à tous les rois que le seul moyen
« de rendre la royauté légitime consiste à la considérer

« comme une institution dont l'objet est d'empêcher les riches
« et les puissants d'opprimer les pauvres ; vous devez leur
« déclarer qu'ils ont pour devoir unique d'améliorer l'exis-
« tence morale et physique de la classe la plus nombreuse,
« et que toute dépense ordonnée par eux dans l'administra-
« tion de la fortune publique, si elle n'est pas strictement
« nécessaire, est de leur part un crime qui les constitue les
« ennemis de Dieu.

« Vous possédez toutes les forces nécessaires pour con-
« traindre le pouvoir temporel à admettre cette application
« du christianisme ; car votre suprématie est reconnue par
« toutes les puissances, et vous pouvez disposer du clergé
« répandu sur toute la surface de l'Europe. Or, le clergé
« exercera toujours une influence prépondérante sur les ins-
« titutions temporelles de tous les peuples, quand il travail-
« lera d'une manière positive à améliorer l'existence de la
« classe pauvre, qui est partout la plus nombreuse.

« Je passe à l'examen d'une autre question, et je vous
« blâme, très-saint Père, sous ce second rapport :

« Toutes les fois que deux nations chrétiennes sont en
« guerre, elles ont tort toutes les deux, puisque le divin fon-
« dateur du christianisme a prescrit à tous les hommes de
« se conduire à l'égard les uns des autres comme des frères,
« et qu'il leur a défendu d'employer d'autres moyens pour
« terminer leurs différends que ceux de la persuasion et de
« la démonstration.

« Vous devriez employer tout votre pouvoir papal, toute
« l'influence des clergés nationaux à empêcher les guerres ;
« et, loin de vous conduire de cette manière, vous permet-
« tez que les clergés des nations belligérantes invoquent,
« chacun de leur côté, le Dieu des armées, qui ne peut être
« qu'une divinité du paganisme ; vous permettez qu'à la suite
« des combats, on chante des *Te Deum* des deux côtés : votre
« conduite à cet égard, comme celle du clergé, est tout à fait
« impie.

« C'est l'union qui fait la force ; une société dont les membres
« entrent en opposition les uns contre les autres tend à sa dis-

« solution; hâtez-vous de rappeler le clergé à l'unité d'ac-
« tion.

« Il est une autre unité bien plus importante à établir; je
« veux parler de l'unité de but pour les travaux des chré-
« tiens, pour ceux de toute l'espèce humaine. C'est un but
« bien clair, bien général, bien positif, bien physique, que
« vous devez présenter aux hommes pour rendre le chris-
« tianisme prépondérant sur le mahométisme, sur la religion
« de Foë, sur celle de Brahma, sur toutes les religions enfin,
« ainsi que sur toutes les institutions temporelles.

« Le but général que vous devez présenter aux hommes
« dans leurs travaux, c'est l'amélioration de l'existence mo-
« rale et physique de la classe la plus nombreuse, et vous
« devez produire une combinaison d'organisation sociale
« propre à favoriser davantage cet ordre de travaux, et à as-
« surer sa prépondérance sur tous les autres, de quelque im-
« portance qu'ils puissent paraître.

« Pour améliorer le plus rapidement possible l'existence
« de la classe la plus pauvre, la circonstance la plus favo-
« rable serait celle où il se trouverait une grande quantité de
« travaux à exécuter, et où ces travaux exigeraient le plus
« grand développement de l'intelligence humaine. Vous pou-
« vez créer cette circonstance, maintenant que la dimension
« de notre planète est connue : faites faire par les savants,
« par les artistes et les industriels, un plan général de tra-
« vaux à exécuter pour rendre la possession territoriale de
« l'espèce humaine la plus productive possible et la plus
« agréable à habiter sous tous les rapports.

« La masse immense de travaux que vous déterminerez
« sur-le-champ contribuera plus efficacement à l'améliora-
« tion du sort de la classe pauvre que ne pourraient le faire
« les aumônes les plus abondantes; et par ce moyen les ri-
« ches, loin de s'appauvrir par des sacrifices pécuniaires,
« s'enrichiront en même temps que les pauvres.

« Jusqu'à présent le clergé n'a donné aux fidèles, pour
« l'emploi de leur vie, qu'un but métaphysique, le paradis
« céleste; il en est résulté que les ecclésiastiques se sont

« trouvés investis de pouvoirs tout à fait arbitraires et dont
« ils ont abusé de la manière la plus extravagante et la plus
« absurde : ainsi les uns ont persuadé à leurs clients que,
« pour obtenir le paradis, ils devaient se déchirer le corps
« à coups de discipline; les autres, que c'était en portant un
« cilice qu'ils devaient se martyriser; d'autres, qu'il fallait
« se priver de nourriture; d'autres, que c'était du poisson
« qu'il fallait manger, et qu'on devait s'abstenir de viandes;
« et d'autres, qu'il fallait lire tous les jours une effroyable
« quantité de prières presque toutes insignifiantes, et écrites
« dans une langue ignorée de la très-grande majorité des fi-
« dèles; d'autres, qu'il fallait passer une grande partie de la
« journée à genoux dans les églises, toutes choses qui ne
« pouvaient nullement contribuer à l'amélioration du sort
« de la classe pauvre.

« Cette conduite du clergé a pu et a dû avoir lieu à l'épo-
« que de l'enfance de la religion; mais aujourd'hui que nos
« idées à cet égard se sont éclaircies et précisées, la prolon-
« gation de pareilles mystifications serait déshonorante pour
« la cour de Rome. Certainement tous les chrétiens aspirent
« à la vie éternelle, mais le seul moyen de l'obtenir consiste
« à travailler dans cette vie à l'accroissement du bien-être
« de l'espèce humaine.

« Très-saint-Père, l'espèce humaine éprouve dans ce mo-
« ment une grande crise intellectuelle; trois nouvelles capa-
« cités se montrent; les beaux-arts reparaissent, les scien-
« ces viennent se superposer à toutes les autres branches de
« nos connaissances, et les grandes combinaisons indus-
« trielles tendent plus directement à l'amélioration du sort
« de la classe pauvre qu'aucune des mesures prises jusqu'à
« ce jour par le pouvoir temporel ainsi que par le pouvoir
« spirituel.

« Ces trois capacités sont de l'ordre pacifique; il est par
« conséquent de votre intérêt, de l'intérêt du clergé, de se
« combiner avec elles. Au moyen de cette combinaison, vous
« pouvez en peu de temps, et sans éprouver de grands obs-
« tacles, organiser l'espèce humaine de la manière la plus

« favorable à l'amélioration de l'existence morale et physi-
« que de la classe la plus nombreuse. Par ce moyen, le pou-
« voir de César, qui est impie dans son origine et dans ses
« prétentions, se trouvera complétement anéanti.

« Si, au contraire, vous classez comme impies, ou au moins
« peu agréables à Dieu, les beaux-arts, les sciences et les
« grandes combinaisons industrielles ; si vous cherchez à
« prolonger votre domination sur l'espèce humaine par des
« moyens qui ont servi à vos prédécesseurs pour l'acquérir
« dans le moyen âge ; si vous continuez à présenter les idées
« mystiques comme les plus importantes de toutes pour le
« bonheur de l'espèce humaine, les artistes, les savants et
« les chefs de l'industrie se ligueront avec César contre vous ;
« ils ouvriront les yeux du vulgaire sur l'absurdité de vos
« doctrines, sur les monstrueux abus de votre pouvoir, et
« vous n'aurez alors d'autres ressources, pour conserver une
« existence sociale, que de vous constituer instruments du
« pouvoir temporel ; César vous emploiera à vous opposer
« aux progrès de la civilisation, en continuant à fixer l'atten-
« tion du peuple sur des idées mystiques et superstitieuses,
« et en les détournant le plus qu'il vous sera possible de
« toute instruction dans les beaux-arts, dans les sciences
« d'observation et dans les combinaisons industrielles. Faire
« respecter le pouvoir temporel, avec lequel vous avez été
« en lutte jusqu'à présent, deviendra votre grande affaire ;
« prêcher l'obéissance passive à l'égard des rois, établir
« qu'ils ne doivent compte de leurs actions qu'à Dieu seul,
« et que, dans aucun cas, leurs sujets ne peuvent sans crime
« leur refuser obéissance, voilà les travaux au moyen des-
« quels vous conserverez vos honneurs et vos richesses.

« Il me reste, Très-saint Père, à vous parler d'un objet
« très-important.

« L'unité papale, qui n'a pas été autre chose que l'unité de
« commandement, a été suffisante pour lier entre elles jus-
« qu'à ce jour les différentes classes du clergé, parce que le
« clergé lui-même, et à plus forte raison les laïques, étaient
« encore dans l'ignorance ; aujourd'hui cette unité ne peut

« plus former un lien suffisant, il faut que vous établissiez
« clairement l'unité du but matériel dans tous les travaux du
« clergé ; il faut que la papauté rende publiquement compte
« de chacun de ces actes ; il faut qu'elle établisse clairement
« en quoi ces actes peuvent contribuer à l'amélioration de
« l'existence morale et physique de la classe la plus nom-
« breuse.

« Les papes doivent cesser de faire entrer en ligne de
« compte les motifs qu'ils gardent *in petto.* »

4° Luther était un homme très-énergique et très-capable
sous le rapport de la critique ; mais c'est sous ce rapport seulement qu'il a montré une très-grande capacité ; ainsi il a
prouvé d'une manière très-nerveuse et très-complète que la
cour de Rome avait quitté la direction du christianisme ; que,
d'une part, elle cherchait à se constituer pouvoir arbitraire ;
que, d'une autre, elle travaillait à se combiner avec les puissants contre les pauvres, et que les fidèles devaient l'obliger
à se réformer.

Mais la partie de ses travaux relative à la réorganisation
du christianisme a été bien inférieure à ce qu'elle aurait dû
être : au lieu de prendre les mesures nécessaires pour accroître l'importance sociale de la religion chrétienne, il a fait rétrograder cette religion jusqu'à son point de départ ; il l'a re-
placée en dehors de l'organisation sociale ; il a par conséquent
reconnu que le pouvoir de César était celui dont tous les autres
émanaient ; il n'a réservé à son clergé que le droit d'humble
supplique à l'égard du pouvoir temporel ; et, par ces dispositions, il a voué les capacités pacifiques à rester éternelle-
ment dans la dépendance des hommes à passions violentes et
à capacité militaire.

Il a resserré de cette manière la morale chrétienne dans
les étroites limites que l'état de la civilisation avait imposées
aux premiers chrétiens.

L'accusation d'hérésie que je porte contre les protestants,
à raison de la morale qu'ils ont adoptée, morale qui se trouve
en arrière de l'état présent de notre civilisation, est donc
fondée.

J'accuse les protestants d'hérésie sous ce second chef ; je les accuse d'avoir adopté un mauvais culte.

Plus la société se perfectionne au moral et au physique, plus les travaux intellectuels et manuels se subdivisent ; ainsi, dans l'habitude de la vie, l'attention des hommes se fixe sur des objets d'un intérêt de plus en plus spécial ; à mesure que les beaux-arts, que les sciences et que l'industrie font des progrès.

De là il résulte que, plus la société fait de progrès, et plus elle a besoin que le culte soit perfectionné ; car le culte a pour objet d'appeler l'attention des hommes, régulièrement assemblés au jour de repos, sur les intérêts qui sont communs à tous les membres de la société, sur les intérêts généraux de l'espèce humaine.

Le réformateur Luther, et, depuis sa mort, les ministres des églises réformées, auraient donc dû rechercher les moyens de rendre le culte le plus propre possible à fixer l'attention des fidèles sur les intérêts qui leur sont communs.

Ils auraient dû rechercher les moyens et les circonstances les plus favorables pour développer complétement aux fidèles le principe fondamental de la religion chrétienne, *tous les hommes doivent se conduire en frères à l'égard les uns des autres,* pour familiariser leur esprit avec ce principe, et les habituer à en faire des applications à toutes les relations sociales, afin de les empêcher de le perdre totalement de vue dans le courant de la vie, quelque spéciaux que soient les objets de leurs travaux journaliers.

Or, pour stimuler l'attention des hommes dans quelque genre d'idées que ce soit, pour les pousser fortement dans une direction, il y a deux grands moyens : il faut exciter en eux la terreur par la vue des maux terribles qui résulteraient pour eux d'une conduite différente de celle qu'on leur prescrit, ou leur présenter l'appât des jouissances résultant nécessairement des efforts faits par eux dans la direction qu'on leur indique.

Pour produire, dans ces deux circonstances, l'action la plus forte et la plus utile, il faut combiner tous les moyens, toutes les ressources que les beaux-arts peuvent offrir.

Le prédicateur appelé, par la nature des choses, à employer l'éloquence, qui est le premier des beaux-arts, doit faire trembler son auditoire par le tableau de la position affreuse dans laquelle se trouve, dans cette vie, l'homme qui a mérité la mésestime publique; il doit même montrer le bras de Dieu levé sur l'homme dont tous les sentiments ne sont pas dominés par celui de la philanthropie.

Ou bien il doit développer dans l'âme de ses auditeurs les sentiments les plus généreux et les plus énergiques, en leur faisant sentir la supériorité des jouissances que fait éprouver l'estime publique sur toutes les autres jouissances.

Les poëtes doivent seconder les efforts des prédicateurs; ils doivent fournir au culte des morceaux de poésie propres à être récités en chœur, de manière à rendre tous les fidèles prédicateurs à l'égard les uns des autres.

Les musiciens doivent enrichir de leurs accords les poésies religieuses, et leur imprimer un caractère musical profondément pénétrant dans l'âme des fidèles.

Les peintres et les sculpteurs doivent fixer dans les temples l'attention des chrétiens sur les actions les plus éminemment chrétiennes.

Les architectes doivent construire des temples de manière que les prédicateurs, les poëtes et les musiciens, les peintres et les sculpteurs, puissent à volonté faire naître dans l'âme des fidèles les sentiments de la terreur ou ceux de la joie et de l'espérance.

Voilà évidemment les bases qui doivent être données au culte, et les moyens qui doivent être employés pour le rendre utile à la société.

Qu'a fait Luther à cet égard? Il a réduit le culte de l'Église réformée à la simple prédication; il a *prosaïqué* le plus qu'il a pu tous les sentiments chrétiens; il a banni de ses temples tous les ornements de peinture et de sculpture; il a supprimé la musique, et il a donné la préférence aux édifices religieux dont les formes sont les plus insignifiantes, et par conséquent les moins propres à disposer favorablement le cœur des fidèles à se passionner pour le bien public.

Les protestants ne manqueront pas de m'objecter, que si les catholiques chantent beaucoup, si leurs temples sont décorés des productions des plus grands maîtres dans la peinture ainsi que dans la sculpture, cependant les prédications des ministres réformés produisent sur leurs auditeurs un effet beaucoup plus fructueux pour le bien public que tous les sermons des prêtres catholiques, dont l'objet principal consiste toujours à faire donner aux fidèles de la communion papale le plus d'argent possible pour les frais du culte et pour l'entretien du clergé, et qu'en conséquence de ces faits, il est impossible de nier que leur culte ne soit préférable à celui des catholiques.

A cela je réponds : L'objet de mon travail n'est point de rechercher laquelle des religions protestante ou catholique est la moins hérétique; j'ai entrepris de prouver qu'elles l'étaient toutes les deux, quoiqu'à des degrés différents; c'est-à-dire que ni l'une ni l'autre n'était la religion chrétienne; j'ai entrepris de démontrer que depuis le quinzième siècle le christianisme avait été abandonné; j'ai entrepris de rétablir le christianisme en le rajeunissant; je me propose pour but de faire subir à cette religion (éminemment philanthropique) une épuration qui la débarrasse de toutes les croyances et de toutes les pratiques superstitieuses ou inutiles.

Le nouveau christianisme est appelé à faire triompher les principes de la morale générale dans la lutte qui existe entre ces principes, et les combinaisons qui ont pour objet d'obtenir un bien particulier aux dépens du bien public; cette religion rajeunie est appelée à constituer tous les peuples dans un état de paix permanente, en les liguant tous contre la nation qui voudrait faire son bien particulier aux dépens du bien général de l'espèce humaine, et en les coalisant contre tout gouvernement assez anti chrétien pour sacrifier les intérêts nationaux aux intérêts privés des gouvernants; elle est appelée à lier entre eux les savants, les artistes et les industriels, et à les constituer les directeurs généraux de l'espèce humaine, ainsi que des intérêts spéciaux de chacun des peuples qui la composent ; elle est appelée à placer les beaux-arts, les sciences d'observations et d'industrie à la tête des connaissances sacrées, tandis que les catholiques les ont rangés dans la classe des connaissances profanes ; elle est appelée enfin à prononcer anathème sur la théologie, et à classer comme impie toute doctrine ayant pour objet d'enseigner aux hommes d'autres moyens pour obtenir la vie éternelle que celui de travailler de tout leur pouvoir à l'amélioration de l'existence de leurs semblables.

J'ai dit clairement ce que devait être le culte, pour remplir le mieux possible la condition d'appeler l'attention des fidèles, aux jours de repos, sur la morale chrétienne.

J'ai prouvé clairement que le culte des protestants était dépourvu des moyens secondaires les plus efficaces pour développer dans l'âme des fidèles la passion du bien public ; ainsi j'ai prouvé que cette seconde accusation d'hérésie contre le protestantisme était fondée.

Je porte contre les protestants une troisième accusation d'hérésie ; je les accuse d'avoir adopté un mauvais dogme.

Dans l'enfance de la religion, à l'époque où les peuples étaient encore plongés dans l'ignorance, leur curiosité ne les excitait que faiblement à l'étude des phénomènes de la nature ; l'ambition de l'homme ne s'était pas élevée au point de vouloir maîtriser sa planète, et de la modifier de la manière la plus avantageuse pour lui ; les hommes avaient alors peu de besoins dont ils eussent clairement conscience ; mais ils étaient agités par les passions les plus violentes, fondées sur des désirs et sur des volontés vagues, fondées principalement sur le pressentiment de l'action puissante qu'ils étaient appelés à exercer sur la nature ; le commerce, qui depuis a civilisé le monde, n'existait encore qu'en rudiments ; chaque petite peuplade se constituait en état d'hostilité à l'égard de tout le surplus de l'espèce humaine, et les citoyens n'étaient liés avec tous les hommes, qui n'étaient pas membres de leur cité par aucun lien de morale. Ainsi la philanthropie ne pouvait exister encore à cette époque que comme un sentiment spéculatif.

A cette même époque, toutes les nations étaient divisées en deux grandes classes, celle des maîtres et celle des esclaves ; la religion ne pouvait exercer une action puissante que sur les maîtres, puisqu'ils étaient les seuls qui fussent libres d'agir à leur gré ; à cette époque, la morale ne pouvait être que la partie la moins développée de la religion, puisqu'il n'y avait point de réciprocité de devoirs communs entre les deux grandes classes qui divisaient la société ; le culte et le dogme devaient se présenter avec beaucoup plus d'importance que la morale ; les pratiques religieuses, ainsi que les raisonnements sur l'utilité de ces pratiques et des croyances sur lesquelles elles étaient fondées, étaient les parties de la religion qui devaient occuper le plus habituellement les ministres des autels, ainsi que la masse des fidèles.

En un mot, la partie matérielle de la religion a joué un rôle d'autant plus considérable que cette institution a été plus près de sa fondation, et la partie spirituelle a toujours acquis de la prépondérance à mesure que l'intelligence de l'homme s'est développée.

Aujourd'hui le culte ne doit plus être envisagé que comme un moyen d'appeler, dans les jours de repos, l'attention des hommes sur les considérations et sur les sentiments philanthropiques, et le dogme ne doit plus être conçu que comme une collection de commentaires, ayant pour objet des applications générales, de ces considérations et de ces sentiments, aux grands événements politiques qui peuvent survenir, ou pour objet de faciliter aux fidèles les applications de la morale dans les relations journalières qui existent entre eux.

Je vais examiner maintenant ce que Luther a pensé du dogme, ce qu'il en a dit, et ce qu'il a prescrit à cet égard aux protestants.

Luther a considéré le christianisme comme ayant été parfait dans son origine, et comme s'étant toujours détérioré depuis l'époque de sa fondation ; ce réformateur a fixé toute son attention sur les fautes commises par le clergé pendant le moyen âge, et il n'a aucunement remarqué les progrès immenses que les ministres des autels avaient fait faire à la civilisation, ni à la grande importance sociale qu'ils avaient fait acquérir aux hommes occupés de travaux pacifiques, en diminuant la puissance et la considération du pouvoir temporel, de ce pouvoir impie qui tend par sa nature à soumettre les hommes à l'empire de la force physique, et à gouverner les nations à son profit. Luther a prescrit aux protestants d'étudier le christianisme dans les livres qui avaient été écrits à l'époque de sa fondation, et particulièrement dans la Bible. Il a déclaré qu'il ne reconnaissait point d'autres dogmes que ceux exposés dans les saintes Écritures.

Cette déclaration de sa part a été aussi absurde que le serait celle de mathématiciens, de physiciens, de chimistes, et de tous autres savants qui prétendraient que les sciences qu'ils cultivent doivent être étudiées dans les premiers ouvrages qui en ont traité.

Ce que je viens de dire n'est aucunement en opposition avec la croyance à la divinité du fondateur du christianisme ; Jésus n'a pu tenir aux hommes que le langage qu'ils pouvaient comprendre à l'époque où il leur a parlé ; il a déposé dans les mains de ses apôtres le germe du christianisme, et il a chargé son église du développement de ce germe précieux ; il l'a chargée du soin d'anéantir tous les droits politiques dérivés de la loi du plus fort, et toutes les institutions qui formaient des obstacles à l'amélioration de l'existence morale et physique de la classe la plus pauvre.

C'est en étudiant les effets et en les analysant avec le plus grand soin, qu'on acquiert les données suffisantes pour porter sur les causes un jugement ferme et précis. Je vais suivre cette marche, je vais examiner séparément les principaux inconvénients qui sont résultés de l'erreur que Luther a commise en fixant sur la Bible l'attention des protestants d'une manière trop spéciale : ce sera de cet examen que se déduira naturellement la conclusion que ma troisième accusation d'hérésie contre la religion protestante est fondée.

Quatre inconvénients majeurs sont résultés de l'étude trop approfondie que les protestants ont faite de la Bible.

1° Cette étude leur a fait perdre de vue les idées positives et d'un intérêt présent; elle leur a donné le goût des recherches sans but et un grand attrait pour la métaphysique. En effet, dans le nord de l'Allemagne, qui est le foyer du protestantisme, le vague dans les idées et dans les sentiments domine dans tous les écrits des philosophes les plus renommés, et dans ceux des romanciers les plus populaires.

2° Cette étude salit l'imagination par les souvenirs qu'elle présente de plusieurs vices honteux que la civilisation a fait disparaître, tels que la bestialité et l'inceste à tous les degrés qu'on puisse les concevoir.

3° Cette étude fixe l'attention sur des désirs politiques contraires au bien public; elle pousse les gouvernés à établir dans la société une égalité qui est absolument impraticable; elle empêche les protestants de travailler à la formation du système de politique dans lequel les intérêts généraux seraient dirigés par les hommes les plus capables, dans les sciences d'observation, dans les beaux-arts et dans les combinaisons industrielles : système social le meilleur auquel l'espèce humaine puisse atteindre, puisque c'est celui qui contribuerait le plus directement et le plus efficacement à l'amélioration morale et physique de l'existence des pauvres.

4° Cette étude porte ceux qui s'y livrent à la considérer comme la plus importante de toutes ; de là est résultée la formation des sociétés bibliques, qui répandent tous les ans dans le public des millions d'exemplaires de la Bible.

Au lieu d'employer leurs forces à favoriser la production et la propagation d'une doctrine proportionnée à l'état de la civilisation, ces sociétés prétendues chrétiennes donnent aux sentiments philanthropiques une direction fausse, contraire au bien public; et croyant servir les progrès de l'esprit humain, le feraient au contraire rétrograder, si la chose était jamais possible.

De ces quatre grands faits, je conclus que ma troisième

accusation d'hérésie contre les protestants, à raison du dogme qu'ils ont adopté, est solidement fondée.

J'ai dû critiquer le protestantisme avec la plus grande sévérité, afin de faire sentir aux protestants combien la réforme de Luther a été incomplète, et combien elle est inférieure au nouveau christianisme; mais, comme je l'ai énoncé en commençant l'examen des travaux de Luther, je n'en sens pas moins profondément combien, malgré ses nombreuses erreurs, il a rendu de grands services à la société dans la partie critique de sa réforme. D'ailleurs, ma critique porte sur le protestantisme, regardé par les protestants comme la réforme définitive du christianisme; elle est bien loin d'attaquer le génie opiniâtre de Luther. Quand on se reporte au temps où il a vécu, aux circonstances qu'il a eues à combattre, on sent qu'il a fait tout ce qu'il était possible de faire alors pour enfanter la réforme et pour la faire adopter. En présentant la morale comme devant fixer l'attention des fidèles bien plus que le culte et le dogme, et quoique la morale protestante n'ait point été proportionnée aux lumières de la civilisation moderne, Luther a préparé la nouvelle réforme de la religion chrétienne. Ce n'est pourtant point comme un perfectionnement du protestantisme qu'on doit considérer le nouveau christianisme. La nouvelle formule sous laquelle je présente le principe primitif du christianisme est complétement en dehors des améliorations de toute espèce que la religion chrétienne a éprouvées jusqu'à ce jour.

Je m'arrête ici. Je pense, monsieur le conservateur, avoir assez développé mes idées sur la nouvelle doctrine chrétienne, pour que vous puissiez, dès à présent, porter sur elle un premier jugement. Dites si vous me croyez bien pénétré de l'esprit du christianisme, et si mes efforts pour rajeunir cette religion sublime ne sont point de nature à en altérer la pureté primitive.

Le Cons. J'ai suivi attentivement votre discours; pendant que vous parliez, mes propres idées s'éclaircissaient, mes doutes disparaissaient, et je sentais croître mon amour et mon admiration pour la religion chrétienne; mon attachement au système religieux qui a civilisé l'Europe ne m'a point empêché de comprendre qu'il était possible de le perfectionner, et, sur ce point, vous m'avez entièrement converti.

Il est évident que le principe de morale : *Tous les hommes doivent se conduire en frères à l'égard les uns des autres* , donné par Dieu à son Église, renferme toutes les idées que vous comprenez dans ce précepte : *Toute société doit travailler à l'amélioration de l'existence morale et physique de la classe la plus pauvre; la société doit s'organiser de la manière la plus convenable pour lui faire atteindre ce grand but.*

Il est également certain qu'à l'origine du christianisme ce principe a dû être exprimé sous la première formule , et qu'aujourd'hui la seconde formule doit être employée.

Lors de la fondation du christianisme, avez-vous dit , la société se trouvait partagée en deux classes d'une nature politique absolument différente : celle des maîtres et celle des esclaves, ce qui constituait, en quelque façon, deux espèces humaines distinctes , et cependant entremêlées l'une dans l'autre. Il était absolument impossible alors d'établir une réciprocité complète dans les relations morales entre les deux espèces : aussi le divin fondateur de la religion chrétienne s'est borné à énoncer son principe de morale de manière à le rendre obligatoire pour tous les individus de chaque espèce humaine, sans pouvoir l'établir comme lien pour unir ensemble les maîtres et les esclaves.

Nous vivons à une époque où l'esclavage se trouve complétement anéanti; il n'existe plus que des hommes de la même espèce politique; les classes ne sont plus séparées que par des nuances : vous concluez de cet état de choses que le principe fondamental du christianisme doit être présenté sous la formule la plus propre à le rendre obligatoire pour les masses à l'égard les unes des autres , sans que pour cela il cesse de l'être pour les individus dans leurs relations individuelles. Je trouve votre conclusion légitime et de la plus haute importance ; et dès ce moment, nouveau chrétien, j'unis mes efforts aux vôtres pour la propagation du nouveau christianisme.

Mais, à cet égard, j'ai quelques observations à vous faire

sur la marche générale de vos travaux. La nouvelle formule sous laquelle vous représentez le principe du christianisme embrasse tout votre système sur l'organisation sociale ; système qui se trouve appuyé maintenant à la fois sur des considérations philosophiques de l'ordre des sciences, des beaux-arts et de l'industrie, et sur le sentiment religieux le plus universellement répandu dans le monde civilisé, sur le sentiment chrétien.

Hé bien ! ce système, objet de toutes vos pensées, pourquoi ne l'avoir pas présenté d'abord du point de vue religieux, du point de vue le plus élevé et le plus populaire ? pourquoi vous être adressé aux industriels, aux savants, aux artistes, au lieu d'aller droit au peuple par la religion ? et, dans ce moment même, pourquoi perdre un temps précieux à critiquer les catholiques et les protestants, au lieu d'établir de suite votre doctrine religieuse ? Voulez-vous qu'on dise de vous ce que vous dites de Luther : *Il a bien critiqué et mal doctriné ?*

Les forces intellectuelles de l'homme sont très-petites ; c'est en les faisant converger dans un but unique, c'est en les dirigeant vers le même point qu'on parvient à produire un grand objet et à obtenir un résultat important. Pourquoi commencez-vous à employer vos forces à critiquer, au lieu de débuter par doctriner ? Pourquoi n'attaquez-vous pas franchement et de prime abord la question du nouveau christianisme ?

Vous avez trouvé le moyen de faire cesser l'indifférence religieuse chez la classe la plus nombreuse ; car les pauvres ne peuvent pas être indifférents pour une religion dont le but proclamé est celui d'améliorer le plus rapidement possible leur existence physique et morale.

Puisque vous êtes parvenu à reproduire le principe fondamental du christianisme avec un caractère tout à fait neuf, votre premier soin ne devait-il pas être de répandre la connaissance de ce principe régénéré dans la classe la plus intéressée à le faire admettre ? et cette classe étant à elle seule infiniment plus nombreuse que toutes les autres réunies, le succès de votre entreprise était infaillible.

Il fallait commencer par vous faire de nombreux partisans pour vous assurer un appui dans votre attaque contre les catholiques et contre les protestants.

Enfin, dès que vous aviez conscience claire de la force, de la fécondité, de l'irrésistibilité de votre conception, vous deviez sur-le-champ l'ériger en doctrine, sans aucune précaution préalable, et sans aucune inquiétude d'en voir la propagation entravée par quelque obstacle politique ou par quelque réfutation importante.

Vous dites : « La société doit être organisée d'après le « principe de la morale chrétienne; toutes les classes doi- « vent concourir de tout leur pouvoir à l'amélioration mo- « rale et physique de l'existence des individus composant la « classe la plus nombreuse ; toutes les institutions sociales « doivent concourir le plus énergiquement et le plus direc- « tement possible à ce grand but religieux.

« Dans l'état présent des lumières et de la civilisation, « aucun droit politique ne doit plus se présenter comme « dérivé de la loi du plus fort pour les individus, du droit « de conquête pour les masses; la royauté n'est plus légi- « time que lorsque les rois emploient leur pouvoir à faire « concourir les riches à l'amélioration de l'existence morale « et physique des pauvres. »

Quels obstacles une pareille doctrine peut-elle rencontrer? Ceux qui sont intéressés à la soutenir ne sont-ils pas infiniment plus nombreux que ceux qui ont intérêt à empêcher son admission? Les partisans de cette doctrine s'appuient sur le principe de la morale divine, tandis que ses adversaires n'ont d'autres armes à lui opposer que des habitudes contractées à une époque d'ignorance et de barbarie, soutenues par les principes de l'égoïsme jésuitique.

En résumé, je pense que vous devriez propager immédiatement votre doctrine, et préparer des missions chez toutes les nations civilisées pour la faire adopter.

Le Nov. Les nouveaux chrétiens doivent développer le même caractère et suivre la même marche que les chrétiens de l'Église primitive; ils ne doivent employer que les forces de leur intelligence pour faire adopter leur doctrine. C'est seulement avec la persuasion et avec la démonstration qu'ils doivent travailler à la conversion des catholiques et des protestants; c'est au moyen de la démonstration et de la persuasion qu'ils parviendront à déterminer ces chrétiens égarés à renoncer aux hérésies dont les religions papale et luthérienne sont infectées, pour adopter franchement le nouveau christianisme.

Le nouveau christianisme, de même que le christianisme primitif, sera appuyé, poussé, protégé par la force de la morale et par la toute-puissance de l'opinion publique; et si malheureusement son admission occasionnait des actes de violence, des condamnations injustes, ce seraient les nouveaux chrétiens qui subiraient les actes de violence, les condamnations injustes; mais, dans aucun cas, on ne les verra employer la force physique contre leurs adversaires; dans aucun cas ils ne figureront ni comme juges ni comme bourreaux.

Après avoir trouvé le moyen de rajeunir le christianisme en faisant subir une transfiguration à son principe fondamental, mon premier soin a été, il a dû être de prendre toutes les précautions nécessaires pour que l'émission de la nouvelle doctrine ne portât point la classe pauvre à des actes de violence contre les riches et contre les gouvernements.

J'ai dû m'adresser d'abord aux riches et aux puissants pour les disposer favorablement à l'égard de la nouvelle doctrine, en leur faisant sentir qu'elle n'était point contraire à leurs intérêts, puisqu'il était évidemment impossible d'améliorer l'existence morale et physique de la classe pauvre, par d'autres moyens que ceux qui tendent à donner de l'accroissement aux jouissances de la classe riche.

J'ai dû faire sentir aux artistes, aux savants et aux chefs des travaux industriels, que leurs intérêts étaient essentiellement les mêmes que ceux de la masse du peuple; qu'ils appartenaient à la classe des travailleurs, en même temps qu'ils en étaient les chefs naturels; que l'approbation de la masse du peuple pour les services qu'ils lui rendaient était la seule récompense digne de leurs glorieux travaux. J'ai dû insister beaucoup sur ce point, attendu qu'il est de la plus grande importance, puisque c'est le seul moyen de donner aux nations des guides qui méritent véritablement leur confiance, des guides qui soient capables de diriger leurs opinions et de les mettre en état de juger sainement les mesures politiques qui sont favorables ou contraires aux intérêts du plus grand nombre. Enfin j'ai dû faire voir aux catholiques et aux protestants l'époque précise à laquelle ils avaient fait fausse route, afin de leur faciliter les moyens de rentrer dans la bonne. Je dois insister sur ce point, parce que la conversion des clergés catholique et protestant donnerait de puissants appuis au nouveau christianisme.

Après cette explication, je reprends le cours de mes idées : je ne m'arrêterai point à examiner toutes les sectes religieuses nées du protestantisme ; la plus importante de toutes, la religion anglicane, est tellement liée aux institutions nationales de l'Angleterre, qu'elle ne peut être envisagée convenablement qu'avec l'ensemble de ses institutions, et cet examen aura lieu lorsque je passerai en revue, ainsi que je l'ai annoncé, toutes les institutions spirituelles et temporelles de l'Europe et de l'Amérique. Le schisme grec s'est trouvé jusqu'à présent en dehors du système européen ; je n'aurai point à en parler, et d'ailleurs tous les éléments de la critique de ces différentes hérésies sont renfermés dans celles du protestantisme.

Mais je n'ai pas seulement pour but de prouver l'hérésie des catholiques et des protestants ; il ne me suffit pas, pour rajeunir entièrement le christianisme, de le faire triompher de toutes les anciennes philosophies religieuses ; je dois encore établir sa supériorité scientifique sur toutes les doctrines des philosophes qui se sont mis en dehors de la religion ; je dois réserver le développement de cette idée pour un second entretien ; mais, en attendant, je vais vous donner un aperçu de l'ensemble de mon travail.

L'espèce humaine n'a jamais cessé de faire des progrès ;

mais elle n'a pas toujours procédé de la même manière, et employé les mêmes moyens pour accroître la masse de ses connaissances et pour perfectionner sa civilisation : l'observation prouve au contraire que, depuis le quinzième siècle jusqu'à ce jour, elle a procédé d'une manière opposée à celle qu'elle avait suivie depuis l'établissement du christianisme jusqu'au quinzième siècle.

Depuis l'établissement du christianisme jusqu'au quinzième siècle, l'espèce humaine s'est principalement occupée de la coordination de ses sentiments généraux, de l'établissement d'un principe universel et unique, et de la fondation d'une institution générale ayant pour but de superposer l'aristocratie des talents à l'aristocratie de la naissance, et de soumettre ainsi tous les intérêts particuliers à l'intérêt général. Pendant toute cette période, les observations directes sur les intérêts privés, sur les faits particuliers et sur les principes secondaires, ont été négligées ; elles ont été décriées dans la masse des esprits, et il s'est formé une opinion prépondérante sur ce point, que les principes secondaires devaient être déduits des faits généraux et d'un principe universel : opinion d'une vérité purement spéculative, attendu que l'intelligence humaine n'a point les moyens d'établir des généralités assez précises pour qu'il soit possible d'en tirer, comme conséquences directes, toutes les spécialités.

C'est à ce fait important que se rattachent les observations que j'ai présentées dans ce dialogue, dans l'examen du catholicisme et du protestantisme.

Depuis la dissolution du pouvoir spirituel européen, résultat de l'insurrection de Luther, depuis le quinzième siècle, l'esprit humain s'est détaché des vues les plus générales ; il s'est livré aux spécialités ; il s'est occupé de l'analyse des faits particuliers, des intérêts privés des différentes classes de la société ; il a travaillé à poser les principes secondaires qui pouvaient servir de bases aux différentes branches de ses connaissances ; et, pendant cette seconde période, l'opinion s'est établie que les considérations sur les faits généraux, sur les principes généraux et sur les intérêts généraux de l'espèce humaine, n'étaient que des considérations vagues et métaphysiques, ne pouvant contribuer efficacement aux progrès des lumières et au perfectionnement de la civilisation.

Ainsi l'esprit humain a suivi, depuis le quinzième siècle, une marche opposée à celle qu'il avait suivie jusqu'à cette époque; et certes les progrès importants et positifs qui en sont résultés dans toutes les directions de nos connaissances, prouvent irrévocablement combien nos aïeux du moyen âge s'étaient trompés en estimant d'une utilité médiocre l'étude des faits particuliers, des principes secondaires, et l'analyse des intérêts privés.

Mais il est également vrai qu'un très-grand mal est résulté pour la société de l'état d'abandon dans lequel on a laissé, depuis le quinzième siècle, les travaux relatifs à l'étude des faits généraux, des principes généraux et des intérêts généraux. Cet abandon a donné naissance au sentiment d'égoïsme, qui est devenu dominant chez toutes les classes et dans tous les individus. Ce sentiment, devenu dominant dans toutes les classes et dans tous les individus, a facilité à César les moyens de recouvrer une grande partie de la force politique qu'il avait perdue avant le quinzième siècle. C'est à cet égoïsme qu'il faut attribuer la maladie politique de notre époque, maladie qui met en souffrance tous les travailleurs utiles à la société, maladie qui fait absorber par les rois une très-grande partie du salaire des pauvres, pour leur dépense personnelle, pour celle de leurs courtisans, et de leurs soldats, maladie qui occasionne un prélèvement énorme de la part de la royauté et de l'aristocratie de la naissance, sur la considération qui est due aux savants, aux artistes et aux chefs des travaux industriels, pour les services d'une utilité directe et positive qu'ils rendent au corps social.

Il est donc bien désirable que les travaux qui ont pour objet le perfectionnement de nos connaissances relatives aux faits généraux, aux principes généraux et aux intérêts généraux, soient promptement remis en activité, et soient désormais protégés par la société, à l'égal de ceux qui ont pour objet l'étude des faits particuliers, des principes secondaires et des intérêts privés.

Tel est l'aperçu des idées qui seront développées dans notre second entretien, dont l'objet sera d'exposer le christianisme sous le point de vue théorique et scientifique, et d'établir la supériorité de la théorie chrétienne sur toutes les philosophies spéciales, tant religieuses que scientifiques.

Enfin, dans un troisième dialogue, je traiterai directement du nouveau christianisme ou du christianisme définitif. J'exposerai sa morale, son culte et son dogme ; je proposerai une profession de foi pour les nouveaux chrétiens.

Je ferai voir que cette doctrine est la seule doctrine sociale qui puisse convenir aux Européens dans l'état présent de leurs lumières et de leur civilisation. Je prouverai que l'adoption de cette doctrine offre le moyen le meilleur et le plus pacifique pour remédier aux inconvénients énormes qui sont résultés de l'envahissement du pouvoir spirituel par la force physique, arrivé au quinzième siècle, et pour faire cesser cet envahissement en réorganisant le pouvoir spirituel sur de nouvelles bases, et en lui donnant la force suffisante pour mettre un frein aux prétentions illimitées du pouvoir temporel.

Je prouverai encore que l'adoption du nouveau christianisme accélérera les progrès de la civilisation infiniment plus qu'ils ne pourraient l'être par toute autre mesure générale, en faisant marcher de front les travaux relatifs aux généralités des connaissances humaines, et ceux qui ont pour objet le perfectionnement des spécialités.

Je termine ce premier dialogue en vous déclarant franchement ce que je pense de la révélation du christianisme.

Nous sommes certainement très-supérieurs à nos devanciers dans les sciences d'une utilité positive et spéciale ; c'est seulement depuis le quinzième siècle, et principalement depuis le commencement du siècle dernier, que nous avons fait de grands progrès dans les mathématiques, dans la physique, dans la chimie et dans la physiologie. Mais il est une science bien plus importante pour la société que les connaissances physiques et mathématiques ; c'est la science qui constitue la société, c'est celle qui lui sert de base ; c'est la morale : or la morale a suivi une marche absolument opposée à celle des sciences physiques et mathématiques. Il y a plus de dix-huit cents ans que son principe fondamental a été produit, et, depuis cette époque, toutes les recherches des hommes du plus grand génie n'ont point fait découvrir un principe supérieur par sa généralité ou sa précision à celui donné à cette époque par le fondateur du christianisme; je dirai plus, quand la société a perdu de vue ce principe, quand elle a cessé de le prendre pour guide général de sa conduite, elle est promptement retombée sous le joug de César; c'est-à-dire sous l'empire de la force physique, que ce principe a subordonné à la force intellectuelle.

Je demande maintenant si l'intelligence qui a produit, il y a dix-huit cents ans, le principe régulateur de l'espèce humaine, et qui par conséquent a produit ce principe quinze siècles avant que nous ayons fait des progrès importants dans les sciences physiques et mathématiques, je demande si cette intelligence n'a pas évidemment un caractère surhumain, et s'il existe une plus grande preuve de la révélation du christianisme?

Oui, je crois que le christianisme est une institution divine, et je suis persuadé que Dieu accorde une protection spéciale à ceux qui font leurs efforts pour soumettre toutes les institutions humaines au principe fondamental de cette doctrine sublime; je suis convaincu que moi-même j'accomplis une mission divine en rappelant les peuples et les rois au véritable esprit du christianisme. Et plein de confiance dans la protection divine accordée à mes travaux d'une manière spéciale, je me sens la hardiesse de faire des représentations sur leur conduite aux rois de l'Europe qui se sont coalisés, en donnant à leur union le nom sacré de *sainte-alliance;* je leur adresse directement la parole, j'ose leur dire :

PRINCES,

Quelle est la nature, quel est le caractère, aux yeux de Dieu et des chrétiens, du pouvoir que vous exercez?

Quelles sont les bases du système d'organisation sociale que vous travaillez à établir? Quelles mesures avez-vous prises pour améliorer l'existence morale et physique de la classe pauvre?

Vous vous dites chrétiens, et vous fondez encore votre pouvoir sur la force physique, et vous n'êtes encore que les successeurs de César, et vous oubliez que les vrais chrétiens se proposent pour but final de leurs travaux d'anéantir complétement le pouvoir du glaive, le pouvoir de César, qui, par sa nature, est essentiellement provisoire.

Et c'est ce pouvoir que vous avez entrepris de donner pour base à l'organisation sociale? A lui seul appartient, selon vous, l'initiative dans toutes les améliorations générales réclamées par le progrès des lumières. Pour soutenir ce système monstrueux, vous tenez deux millions d'hommes sous les armes, vous avez fait adopter votre principe à tous les tribunaux, et vous avez obtenu des clergés catholique, protestant et grec, qu'ils professassent hautement l'hérésie que le pouvoir de César est le pouvoir régulateur de la société chrétienne.

En rappelant les peuples à la religion chrétienne par le symbole de votre union, en les faisant jouir d'une paix qui est pour eux le premier des biens, vous ne vous êtes néanmoins attiré aucune reconnaissance de leur part; votre intérêt personnel domine trop dans les combinaisons que vous présentez comme étant d'un intérêt général. Le pouvoir suprême européen qui réside dans vos mains est loin d'être un pouvoir chrétien comme il eût dû le devenir. Dès que vous agissez, vous déployez le caractère et les insignes de la force physique et de la force anti chrétienne.

Toutes les mesures de quelque importance que vous avez prises depuis que vous êtes unis en sainte-alliance, toutes ces mesures tendent par elles-mêmes à empirer le sort de la classe pauvre, non-seulement pour la génération actuelle, mais même pour les générations qui doivent lui succéder. Vous avez augmenté les impôts, vous les augmentez tous les ans, afin de couvrir l'accroissement des dépenses occasionnées par vos armées soldées et le luxe de vos courtisans. La classe de vos sujets à laquelle vous accordez une protection spéciale est celle de la noblesse, classe qui, de même que vous, fonde tous ses droits sur l'épée.

Cependant votre blâmable conduite paraît excusable sous plusieurs rapports : une chose a dû vous induire en erreur, c'est l'approbation qu'ont reçue les efforts communs que vous avez faits pour terrasser le pouvoir du César moderne. En combattant contre lui, vous avez agi très-chrétienne-ment ; mais c'est uniquement parce que, dans ses mains, l'au-torité de César que Napoléon avait conquise, avait beaucoup plus de force que dans les vôtres, où elle n'est parvenue que par héritage. Votre conduite a encore une autre excuse, c'est que c'était aux clergés à vous arrêter au bord du pré-cipice, tandis qu'ils s'y sont précipités avec vous.

PRINCES,

Écoutez la voix de Dieu, qui vous parle par ma bouche ; redevenez bons chrétiens, cessez de considérer les armées soldées, les nobles, les clergés hérétiques et les juges per-vers comme vos soutiens principaux ; unis au nom du chris-tianisme, sachez accomplir tous les devoirs qu'il impose aux puissants ; rappelez-vous qu'il leur commande d'employer toutes leurs forces à accroître le plus rapidement possible le bonheur social du pauvre.

FIN.

TABLE DES MATIÈRES.

ŒUVRES DE SAINT-SIMON.

FRAGMENTS DIVERS.

LETTRES D'UN HABITANT DE GENÈVE A SES CONTEMPORAINS (1802).

ŒUVRES COMPOSÉES DE 1808 A 1814.

RÉORGANISATION DE LA SOCIÉTÉ EUROPÉENNE (1814).

DE L'INDUSTRIE (1816).

LE POLITIQUE (1818).

L'ORGANISATEUR (1819).

FIN DE LA TABLE

Paris. — Imprimerie de P.-A. Bourdier et Cⁱᵉ, 30, rue Mazarine.

LIBRAIRIE DE GUILLAUMIN ET Cie.

DICTIONNAIRE DE L'ÉCONOMIE POLITIQUE

Contenant, par ordre alphabétique,

l'*Exposition des principes de la Science*, l'*Opinion des écrivains qui ont le plus contribué à sa fondation et à ses progrès*,

la Bibliographie générale de l'Économie politique, par noms d'auteurs et par ordre de matières, avec des notices Biographiques et une appréciation raisonnée des principaux ouvrages, sous la direction de MM. **Charles Coquelin** et **Guillaumin**. 2 superbes vol. in-8 gr. raisin, de près de 1,000 pages chacun à 2 colonnes, papier collé et fabriqué exprès, avec 8 magnifiques portraits gravés sur acier.

Prix des 2 vol. brochés. . . . 50 fr. | **En demi-reliure, veau ou chagrin. 55 fr.**

BIBLIOTHÈQUE DES SCIENCES MORALES ET POLITIQUES

Format grand in-18. — *OUVRAGES PUBLIÉS.*

Manuel d'Économie politique, par M. H. Baudrillart, professeur suppléant au Collége de France, 1 volume. — Prix, 3 fr. 50.

Œuvres complètes de Fr. Bastiat, mises en ordre, revues et annotées par M. R. de Fontenay. — 6 vol. Prix, 21 fr.

Études sur l'Angleterre, par Léon Faucher, membre de l'Institut. — 2e édition. 2 beaux vol. — 7 fr.

Mélanges d'économie politique et de finances, par le même. — 2 beaux volumes. — 7 fr.

Essai sur l'Économie rurale de l'Angleterre, de l'Écosse et de l'Irlande, par M. L. de Lavergne, de l'Institut. 2e édition. 1 vol. Prix, 3 fr. 50.

L'Agriculture et la Population, par le même. — 1 vol. Prix, 3 fr. 50.

La France avant ses premiers habitants, et *Origines nationales de ses populations*, par M. Moreau de Jonnès, de l'Institut. — 1 vol. — Prix, 3 fr. 50.

Statistique de l'industrie de la France, par le même. — 1 vol. — Prix, 3 fr. 50.

Éléments de statistique, par le même. — 2e édition, revue et considérablement augmentée. — 1 vol. Prix, 3 fr. 50.

L'abbé de Saint-Pierre, *membre exclu de l'Académie française*, SA VIE ET SES ŒUVRES; précédées d'une appréciation et d'un précis historique sur l'idée de la paix perpétuelle, suivies du jugement de J.-J. Rousseau sur le *Projet de paix perpétuelle* et la *Polysynodie*, ainsi que du projet attribué à Henri IV et du plan d'Emm. Kant pour rendre la paix universelle, etc., avec des Notes et des éclaircissements, par M. G. de Molinari. — 1 volume. — Prix, 3 fr. 50.

Des délits et des peines, par Beccaria. — Nouvelle édition, précédée d'une introduction et accompagnée d'un commentaire, par M. Faustin Hélie, conseiller à la Cour de cassation, membre de l'Institut. — 1 vol. — 3 fr.

Études sur les réformateurs, ou *Socialistes modernes*, par M. Louis Reybaud, membre de l'Institut. (Couronné par l'Académie française.) — 6e édit. — 2 beaux volumes. — 6 fr.

Histoire du Communisme, par M. Alf. Sudre. — 5e édition. 1 vol. — Prix, 3 fr. 50. (Couronné par l'Académie française.)

Philosophie du droit, par M. Lerminier, ancien professeur au Collége de France. 3e édition. — 1 fort vol. — Prix, 5 fr.

Études administratives, par Vivien, membre de l'Institut. — 2e édition. — 2 vol. — Prix, 7 fr.

Histoire de l'Économie politique, par Blanqui, de l'Institut. — 3e édition. — 2 vol. — Prix, 7 fr.

Précis élémentaire de l'Économie politique, par Blanqui, membre de l'Institut. — 3e édition; suivi du *Résumé de l'Histoire du Commerce et de l'Industrie*, par le même. — 2e édition. — 1 vol. — Prix, 2 fr. 50.

Précis du droit des gens moderne de l'Europe, par Martens. Nouvelle édition, accompagnée de notes et de commentaires, précédée d'une introduction, et complétée par l'exposition des doctrines des publicistes contemporains, par M. Charles Vergé, docteur en droit. — 2 vol. (*Sous presse.*)

Tout par le travail *Manuel de Morale et d'Économie politique*, par M. Lavmarie. — 1 vol — Pr., 3 f.

Manuel de Morale et d'Économie politique *à l'usage des classes ouvrières*, par M. J. Rapet, inspect. de l'instruction prim re. — 1 fort vol. — Prix, 3 fr. 50. (*Sous presse.*) Ouvrage auquel l'Académie française a décerné le prix extraordinaire de 10,000 fr.

Études de Philosophie morale et d'Économie politique, par M. H. Baudrillart, 2 vol. g. in-18. 7 fr.

Saint-Simon, sa vie et ses travaux, par M. G. Hubbard, suivi de fragments des plus célèbres écrits de Saint-Simon. 1 vol. Prix, 3 fr.

Corbeil, typographie et stéréotypie de Crété.

www.ingramcontent.com/pod-product-compliance
Lightning Source LLC
LaVergne TN
LVHW050358060726

842524LV00002B/401